201 PORTUGUESE VERBS

FULLY CONJUGATED
IN ALL THE TENSES
Alphabetically arranged

John J. Nitti

University of Wisconsin

BARRON'S EDUCATIONAL SERIES, INC.

New York • London • Toronto • Sydney

Library of Congress Catalog No. 68–19525

International Standard Book No. 0-8120-0330-6

PRINTED IN THE UNITED STATES OF AMERICA

7   510   15 14 13

To the Memory of
LUCIUS GASTON MOFFATT
gladly would he learn
and gladly teach

CONTENTS

FOREWORD

PORTUGUESE, OFTEN MISTAKENLY CONSIDERED to be a relatively unimportant dialect of Spanish, is in reality the official tongue of over one hundred million people throughout the world. For some time, the study of the Portuguese language had been relegated to a position of minor importance in the curricula of American colleges and universities, an unfortunate circumstance which has ultimately resulted in the present concern, on the part of our government, over the pressing need for increasing the instruction of Portuguese in the United States. Perhaps the rapidly growing cultural and economic exchange between our country and Brazil is the greatest single factor instigating recent efforts to expand already existing educational programs in the realm of the Portuguese language, as well as to establish many new ones at institutions of learning where Luso-Brazilian studies were not previously offered.

National Defense Education Act funds have made possible the creation of Latin-American Language and Area Centers at various universities across the United States, and the teaching of Portuguese forms an integral part of these programs. The following excerpt from the *Plan of Operation* of the Language and Area Center for Latin America at the University of Virginia will help indicate the present extension in significance and scope of the study of the Portuguese idiom:

"Portuguese, which had been offered intermittently since the 1920's has been expanded with the support of the 1965–66 and 1966–67 contracts. Further expansion is planned, with the ultimate goal of permitting a student to receive a B.A. degree in Latin-American Studies with Portuguese as his primary language and Spanish as his secondary language. . . .

The Department of Government and Foreign Affairs wishes to establish a Center for Brazilian Studies, which would conduct research on Brazilian politics and offer seminars for students in a general Latin-American area program, and to establish a visiting scholar's program from foreign areas, including Latin America."

In compiling this verb text, we have sought to provide the student with a concise yet comprehensive foundation of Portuguese verbal paradigms, and also a handy reference source of the essential verbs employed in current everyday speech. We do not pretend to have assembled the ultimate in verb manuals on the Portuguese language; however, we do think that the information contained herein will assist the student greatly in acquiring a fundamental fluency in that language.

The reader will notice that the sample verb conjugations include the highly literary, if indeed not archaic, compound tenses formed with the auxiliary verb *haver;* but, in our desire to emphasize the more popular, spoken forms, we have chosen to exclude those literary compound constructions from the body of the text. It is of interest to note that Portuguese possesses two varieties of the pluperfect indicative, both of which are to be found throughout this manual. The first of these forms, the simple pluperfect indicative, is somewhat literary and is fast becoming replaced, in common usage, by its compound counterpart.

Unlike Spanish, the Portuguese language makes a definite distinction between "open" and "close" versions of vowels, a differentiation which is very often semantically significant. An example of this meaningful vocalic alternation is the contrast between *avó* (grandmother) and *avô* (grandfather); the only distinguishing feature of these two words being the sound of their final *o*. In *avó* the *o* represents a sound quite similar to that of the *o* in the English word *soft;* whereas the *o* of *avô* has a sound not unlike that of the *o* in the English word *old*. Frequently, this difference in vowel timbre is the sole element which distinguishes between a noun and a verb form (*gôsto*—"taste" and *gosto* —"I like"), or even, as in the case of the verb *poder* "to be able to," between one tense and another (*êle pode*—"he is able to" and *êle pôde*—"he was able to").

As is to be expected, the use of diacritical marks varies somewhat among writers of Portuguese; but, although natives of the language may on occasion seem indifferent to the use of standard diacritical orthography, it is an undeniable boon to the student learning Portuguese as a foreign tongue, provided of course that the student understands the functions of the diacritical signs. With regard to the diacritical marks used in verb conjugations, the acute accent (′) and the circumflex (∧) serve a twofold purpose, that of indicating stress as well as vowel quality. The acute accent may appear over *a, e, i, o* or *u* as an indicator of stress, but, when it is placed over *a, e,* or *o* it simultaneously acts as a marker of the "open" versions of those vowels, as already exemplified by *avó*. The circumflex is only placed over *a, e,* or *o* and indicates the stressed "close" versions of those vowels, such as in the examples *avô* or *pôde*. Both the acute accent and the circumflex may be used to discriminate between homographs, i.e. words having identical spellings but different meanings. The til (∼) is a marker of nasality and is only found over nasal *ã* and over the nasal diphthongs *ão, ãe,* and *õe*. When no other sign of stress is present, the til then assumes that function as well (*irmã* as opposed to *bênção*).

The vocalic timbre variation described above is not simply an independent phonetic phenomenon of the language; on the contrary, it has important implications within the very system of Portuguese verbal inflection. Numerous radical-changing verbs do not manifest their changes orthographically, but rather orally by the means of timbre alternation of their theme vowels. Verbs of this nature, whose spelling would not normally indicate a radical-change, will herein be conjugated with their pertinent "open" theme vowel forms in italic type and marked with an asterisk.

In addition to the 201 verbs conjugated in this manual, representing the most frequently used types of Portuguese verbal paradigm, we have included a rather exhaustive list of verbs which share the same lexical base as others conjugated herein, differing only in the presence or absence of some prefix. Likewise, we have indicated in footnote form under the conjugations of various verbs throughout the book certain other verbs which, because of their etymological relationship to the particular verbs given, demonstrate paradigmatic likeness. Furthermore, within the English-Portuguese Index at the end of the manual are to be found a number of additional common and useful verbs, the conjugations of which we have indicated as being like those of others provided in the body of the text. In this way we are able to offer the student a broader spectrum of verbal semantics.

SUBJECT PRONOUNS

Português		English	
SINGULAR		SINGULAR	
eu		I	
tu	(familiar in Portugal, limited use in Brazil)	you	(thou)
êle		he	
ela		she	
você		you	(semi-familiar in Portugal, but primary familiar form in Brazil)
	All these employ 3rd person singular verb forms.		
o senhor		you	(formal masculine)
a senhora		you	(formal feminine for a Mrs.)
a senhorita		you	(formal feminine for a Miss)

PLURAL		PLURAL	
nós		we	
vós		you	(ye)
êles		they	(masculine)
elas		they	(feminine)
vocês	All these employ 3rd person plural verb forms.	you	(see *você*)
os senhores		you	(see *o senhor*)
as senhoras		you	(see *a senhora*)
as senhoritas		you	(see *a senhorita*)

TEMPOS-TENSES

With examples of each

Português	English
Infinitivo Impessoal (*falar*)	Impersonal Infinitive (to speak)
Infinitivo Pessoal (*eu falar, nós falarmos*)	Personal Infinitive {Pers. Inf.} NOT PRESENT—A personalized infinitive in English is usually formed with the aid of the preposition *for*. (He wished *for me to come.*)
Particípios—presente, passivo (*falando, falado*)	Participles—present, past {Pres. Part., Past Part.} (speaking, spoken)
Presente do Indicativo (*eu falo*)	Present Indicative {Pres. Ind.} (I speak)
Imperfeito do Indicativo (*eu falava*)	Imperfect Indicative {Imp. Ind.} (I was speaking, used to speak)
Pretérito mais-que-perfeito simples do Indicativo (*eu falara*)	Simple Pluperfect Indicative {Plup. Ind.} (I had spoken)
Pretérito Perfeito do Indicativo (*eu falei*)	Preterit Indicative {Pret. Ind.} (I spoke)
Futuro do Indicativo (*eu falarei*)	Future Indicative {Fut. Ind.} (I will or shall speak)
Pretérito Indefinido ou Presente Composto do Indicativo (*eu tenho falado*)	Present Perfect Indicative {Pres. Perf. Ind.} (I have spoken, have been speaking)*
Pretérito mais-que-perfeito composto do Indicativo (*eu tinha falado*)	Past Perfect or Pluperfect Indicative {Plup. Ind.} (I had spoken)
Futuro Perfeito do Indicativo (*eu terei falado*)	Future Perfect Indicative {Fut. Perf. Ind.} (I will or shall have spoken)
Condicional Simples (*eu falaria*)	Conditional (I would or should speak)
Condicional Perfeito ou Composto (*eu teria falado*)	Conditional Perfect {Cond. Perf.} (I would or should have spoken)
*Presente do Conjuntivo*** (*eu fale*)	Present Subjunctive {Pres. Subj.} (I may speak)
Imperfeito do Conjuntivo (*eu falasse*)	Imperfect Subjunctive {Imp. Subj.} (I might speak)

Futuro do Conjuntivo (*eu falar*)	Future Subjunctive {Fut. Subj.} NO DEFINITE FORM PRESENT— Present and Past Subjunctive and Conditional forms employed to express Future Subjunctive. (If I were to, if I should, if I may, if I might)

Pretérito Indefinido ou Presente Composto do Conjuntivo
    (*eu tenha falado*)
	Present Perfect Subjunctive {Pres. Perf. Subj.}
	    (I may have spoken)

Pretérito mais-que-perfeito do Conjuntivo
    (*eu tivesse falado*)
	Past Perfect or Pluperfect Subjunctive {Past Perf. Subj.}
	    (I might have spoken)

Futuro Perfeito do Conjuntivo (*eu tiver falado*)	Future Perfect Subjunctive {Fut. Perf. Subj.} NO DEFINITE FORM PRESENT (see note on Future Subjunctive)

Imperativo
    (*fala tu, falai vós*)
	Imperative
	    (speak thou, speak ye)

NOTES: * The Present Perfect Indicative is not used as often in Portuguese as in English and should only be employed when describing a repetitive or continuous past action which carries over into the present and is likely to extend into the future.

Tenho dormido muito nêstes últimos dias.

I have slept (been sleeping) a lot lately.

The Preterit Indicative should be used if the action described has been completed in the past, even though the English translation could be expressed by the Present Perfect.

Já vendi a casa.

I sold the house already. (I have sold the house already.)

** In Brazil the "Conjuntivo" is referred to as the "Subjuntivo."

SAMPLE CONJUGATIONS OF REGULAR VERBS

INFINITIVE MOOD

	1st *Conjugation* *-AR*	2nd *Conjugation* *-ER*	3rd *Conjugation* *-IR*
Impers.	FALAR (to speak)	BEBER (to drink)	PARTIR (to leave)
Pers.	falar (eu)	beber (eu)	partir (eu)
	falares (tu)	beberes	partires
	falar (êle, ela, você, o senhor, a senhora, a senhorita)	beber	partir
	falarmos (nós)	bebermos	partirmos
	falardes (vós)	beberdes	partirdes
	falarem (êles, elas, vocês, os senhores, as senhoras, as senhoritas)	beberem	partirem

PARTICIPLES

Pres.	falando	bebendo	partindo
Past	falado	bebido	partido

INDICATIVE MOOD
Simple

Pres.	falo	bebo	parto
	falas	*bebes*	partes
	fala	*bebe*	parte
	falamos	bebemos	partimos
	falais	bebeis	partis
	falam	*bebem**	partem
Imperf.	falava	bebia	partia
	falavas	bebias	partias
	falava	bebia	partia
	falávamos	bebíamos	partíamos
	faláveis	bebíeis	partíeis
	falavam	bebiam	partiam
Pret.	falei	bebi	parti
	falaste	bebeste	partiste
	falou	bebeu	partiu
	falámos	bebemos	partimos
	falastes	bebestes	partistes
	falaram	beberam	partiram
Pluperf.	falara	bebera	partira
	falaras	beberas	partiras
	falara	bebera	partira
	faláramos	bebêramos	partíramos
	faláreis	bebêreis	partíreis
	falaram	beberam	partiram

Fut.	falarei	beberei	partirei
	falarás	beberás	partirás
	falará	beberá	partirá
	falaremos	beberemos	partiremos
	falareis	bebereis	partireis
	falarão	beberão	partirão

spoken form

Pres.	tenho falado	tenho bebido	tenho partido
	tens falado	tens bebido	tens partido
	tem falado	tem bebido	tem partido
	temos falado	temos bebido	temos partido
	tendes falado	tendes bebido	tendes partido
	têm falado	têm bebido	têm partido

literary form

	hei falado	hei bebido	hei partido
	hás falado	hás bebido	hás partido
	há falado	há bebido	há partido
	havemos falado	havemos bebido	havemos partido
	haveis falado	haveis bebido	haveis partido
	hão falado	hão bebido	hão partido

spoken form

Pluperf.	tinha falado	tinha bebido	tinha partido
	tinhas falado	tinhas bebido	tinhas partido
	tinha falado	tinha bebido	tinha partido
	tínhamos falado	tínhamos bebido	tínhamos partido
	tínheis falado	tínheis bebido	tínheis partido
	tinham falado	tinham bebido	tinham partido

literary form

	havia falado	havia bebido	havia partido
	havias falado	havias bebido	havias partido
	havia falado	havia bebido	havia partido
	havíamos falado	havíamos bebido	havíamos partido
	havíeis falado	havíeis bebido	havíeis partido
	havíam falado	haviam bebido	haviam partido

spoken form

Fut.	terei falado	terei bebido	terei partido
	terás falado	terás bebido	terás partido
	terá falado	terá bebido	terá partido
	teremos falado	teremos bebido	teremos partido
	tereis falado	tereis bebido	tereis partido
	terão falado	terão bebido	terão partido

haverei falado	haverei bebido	haverei partido
haverás falado	haverás bebido	haverás partido
haverá falado	haverá bebido	haverá partido
haveremos falado	haveremos bebido	haveremos partido
havereis falado	havereis bebido	havereis partido
haverão falado	haverão bebido	haverão partido

SUBJUNCTIVE MOOD
Simple

Pres.	fale	beba	parta
	fales	bebas	partas
	fale	beba	parta
	falemos	bebamos	partamos
	faleis	bebais	partais
	falem	bebam	partam
Imperf.	falasse	bebesse	partisse
	falasses	bebesses	partisses
	falasse	bebesse	partisse
	falássemos	bebêssemos	partíssemos
	falásseis	bebêsseis	partísseis
	falassem	bebessem	partissem
Fut.	falar	beber	partir
	falares	beberes	partires
	falar	beber	partir
	falarmos	bebermos	partirmos
	falardes	beberdes	partirdes
	falarem	beberem	partirem

Compound
spoken form

Pres.	tenha falado	tenha bebido	tenha partido
	tenhas falado	tenhas bebido	tenhas partido
	tenha falado	tenha bebido	tenha partido
	tenhamos falado	tenhamos bebido	tenhamos partido
	tenhais falado	tenhais bebido	tenhais partido
	tenham falado	tenham bebido	tenham partido

literary form

haja falado	haja bebido	haja partido
hajas falado	hajas bebido	hajas partido
haja falado	haja bebido	haja partido
hajamos falado	hajamos bebido	hajamos partido
hajais falado	hajais bebido	hajais partido
hajam falado	hajam bebido	hajam partido

spoken form

Imperf.	tivesse falado	tivesse bebido	tivesse partido
	tivesses falado	tivesses bebido	tivesses partido
	tivesse falado	tivesse bebido	tivesse partido
	tivéssemos falado	tivéssemos bebido	tivéssemos partido
	tivésseis falado	tivésseis bebido	tivésseis partido
	tivessem falado	tivessem bebido	tivessem partido

	houvesse falado	houvesse bebido	houvesse partido
	houvesses falado	houvesses bebido	houvesses partido
	houvesse falado	houvesse bebido	houvesse partido
	houvéssemos falado	houvéssemos bebido	houvéssemos partido
	houvésseis falado	houvésseis bebido	houvésseis partido
	houvessem falado	houvessem bebido	houvessem partido

spoken form

Fut.	tiver falado	tiver bebido	tiver partido
	tiveres falado	tiveres bebido	tiveres partido
	tiver falado	tiver bebido	tiver partido
	tivermos falado	tivermos bebido	tivermos partido
	tiverdes falado	tiverdes bebido	tiverdes partido
	tiverem falado	tiverem bebido	tiverem partido

literary form

	houver falado	houver bebido	houver partido
	houveres falado	houveres bebido	houveres partido
	houver falado	houver bebido	houver partido
	houvermos falado	houvermos bebido	houvermos partido
	houverdes falado	houverdes bebido	houverdes partido
	houverem falado	houverem bebido	houverem partido

CONDITIONAL MOOD

Simple

	falaria	beberia	partiria
	falarias	beberias	partirias
	falaria	beberia	partiria
	falaríamos	beberíamos	partiríamos
	falaríeis	beberíeis	partiríeis
	falariam	beberiam	partiriam

Compound

spoken form

	teria falado	teria bebido	teria partido
	terias falado	terias bebido	terias partido
	teria falado	teria bebido	teria partido
	teríamos falado	teríamos bebido	teríamos partido
	teríeis falado	teríeis bebido	teríeis partido
	teriam falado	teriam bebido	teriam partido

literary form

	haveria falado	haveria bebido	haveria partido
	haverias falado	haverias bebido	haverias partido
	haveria falado	haveria bebido	haveria partido
	haveríamos falado	haveríamos bebido	haveríamos partido
	haveríeis falado	haveríeis bebido	haveríeis partido
	haveriam falado	haveriam bebido	haveriam partido

IMPERATIVE MOOD

	fala (tu)	*bebe* (tu)*	parte (tu)
	falai (vós)	bebei (vós)	parti (vós)

OTHER USEFUL VERBS RELATED TO SOME OF THOSE CONJUGATED IN THIS TEXT

abater—to depress; to humiliate

abster-se de—to abstain from

achegar—to draw near

acolher—to welcome, receive

acometer—to attack, assault

aconchegar—to bring near; to cuddle

acorrer—to come in haste

acrescer—to increase, augment

advir—to befall (impersonal verb)

afazer-se a—to conform oneself to

agastar—to provoke, vex

aguardar—to be awaiting, wait for; to expect

ajuntar—to assemble, amass (reg. past part. only)

antedizer—to foretell

antegozar—to foretaste

antepagar—to pay in advance (reg. past part. only)

antepassar—to precede, happen before

antepor—to put before, place ahead; to give preference to

antever—to foresee

aparecer—to appear, show up

aprovar—to approve; to pass (a pupil)

arremeter—to dash at, rush violently at

assentar—to seat; to set down

assentir—to assent, consent

assoar-se—to blow or wipe one's nose

assomar—to peep (as to show slightly); to appear at

avir-se (com)—to come to an understanding (with)

bem-dizer—to praise; to bless

bem-fazer—to benefit (someone)

bem-querer—to love, wish one well (past part.— **benquerido, benquisto**)

circunvoar—to fly around

colhêr—to harvest; to gather

comandar—to command; to order

combater—to fight, combat; to struggle

cometer—to commit

comedir (-se)—to moderate, restrain; to control oneself (not used in 1st per. sing. of pres. indicative nor in all of pres. subjunctive)

comover—to move (as to arouse the passions of)

compartir—to share; to divide into equal parts

compassar-se—to keep time, keep in step

compensar—to compensate; to pay

compor—to compose; to repair, set in order

comportar-se—to behave, act

comprometer—to compromise; to engage, bind; to jeopardize comprovar—to confirm; to corroborate

conchegar—to bring or put nearer

concorrer—to concur; to compete; to be a candidate, run for

condizer—to match; to harmonize

condoer-se—to pity (not impersonal verb like **doer**)

conferir—to confer; to lecture

conjuntar—to cojoin

conseguir—to get, obtain; to succeed in (doing something)

consentir—to consent; to accept, allow

consoar—to be consonant; to rhyme

contender—to contend, fight; to contest, dispute

contentar (-se com)—to content, satisfy; to be content with

conter—to contain, hold

contrabater—to return fire

contradizer—to contradict; to refute

contrafazer—to counterfeit; to forge

contramandar—to countermand (an order)

contrapor—to place opposite or against; to oppose

contraproduzir—to produce results contrary to those expected

contrapropor—to make a counter-proposal

contraprovar—to counterprove

contravir—to contravene; to retort

convencer—to convince

convir—to suit, be fitting; to behoove; to agree

conviver—to live together

co-produzir—to produce in cooperation with someone

corresponder—to correspond; to coincide

corromper—to corrupt (reg. past part. only)

costumar—to be accustomed, used to

creditar—to credit

debater—to debate, dispute

decair—to decay, decline

decompor—to decompose

decorrer—to elapse, pass (impersonal verb)

decrescer—to decrease, diminish

deferir—to grant, concede

demandar—to demand; to sue at law

demorar—to delay; to take time

demostrar—to demonstrate, illustrate

demover—to dissuade

dependurar—to suspend, hang

depor—to put down; to depose; to testify

deportar—to deport, banish

desaceitar—to reject (past part.—**desaceitado, desaceito**)

desacolher—to receive unkindly

desaconchegar—to make uncomfortable

desaconselhar—to dissuade

desacordar—to disagree

desacostumar-se de—to break oneself of a habit

desacreditar—to discredit, slander

desajudar—to disserve; not to help

desaparecer—to disappear, vanish

desaprovar—to disapprove

desaproveitar—to misuse, waste

desarranjar—to disarrange

desavir-se com—to quarrel, fall out with

descair—to drop, fall

descansar—to rest

descarregar—to unload, discharge

descobrir—to discover; to uncover

descomedir-se—to exceed the bounds of politeness

descompor—to discompose

desconhecer—to be unaware or ignorant of

desconjuntar—to dislocate, disjoint; to disunite

desconsentir—to disallow

descontentar—to discontent, dissatisfy

desconvencer—to dissuade

descuidar—to neglect, disregard

desdizer—to contradict

desencantar—to disenchant, disillusion

desencher—to empty

desencobrir—to uncover

desencolher—to unfold, extend, stretch out

desentender—to feign ignorance

desesperar-se—to despair, lose all hope

desfazer (-se)—to undo, to unmake; to fall or come apart

desfechar—to unlock

desgastar—to wear out (reg. past part. only)

desgostar—to displease, annoy

desimpedir—to unstop; to disencumber

desmedir-se—to lose self control

desmentir—to contradict; to deny

desobedecer—to disobey

desobrigar—to exempt, release from obligation

despendurar—to unhook, unhang

desprender—to unfasten; to disengage (reg. past part. only)

desquerer—to cease loving, liking

deter—to detain; to stop; to arrest

devir—to come to be, become

diferir—to defer, postpone; to differ

discorrer—to reason, ponder

dispensar—to dispense; to release from obligation

dispor—to dispose

dissentir—to dissent from, disagree with

distender—to distend, expand

embater—to collide, crash into

embeber—to soak, imbibe

encaminhar-se (para)—to set out for, make one's (way to)

encantar—to enchant

encarregar—to entrust

encobrir—to cover, conceal

encolher—to shrink, contract

enlevar (-se com)—to enrapture; to be fascinated with

entender (-se com)—to understand; to get along with (someone)

entreabrir—to open partially

entreconhecer—to know or be acquainted with slightly

entrecorrer—to run between

entrecortar—to intersect; to interrupt

entredizer—to talk to oneself

entrefechar—to close slightly

entremeter—to interpose; to meddle

entremostrar—to show slightly

entreolhar-se—to look at each other, exchange looks

entreouvir—to hear faintly

entrepor—to interpose

entreter—to entertain, amuse

entrever (-se)—to catch sight of; to have an interview with

escorrer—to drain, flow, run (said of liquids)

estender—to extend, stretch out; to spread

estupefazer = estupeficar

estupeficar—to stupefy

excrescer—to swell, tumefy

expedir—to ship; to dispatch

expor—to expose; to disclose

exportar—to export

extrapor—to place outside, away

ferir—to wound

impedir—to impede; to obstruct

impor—to impose; to enforce

incorrer—to incur (irreg. past part. incurso not used with ser)

indispor—to indispose

inferir—to infer, imply

intentar—to endeavor

interdizer—to interdict, prohibit

intermeter—to interpose

interpor—to place between

interromper—to interrupt (reg. past part. only)

intervir—to intervene

intrometer—to intrude, butt in

investir—to invest; to attack

irromper—to burst forth; to break out (reg. past part. only)

justapor—to juxtapose

liquefazer—to liquefy; to melt

locomover-se—to move

maldizer—to curse, damn; to speak ill of

malfazer—to do wrong

malgastar—to squander, waste

malquerer—to wish ill to (past part.— malquerido, malquisto)

manter—to maintain; to support

obter—to obtain, acquire

ocorrer—to occur, happen; to come to one's mind

opor (-se a)—to oppose; to object to

percorrer—to run through; to travel all over; to scrutinize

perfazer—to complete; to perfect

perfumar—to perfume

perpassar—to pass by; to glide over

perseguir—to pursue; to persecute

persentir—to feel deeply

portar-se—to behave, conduct oneself

pospor—to put after; to postpone

predispor—to predispose

predizer—to predict; to prophesy

preencher—to fill out (or fill in) (reg. past part. only)

prender—to fasten; to take hold of; to catch

prepor—to put before

pressentir—to have a premonition, foresee

pressupor—to presuppose, take for granted

pretender—to pretend, claim; to aspire

prever—to foresee

prometer—to promise

promover—to promote

propor—to propose, offer

prorromper—to break or burst out

prosseguir—to go ahead; to follow up

provir—to proceed or descend from

putrefazer—to putrefy, make rotten

rarefazer—to rarefy, make rare or thin

reabrir—to reopen

reacender—to relight; to reactivate (past part.— **reacendido, reaceso**)

reaparecer—to reappear

rebater—to strike again

recair—to fall again

recantar—to sing again; to recant

recobrir—to re-cover

recolher—to gather, collect; to harvest

recomeçar—to resume; to begin anew

recompensar—to recompense

recompor—to recompose

recomprar—to repurchase

reconhecer—to recognize

reconstruir—to rebuild, reconstruct

recorrer—to retrace; to have recourse to

recortar—to slash; to cut out; to trim

recrescer—to grow again

redescobrir—to rediscover

redizer—to say again; to retell

reencher—to refill (reg. past part. only)

reencontrar—to meet again

reentrar—to re-enter

reescrever—to rewrite

reexpedir—to reship

reexpor—to re-exhibit; to explain again

reexportar—to re-export

refazer—to remake; to remodel

referir (-se a)—to refer; to refer to

reganhar—to regain, get back

reimpor—to reimpose

reimportar—to reimport

relembrar—to remind

reler—to reread

remeter—to remit, send, forward

remover—to remove; to stir

renascer—to be reborn (reg. past part. only)

repartir—to allot, distribute

repassar—to review

repensar—to reconsider

repor—to replace; to repay

reproduzir—to reproduce; to copy, imitate

reprovar—to rebuke; to fail (as an examination)

repuxar—to stretch; to jerk, tug

requeimar—to scorch

resguardar—to preserve, protect, shelter

ressentir—to resent

resservir—to serve again

ressoar—to resound, reverberate

reter—to retain, hold

retirar—to withdraw; to retire

retocar—to retouch

retomar—to resume; to take back

retrosseguir—to go backwards

rever—to see again

revestir—to dress again; to enwrap

revir—to come back

reviver—to revive; to refresh

revoar—to fly again

revoltar—to revolt, rebel against

satisfazer—to satisfy

sobrecarregar—to overload

sobreentender—to superintend, supervise

sobrelevar—to rise above; to surpass

sobreolhar—to look upon with contempt

sobrepensar—to think over carefully

sobrepor—to superpose, superimpose

sobressair—to stand out

sobrevir—to supervene

sobreviver—to survive

sobrevoar—to fly over

socorrer—to succor; to rescue

sorrir—to smile

subentender—to understand or take as inferred or implied

sublevar—to revolt, rise up

submeter—to subject, subdue; to submit

subpor—to put under

superintender—to superintend, supervise

superpor—to superpose

supor—to suppose, presume

suportar—to support; to bear, endure

sustentar—to support, prop up; to maintain

suster—to sustain, support

tender—to extend (the hand); to tend

torrefazer = torreficar

torreficar—to torrefy, roast, toast

transcorrer—to pass, pass by; to elapse

transferir—to transfer; to transmit; to shift

transparecer—to appear or shine through

transpassar = traspassar

transpor—to transpose, interchange

transportar—to transport, convey

traspassar—to trespass; to pass over; to transfer

trespassar = traspassar

ultrapassar—to go beyond, exceed

REFLEXIVE VERBS

A verb is said to be *reflexive* when its subject acts upon itself. If the object of a verb is of the same person as its subject, the verb is in the reflexive. Example: Levanto-me—I get (me) up.

The reflexive construction is employed more extensively in Portuguese than in English. The following outline summarizes the usage of reflexive verb forms in Portuguese:

1. Many Portuguese verbs *must* be conjugated in the reflexive, while their English counterparts are not. Examples of these are: Lembrar-se (to remember), levantar-se (to get up), queixar-se (to complain), sentar-se (to sit down), zangar-se (to get angry).

2. Several Portuguese verbs change their meaning when used reflexively. Some of these are:

ir (to go)	*ir-se embora* (to go away)
pôr (to put, place)	*pôr-se* (to begin, become)
fazer (to do, make)	*fazer-se* (to become)
rir (to laugh)	*rir-se* (to make fun of)

3. The reflexive is used in Portuguese to express reciprocal action. Naturally, this may be accomplished only in the 1st, 2nd, and 3rd persons plural of a verb.

Nós nos compreendemos.	We understand each other.
Amai-vos.	Love one another.
Êles se odeiam.	They hate each other.

In some instances, confusion may arise between the usual meaning of the reflexive and that evoked by the reciprocal usage.

Os homens mataram-se.	The men killed themselves.
	or
	The men killed each other.

With cases of this type, where clarification may be necessary, Portuguese speakers will generally add an extra phrase to the sentence intended to signify reciprocal action. The most common auxiliary expression of reciprocity is: Um ao outro.

Os homens mataram-se um ao outro.	The men killed each other.
As mulheres compreendem-se umas às outras.	Women understand each other.
As duas mulheres compreendem-se uma à outra.	The two women understand each other.

4. In Portuguese, the reflexive construction is also used to express an indeterminate subject (the impersonal construction), which corresponds to the English forms: You, one, people, and they.

Deve-se estudar para aprender.	One must study in order to learn.
Diz-se que haverá guerra.	They say there will be war.
Sim, porque gosta-se de lutar.	Yes, because people like to fight.

5. Verbs in the reflexive may also indicate a passive sense.

Fala-se inglês aqui.	English is spoken here.
Vendem-se livros.	Books are sold.
Bebe-se muito vinho em Portugal.	Much wine is drunk in Portugal.

REFLEXIVE PRONOUNS

SINGULAR

me (myself, to
or for myself)

te (yourself, to or for
yourself)

se (herself, himself,
itself, to or for
herself, himself,
itself)

se (yourself, to or
for yourself)

PLURAL

nos (ourselves, to or
for ourselves)

vos (yourselves, to or
for yourselves)

se (themselves, to or
for themselves)

se (yourselves, to or
for yourselves)

A SAMPLE REFLEXIVE CONJUGATION

INFINITIVE MOOD
Simple

Impers. LEMBRAR-SE *to remember*

Compound

ter-se lembrado

Simple

Pers. lembrar-me   lembrarmo-nos
lembrares-te   lembrardes-vos
lembrar-se   lembrarem-se

Compound

ter-me lembrado   termo-nos lembrado
teres-te lembrado   terdes-vos lembrado
ter-se lembrado   terem-se lembrado

PARTICIPLES
Simple

Pres.   lembrando-se

Compound

tendo-se lembrado

Past   se lembrado

INDICATIVE MOOD
Simple

Pres. lembro-me   lembramo-nos
lembras-te   lembrais-vos
lembra-se   lembram-se

Imperf. lembrava-me   lembrávamo-nos
lembravas-te   lembráveis-vos
lembrava-se   lembravam-se

Pret.	lembrei-me	lembrámo-nos
	lembraste-te	lembrastes-vos
	lembrou-se	lembraram-se
Pluperf.	lembrara-me	lembráramo-nos
	lembraras-te	lembráreis-vos
	lembrara-se	lembraram-se
Fut.	lembrar-me-ei	lembrar-nos-emos
	lembrar-te-ás	lembrar-vos-eis
	lembrar-se-á	lembrar-se-ão

COMPOUND
OR
PERFECT

spoken form

Pres.	tenho-me lembrado	temo-nos lembrado
	tens-te lembrado	tendes-vos lembrado
	tem-se lembrado	têm-se lembrado

literary form

	hei-me lembrado	havemo-nos lembrado
	hás-te lembrado	haveis-vos lembrado
	há-se lembrado	hão-se lembrado

spoken form

Pluperf.	tinha-me lembrado	tínhamo-nos lembrado
	tinhas-te lembrado	tínheis-vos lembrado
	tinha-se lembrado	tinham-se lembrado

literary form

	havia-me lembrado	havíamo-nos lembrado
	havias-te lembrado	havíeis-vos lembrado
	havia-se lembrado	haviam-se lembrado

spoken form

Fut.	ter-me-ei lembrado	ter-nos-emos lembrado
	ter-te-ás lembrado	ter-vos-eis lembrado
	ter-se-á lembrado	ter-se-ão lembrado

literary form

	haver-me-ei lembrado	haver-nos-emos lembrado
	haver-te-ás lembrado	haver-vos-eis lembrado
	haver-se-á lembrado	haver-se-ão lembrado

SUBJUNCTIVE MOOD
Simple

Pres.	lembre-me	lembremo-nos
	lembres-te	lembreis-vos
	lembre-se	lembrem-se
Imperf.	lembrasse-me	lembrássemo-nos
	lembrasses-te	lembrásseis-vos
	lembrasse-se	lembrassem-se
Fut.	me lembrar	nos lembrarmos
	te lembrares	vos lembrardes
	se lembrar	se lembrarem

Compound

spoken form

Pres.		
tenha-me lembrado	tenhamo-nos lembrado	
tenhas-te lembrado	tenhais-vos lembrado	
tenha-se lembrado	tenham-se lembrado	

literary form

haja-me lembrado	hajamo-nos lembrado	
hajas-te lembrado	hajais-vos lembrado	
haja-se lembrado	hajam-se lembrado	

spoken form

Imperf.		
tivesse-me lembrado	tivéssemo-nos lembrado	
tivesses-te lembrado	tivésseis-vos lembrado	
tivesse-se lembrado	tivessem-se lembrado	

literary form

houvesse-me lembrado	houvéssemo-nos lembrado	
houvesses-te lembrado	houvésseis-vos lembrado	
houvesse-se lembrado	houvessem-se lembrado	

spoken form

Fut.		
me tiver lembrado	nos tivermos lembrado	
te tiveres lembrado	vos tiverdes lembrado	
se tiver lembrado	se tiverem lembrado	

literary form

me houver lembrado	nos houvermos lembrado	
te houveres lembrado	vos houverdes lembrado	
se houver lembrado	se houverem lembrado	

CONDITIONAL MOOD

Simple

lembrar-me-ia	lembrar-nos-íamos	
lembrar-te-ias	lembrar-vos-íeis	
lembrar-se-ia	lembrar-se-iam	

Compound

spoken form

ter-me-ia lembrado	ter-nos-íamos lembrado	
ter-te-ias lembrado	ter-vos-íeis lembrado	
ter-se-ia-lembrado	ter-se-iam lembrado	

literary form

haver-me-ia lembrado	haver-nos-íamos lembrado	
haver-te-ias lembrado	haver-vos-íeis lembrado	
haver-se-ia lembrado	haver-se-iam lembrado	

IMPERATIVE MOOD

lembra-te	lembrai-vos

OBJECT PRONOUNS

DIRECT

SINGULAR	PLURAL
me—me	*nos*—us
te—you	*vos*—you
o—him, it, you	*os*—them, you
a—her, it, you	*as*—them, you

INDIRECT

me—to me	*nos*—to us
te—to you	*vos*—to you
lhe—to him, to her, to you	*lhes*—to them, to you

Contracted Forms of Object Pronouns

NOTE: The indirect object pronouns always precede the direct.

mo—it to me	*no-lo*—it to us
ma—it to me	*no-la*—it to us
mos—them to me	*no-los*—them to us
mas—them to me	*no-las*—them to us
to—it to you	*vo-lo*—it to you
ta—it to you	*vo-la*—it to you
tos—them to you	*vo-los*—them to you
tas—them to you	*vo-las*—them to you
lho—it to you, it to him, it to her	*lho*—it to them, it to you
lha—it to you, it to him, it to her	*lha*—it to them, it to you
lhos—them to you, them to him, them to her	*lhos*—them to them, them to you
lhas—them to you, them to him, them to her	*lhas*—them to them, them to you

Peculiarities of Certain Verb-Plus-Direct-Object-Pronoun Combinations

1. When the direct object pronouns *a, o, as,* or *os* follow and are attached (by a hyphen) to a verb form ending in *r, s,* or *z,* certain changes in spelling must be made.

A. The final *r* of all infinitives is dropped and the object pronouns acquire an initial *l*.

Vou *comprá-lo.*	I'm going to buy it.
Êle não quer *fazê-la.*	He doesn't want to do it.
Eu não posso *ouvi-los.*	I can't hear them.

(Note the respective diacritical marks added to the 1st and 2nd conjugation verbs.)

B. When the direct object pronouns *a, o, as,* or *os* are attached to verb forms ending in *s* or *z*, the final *s* or *z* is dropped and an initial *l* is added to the direct compliment.

Fiz + o—*Fi-lo.*	I did it.
Compremos + as—	
Compremo-las.	Let's buy them.
Fêz + a—*Fê-la.*	He made it.
Pus + os—*Pu-los* (aí).	I put them (there).

2. When the direct compliments *a, o, as,* or *os* are connected to the end of verb forms having nasal terminations (ão, õe, m), those compliments acquire an initial *n*.

Dão-nos ao professor.	They give them to the professor.
Têm-na escondida.	They have her hidden.
Lêem-no.	They read it.

Future Indicative and Conditional Pronominal Conjugations

When verbs conjugated in the future indicative and the conditional are accompanied by object pronouns (also see sample reflexive conjugation), the pronouns are placed as infixes between the verb stem and the conjugation ending. This construction is known as a pronominal conjugation.

Falar-te-ei	I will speak to you
Dir-lho-ão	They will tell it to him
Informar-nos-á	He will inform us
Escrever-lhe-ão	They will write to him
Mandar-nos-ia	He would order us
Far-mo-ias	You would do it to me

Note that when the direct object pronouns *o, os, a, as* are infixed, the verb stem is altered in the same manner as the simple infinitive.

Comprá-los-emos	We will buy them
Fá-lo-ia	I would do it
Escrevê-las-ão	They will write them
Vê-la-ias	You would see her
Di-lo-á	He will say it
Segui-los-íamos	We would follow them

In seeking ease of speech, many speakers tend to use a subject pronoun, and then put the object pronouns before the verb form, thereby eliminating the more cumbersome constructions of the pronominal conjugation.

Vocês no-lo dirão	You will tell it to us
Elas mas darão	They will give them to me
Nós lho venderíamos	We would sell it to him

Formation of Commands

The true imperative mood is used only for the *affirmative* second person (singular and plural) command forms. In all other commands the appropriate present subjunctive forms are used.

AFFIRMATIVE	NEGATIVE
fala (tu) speak (thou)	*não fales* don't speak
fale (você, etc.) speak	*não fale* don't speak
falemos (nós) let's speak	*não falemos* let's not speak
falai (vós) speak (ye)	*não faleis* don't speak
falem (vocês, etc.) speak	*não falem* don't speak

NOTES:

1. The *let's* equivalent may also be expressed by **vamos** + infinitive: *Vamos falar!* Let's talk!

2. A somewhat softer alternative command expression is **faça (faze, façam) o favor de** + infinitive:

2nd pers. sing.—Faze o favor de abrir (abrires) a janela.
Do me the favor of opening the window.

3rd pers. sing.—Faça o favor de se sentar aqui.
Please sit here.

3rd pers. plur.—Façam o favor de nos informar (informarem)
da vossa chegada.
Kindly inform us of your arrival.

THE TRUE PASSIVE VOICE

It has already been pointed out that the reflexive verb construction may be used to indicate passive meaning. However, if the agent or doer of the action is given, the true passive voice *must* be used. The simple tenses of the true passive are usually formed by adding the past participle of the active verb, which must agree in number and gender with the subject, to the conjugated forms of *ser* (to be). The compound tenses of the passive are constructed in a similar fashion. *Sido,* the past participle of *ser,* is placed between the conjugated forms of *ter* and the past participle of the main verb, which has to agree in number and gender with the subject.

A casa é construída pelos operários.	The house is built by the workers.
O Presidente foi eleito pelo povo.	The President was elected by the people.
O doente será curado pelo médico.	The patient will be cured by the doctor.
Espero que a conta seja paga pelo meu pai.	I hope that the bill will be paid by my father.
Receava que os cães fôssem atropelados pelo camião.	I was afraid that the dogs were run over by the truck.
Ela disse que a festa seria dada pela escola.	She said that the party would be given by the school.
Êles têm sido louvados pela companhia.	They have been praised by the company.
Disseram-me que você tinha sido nomeado secretário pelo nosso clube.	They told me that you had been appointed secretary by our club.
Quando os aviões chegarem, já as nossas tropas terão sido vencidas pelo inimigo.	When the airplanes arrive, our troops will have already been beaten by the enemy.
Duvido que nós tenhamos sido convidados por êle.	I doubt that we have been invited by him.
Se os barcos tivessem sido capturados pelos piratas, ter-se-iam perdido todas as jóias.	If the ships had been captured by the pirates, all the jewels would have been lost.
Se tivesses deixado o teu carro ali, terias sido multado pelo polícia.	If you had left your car there, you would have been fined by the policeman.

THE PROGRESSIVE TENSE

The progressive tense or aspect indicates and emphasizes an action that is in progress. Although this construction is most often used in the present and imperfect indicative, it may also be employed in other tenses of the indicative, as well as in the subjunctive and the conditional. Similar to the English construction, the Portuguese progressive is formed with the verb *to be* (estar) conjugated in the appropriate tense and followed by the desired present participle.

Estou trabalhando.	I am working.
Êle estava sonhando.	He was dreaming.
Estaremos jogando.	We will be playing.
Espero que esteja nevando.	I hope it will be snowing.
O professor não acreditava que os alunos estivessem estudando.	The professor didn't believe that the students were studying.
Se os pés do João não estivessem doendo, estaria ganhando a corrida.	If John's feet weren't hurting, he would be winning the race.

Portuguese, however, possesses an optional (quite popular in Portugal) form of the progressive. This second construction once again uses *estar,* but, with the preposition *a* plus an infinitive instead of a present participle.

> *Estou a trabalhar.*
>
> *Êle estava a sonhar.*
>
> *Estaremos a jogar.*
>
> *Espero que esteja a nevar.*
>
> *O professor não acreditava que os alunos estivessem a estudar.*
>
> *Se os pés do João não estivessem a doer, estaria a ganhar a corrida.*

NOTE: The verb *ir* (to go) is used in its normal conjugations to indicate progressive action.

Vou.	I am going.
Eu ia.	I was going.

SOME VERBS WITH IRREGULAR PAST PARTICIPLES

abrir—aberto[1] (open, opened)
cobrir—coberto[2] (covered)
dizer—dito (said, told)
escrever—escrito (written)

fazer—feito (done, made)
pôr—pôsto[3] (put, placed)
ver—visto (seen)
vir—vindo (come)

[1] The e in aberto is "open" in all forms: aberto, abertos, aberta, abertas.
[2] Same as 1.
[3] The o in pôsto is "close," but "open" in other forms: postos, posta, postas.

NOTE: The compounds or derivatives of the above verbs also have irregular past participles, e.g. compor-composto, descrever-descrito.

SOME VERBS WITH DOUBLE FORMS OF THE PAST PARTICIPLE

aceitar—aceitado, aceite[1] (accepted)
acender—acendido, aceso[2] (lit, lighted)
assentar—assentado, assente[3] (seated)
atender—atendido, atento[4] (answered, attentive)
encarregar—encarregado,[5] encarregue (entrusted)
encher—enchido, cheio[6] (filled, full)
entregar—entregado,[7] entregue (delivered)
ganhar—ganhado,[8] ganho (earned, won)
gastar—gastado,[9] gasto (spent)
juntar—juntado, junto[10] (joined, together)
limpar—limpado, limpo (cleaned, clean)
matar—matado, morto [11] (killed, dead)
morrer—morrido, morto[12] (died, dead)
nascer—nascido, nato[13] (born)
pagar—pagado,[14] pago (paid)
prender—prendido, prêso[15] (caught)
romper—rompido,[16] rôto (torn, broken)
soltar—soltado,[17] sôlto (released, loose)

NOTE: The regular forms of the past participle are usually preferred in forming compound tenses with the auxiliary verbs *ter* and *haver;* while the shorter forms may be used as descriptive adjectives with *estar,* or for the passive voice with *ser.*

[1] Also *aceito,* which is preferred in Brazil.
[2] The e in *aceso* is "close" in all forms: *aceso, acesos, acesa, acesas.*
[3] Also *assento. Assentado* more common in all cases.
[4] *Atento* used only as adjective, and never for passive voice.
[5] *Encarregado* preferred in all cases.
[6] Same as 4.

[7] *Entregado* also used for passive voice.

[8] Regular form seldom used.

[9] Same as 8.

[10] Same as 4.

[11] Stressed *o* in *morto* is "close," but "open" in other forms: *mortos, morta, mortas*.

[12] *Morrer* has no passive voice.

[13] Same as 4.

[14] Same as 8.

[15] The *e* in *prêso* is "close" in all forms.

[16] *Rompido* used for passive voice. Stressed *o* in *rôto* "close" in all forms.

[17] *Soltado* also used for passive voice. Stressed *o* in *sôlto* "close" in all forms.

abraçar

Pers. Inf.	abraçar, abraçares, abraçar; abraçarmos, abraçardes, abraçarem
Pres. *Ind.*	abraço, abraças, abraça; abraçamos, abraçais, abraçam
Imp. *Ind.*	abraçava, abraçavas, abraçava; abraçávamos, abraçáveis, abraçavam
Pret. *Ind.*	abracei, abraçaste, abraçou; abraçámos, abraçastes, abraçaram
Plup. *Ind.*	abraçara, abraçaras, abraçara; abraçáramos, abraçáreis, abraçaram
Fut. Ind.	abraçarei, abraçarás, abraçará; abraçaremos, abraçareis, abraçarão
Pres. *Perf.* *Ind.*	tenho abraçado, tens abraçado, tem abraçado; temos abraçado, tendes abraçado, têm abraçado
Plup. *Ind.*	tinha abraçado, tinhas abraçado, tinha abraçado; tínhamos abraçado, tínheis abraçado, tinham abraçado
Fut. *Perf.* *Ind.*	terei abraçado, terás abraçado, terá abraçado; teremos abraçado, tereis abraçado, terão abraçado
Pres. *Subj.*	abrace, abraces, abrace; abracemos, abraceis, abracem
Imp. *Subj.*	abraçasse, abraçasses, abraçasse; abraçássemos, abraçásseis, abraçassem
Fut. *Subj.*	abraçar, abraçares, abraçar; abraçarmos, abraçardes, abraçarem
Pres. *Perf.* *Subj.*	tenha abraçado, tenhas abraçado, tenha abraçado; tenhamos abraçado, tenhais abraçado, tenham abraçado
Past *Perf.* *Subj.*	tivesse abraçado, tivesses abraçado, tivesse abraçado; tivéssemos abraçado, tivésseis abraçado, tivessem abraçado
Fut. *Perf.* *Subj.*	tiver abraçado, tiveres abraçado, tiver abraçado; tivermos abraçado, tiverdes abraçado, tiverem abraçado
Condi- *tional*	abraçaria, abraçarias, abraçaria; abraçaríamos, abraçaríeis, abraçariam
Cond. *Perf.*	teria abraçado, terias abraçado, teria abraçado; teríamos abraçado, teríeis abraçado, teriam abraçado
Imper- *ative*	abraça—abraçai

to embrace

1

Pers. Inf.	abrir, abrires, abrir; abrirmos, abrirdes, abrirem
Pres. *Ind.*	abro, abres, abre; abrimos, abris, abrem
Imp. *Ind.*	abria, abrias, abria; abríamos, abríeis, abriam
Pret. *Ind.*	abri, abriste, abriu; abrimos, abristes, abriram
Plup. *Ind.*	abrira, abriras, abrira; abríramos, abríreis, abriram
Fut. Ind.	abrirei, abrirás, abrirá; abriremos, abrireis, abrirão
Pres. *Perf.* *Ind.*	tenho aberto, tens aberto, tem aberto; temos aberto, tendes aberto, têm aberto
Plup. *Ind.*	tinha aberto, tinhas aberto, tinha aberto; tínhamos aberto, tínheis aberto, tinham aberto
Fut. *Perf.* *Ind.*	terei aberto, terás aberto, terá aberto; teremos aberto, tereis aberto, terão aberto
Pres. *Subj.*	abra, abras, abra; abramos, abrais, abram
Imp. *Subj.*	abrisse, abrisses, abrisse; abríssemos, abrísseis, abrissem
Fut. *Subj.*	abrir, abrires, abrir; abrirmos, abrirdes, abrirem
Pres. *Perf.* *Subj.*	tenha aberto, tenhas aberto, tenha aberto; tenhamos aberto, tenhais aberto, tenham aberto
Past. *Perf.* *Subj.*	tivesse aberto, tivesses aberto, tivesse aberto; tivéssemos aberto, tivésseis aberto, tivessem aberto
Fut. *Perf.* *Subj.*	tiver aberto, tiveres aberto, tiver aberto; tivermos aberto, tiverdes aberto, tiverem aberto
Conditional	abriria, abririas, abriria; abriríamos, abriríeis, abririam
Cond. *Perf.*	teria aberto, terias aberto, teria aberto; teríamos aberto, teríeis aberto, teriam aberto
Imperative	abre—abri

to open

2

Pers. Inf.	acabar, acabares, acabar; acabarmos, acabardes, acabarem
Pres. *Ind.*	acabo, acabas, acaba; acabamos, acabais, acabam
Imp. *Ind.*	acabava, acabavas, acabava; acabávamos, acabáveis, acabavam
Pret. *Ind.*	acabei, acabaste, acabou; acabámos, acabastes, acabaram
Plup. *Ind.*	acabara, acabaras, acabara; acabáramos, acabáreis, acabaram
Fut. Ind.	acabarei, acabarás, acabará; acabaremos, acabareis, acabarão
Pres. *Perf.* *Ind.*	tenho acabado, tens acabado, tem acabado temos acabado, tendes acabado, têm acabado
Plup. *Ind.*	tinha acabado, tinhas acabado, tinha acabado; tínhamos acabado, tínheis acabado, tinham acabado
Fut. *Perf.* *Ind.*	terei acabado, terás acabado, terá acabado; teremos acabado, tereis acabado, terão acabado
Pres. *Subj.*	acabe, acabes, acabe; acabemos, acabeis, acabem
Imp. *Subj.*	acabasse, acabasses, acabasse; acabássemos, acabásseis, acabassem
Fut. *Subj.*	acabar, acabares, acabar; acabarmos, acabardes, acabarem
Perf. *Perf.* *Subj.*	tenha acabado, tenhas acabado, tenha acabado; tenhamos acabado, tenhais acabado, tenham acabado
Past *Perf.* *Subj.*	tivesse acabado, tivesses acabado, tivesse acabado; tivéssemos acabado, tivésseis acabado, tivessem acabado
Fut. *Perf.* *Subj.*	tiver acabado, tiveres acabado, tiver acabado; tivermos acabado, tiverdes acabado, tiverem acabado
Condi- *tional*	acabaria, acabarias, acabaria; acabaríamos, acabaríeis, acabariam
Cond. *Perf.*	teria acabado, terias acabado, teria acabado; teríamos acabado, teríeis acabado, teriam acabado
Imper- *ative*	acaba—acabai

to finish

3

Pers. Inf.	aceitar, aceitares, aceitar; aceitarmos, aceitardes, aceitarem

to accept

Pres. *Ind.*	aceito, aceitas, aceita; aceitamos, aceitais, aceitam
Imp. *Ind.*	aceitava, aceitavas, aceitava; aceitávamos, aceitáveis, aceitavam
Pret. *Ind.*	aceitei, aceitaste, aceitou; aceitámos, aceitastes, aceitaram
Plup. *Ind.*	aceitara, aceitaras, aceitara; aceitáramos, aceitáreis, aceitaram
Fut. Ind.	aceitarei, aceitarás, aceitará; aceitaremos, aceitareis, aceitarão
Pres. *Perf.* *Ind.*	tenho aceitado, tens aceitado, tem aceitado; temos aceitado, tendes aceitado, têm aceitado
Plup. *Ind.*	tinha aceitado, tinhas aceitado, tinha aceitado; tínhamos aceitado, tínheis, aceitado, tinham aceitado
Fut. *Perf.* *Ind.*	terei aceitado, terás aceitado, terá aceitado; teremos aceitado, tereis aceitado, terão aceitado
Pres. *Subj.*	aceite, aceites, aceite; aceitemos, aceiteis, aceitem
Imp. *Subj.*	aceitasse, aceitasses, aceitasse; aceitássemos, aceitásseis, aceitassem
Fut. *Subj.*	aceitar, aceitares, aceitar; aceitarmos, aceitardes, aceitarem
Pres. *Perf.* *Subj.*	tenha aceitado, tenhas aceitado, tenha aceitado; tenhamos aceitado, tenhais aceitado, tenham aceitado
Past *Perf.* *Subj.*	tivesse aceitado, tivesses aceitado, tivesse aceitado; tivéssemos aceitado, tivésseis aceitado, tivessem aceitado
Fut. *Perf.* *Subj.*	tiver aceitado, tiveres aceitado, tiver aceitado; tivermos aceitado, tiverdes aceitado, tiverem aceitado
Condi- *tional*	aceitaria, aceitarias, aceitaria; aceitaríamos, aceitaríeis, aceitariam
Cond. *Perf.*	teria aceitado, terias aceitado, teria aceitado; teríamos aceitado, teríeis aceitado, teriam aceitado
Imper- *ative*	aceita—aceitai

4

Pers. Inf.	acender, acenderes, acender; acendermos, acenderdes, acenderem
Pres. *Ind.*	acendo, acendes, acende; acendemos, acendeis, acendem

to light

Imp. *Ind.*	acendia, acendias, acendia; acendíamos, acendíeis, acendiam
Pret. *Ind.*	acendi, acendeste, acendeu; acendemos, acendestes, acenderam
Plup. *Ind.*	acendera, acenderas, acendera; acendêramos, acendêreis, acenderam
Fut. Ind.	acenderei, acenderás, acenderá; acenderemos, acendereis, acenderão
Pres. *Perf.* *Ind.*	tenho acendido, tens acendido, tem acendido; temos acendido, tendes acendido, têm acendido
Plup. *Ind.*	tinha acendido, tinhas acendido, tinha acendido; tínhamos acendido, tínheis acendido, tinham acendido
Fut. *Perf.* *Ind.*	terei acendido, terás acendido, terá acendido; teremos acendido, tereis acendido, terão acendido
Pres. *Subj.*	acenda, acendas, acenda; acendamos, acendais, acendam
Imp. *Subj.*	acendesse, acendesses, acendesse; acendêssemos, acendêsseis, acendessem
Fut. *Subj.*	acender, acenderes, acender; acendermos, acenderdes, acenderem
Pres. *Perf.* *Subj.*	tenha acendido, tenhas acendido, tenha acendido; tenhamos acendido, tenhais acendido, tenham acendido
Past *Perf.* *Subj.*	tivesse acendido, tivesses acendido, tivesse acendido; tivéssemos acendido, tivésseis acendido, tivessem acendido
Fut. *Perf.* *Subj.*	tiver acendido, tiveres acendido, tiver acendido; tivermos acendido, tiverdes acendido, tiverem acendido
Condi- *tional*	acenderia, acenderias, acenderia; acenderíamos, acenderíeis, acenderiam
Cond. *Perf.*	teria acendido, terias acendido, teria acendido; teríamos acendido, teríeis acendido, teriam acendido
Imper- *ative*	acende—acendei

Pers. Inf.	achar, achares, achar; acharmos, achardes, acharem

to find

Pres. *Ind.*	acho, achas, acha; achamos, achais, acham
Imp. *Ind.*	achava, achavas, achava; achávamos, acháveis, achavam
Pret. *Ind.*	achei, achaste, achou; achámos, achastes, acharam
Plup. *Ind.*	achara, acharas, achara; acháramos, acháreis, acharam
Fut. Ind.	acharei, acharás, achará; acharemos, achareis, acharão
Pres. *Perf.* *Ind.*	tenho achado, tens achado, tem achado; temos achado, tendes achado, têm achado
Plup. *Ind.*	tinha achado, tinhas achado, tinha achado; tínhamos achado, tínheis achado, tinham achado
Fut. *Perf.* *Ind.*	terei achado, terás achado, terá achado; teremos achado, tereis achado, terão achado
Pres. *Subj.*	ache, aches, ache; achemos, acheis, achem
Imp. *Subj.*	achasse, achasses, achasse; achássemos, achásseis, achassem
Fut. *Subj.*	achar, achares, achar; acharmos, achardes, acharem
Pres. *Perf.* *Subj.*	tenha achado, tenhas achado, tenha achado; tenhamos achado, tenhais achado, tenham achado
Past *Perf.* *Subj.*	tivesse achado, tivesses achado, tivesse achado; tivéssemos achado, tivésseis achado, tivessem achado
Fut. *Perf.* *Subj.*	tiver achado, tiveres achado, tiver achado; tivermos achado, tiverdes achado, tiverem achado
Condi- *tional*	acharia, acharias, acharia; acharíamos, acharíeis, achariam
Cond. *Perf.*	teria achado, terias achado, teria achado; teríamos achado, teríeis achado, teriam achado
Imper- *ative*	acha—achai

Pers. Inf.	aconselhar, aconselhares, aconselhar; aconselharmos, aconselhardes, aconselharem
Pres. *Ind.*	aconselho, aconselhas, aconselha; aconselhamos, aconselhais, aconselham

to advise

Imp. *Ind.*	aconselhava, aconselhavas, aconselhava; aconselhávamos, aconselháveis, aconselhavam
Pret. *Ind.*	aconselhei, aconselhaste, aconselhou; aconselhámos, aconselhastes, aconselharam
Plup. *Ind.*	aconselhara, aconselharas, aconselhara; aconselháramos, aconselháreis, aconselharam
Fut. Ind.	aconselharei, aconselharás, aconselhará; aconselharemos, aconselhareis, aconselharão
Pres. *Perf.* *Ind.*	tenho aconselhado, tens aconselhado, tem aconselhado; temos aconselhado, tendes aconselhado, têm aconselhado
Plup. *Ind.*	tinha aconselhado, tinhas aconselhado, tinha aconselhado; tínhamos aconselhado, tínheis aconselhado, tinham aconselhado
Fut. *Perf.* *Ind.*	terei aconselhado, terás aconselhado, terá aconselhado; teremos aconselhado, tereis aconselhado, terão aconselhado
Pres. *Subj.*	aconselhe, aconselhes, aconselhe; aconselhemos, aconselheis, aconselhem
Imp. *Subj.*	aconselhasse, aconselhasses, aconselhasse; aconselhássemos, aconselhásseis, aconselhassem
Fut. *Subj.*	aconselhar, aconselhares, aconselhar; aconselharmos, aconselhardes, aconselharem
Pres. *Perf.* *Subj.*	tenha aconselhado, tenhas aconselhado, tenha aconselhado; tenhamos aconselhado, tenhais aconselhado, tenham aconselhado
Past *Perf.* *Subj.*	tivesse aconselhado, tivesses aconselhado, tivesse aconselhado; tivéssemos aconselhado, tivésseis aconselhado, tivessem aconselhado
Fut. *Perf.* *Subj.*	tiver aconselhado, tiveres aconselhado, tiver aconselhado; tivermos aconselhado, tiverdes aconselhado, tiverem aconselhado
Condi- *tional*	aconselharia, aconselharias, aconselharia; aconselharíamos, aconselharíeis, aconselhariam
Cond. *Perf.*	teria aconselhado, terias aconselhado, teria aconselhado; teríamos aconselhado, teríeis aconselhado, teriam aconselhado
Imper- *ative*	aconselha—aconselhai

Pers. Inf.	acontecer; acontecerem	
Pres. *Ind.*	*acontece;* *acontecem**	*to happen*
Imp. *Ind.*	acontecia; aconteciam	
Pret. *Ind.*	aconteceu; aconteceram	
Plup. *Ind.*	acontecera; aconteceram	
Fut. Ind.	acontecerá; acontecerão	
Pres. *Perf.* *Ind.*	tem acontecido; têm acontecido	
Plup. *Ind.*	tinha acontecido; tinham acontecido	
Fut. *Perf.* *Ind.*	terá acontecido; terão acontecido	
Pres. *Subj.*	aconteça; aconteçam	
Imp. *Subj.*	acontecesse; acontecessem	
Fut. *Subj.*	acontecer; acontecerem	
Pres. *Perf.* *Subj.*	tenha acontecido; tenham acontecido	
Past *Perf.* *Subj.*	tivesse acontecido; tivessem acontecido	
Fut. *Perf.* *Subj.*	tiver acontecido; tiverem acontecido	
Condi- *tional*	aconteceria; aconteceriam	
Cond. *Perf.*	teria acontecido; teriam acontecido	

* NOTE: Only the "open" theme vowels of the radical-changing verbs appear in italic type. For further explanation see Preface.

Pers. Inf.	acordar, acordares, acordar; acordarmos, acordardes, acordarem
Pres. *Ind.*	acordo, acordas, acorda; acordamos, acordais, *acordam**

to wake up

Imp. *Ind.*	acordava, acordavas, acordava; acordávamos, acordáveis, acordavam
Pret. *Ind.*	acordei, acordaste, acordou; acordámos, acordastes, acordaram
Plup. *Ind.*	acordara, acordaras, acordara; acordáramos, acordáreis, acordaram
Fut. Ind.	acordarei, acordarás, acordará; acordaremos, acordareis, acordarão
Pres. *Perf.* *Ind.*	tenho acordado, tens acordado, tem acordado; temos acordado, tendes acordado, têm acordado
Plup. *Ind.*	tinha acordado, tinhas acordado, tinha acordado; tínhamos acordado, tínheis acordado, tinham acordado
Fut. *Perf.* *Ind.*	terei acordado, terás acordado, terá acordado; teremos acordado, tereis acordado, terão acordado
Pres. *Subj.*	acorde, acordes, acorde; acordemos, acordeis, *acordem**
Imp. *Subj.*	acordasse, acordasses, acordasse; acordássemos, acordásseis, acordassem
Fut. *Subj.*	acordar, acordares, acordar; acordarmos, acordardes, acordarem
Pres. *Perf.* *Subj.*	tenha acordado, tenhas acordado, tenha acordado; tenhamos acordado, tenhais acordado, tenham acordado
Past *Perf.* *Subj.*	tivesse acordado, tivesses acordado, tivesse acordado; tivéssemos acordado, tivésseis acordado, tivessem acordado
Fut. *Perf.* *Subj.*	tiver acordado, tiveres acordado, tiver acordado; tivermos acordado, tiverdes acordado, tiverem acordado
Condi- *tional*	acordaria, acordarias, acordaria; acodaríamos, acordaríeis, acordariam
Cond. *Perf.*	teria acordado, terias acordado, teria acordado; teríamos acordado, teríeis acordado, teriam acordado
Imper- *ative*	acorda*—acordai

Like *acordar* are *concordar, desconcordar, discordar* and *recordar*

9

Pers. Inf.	acostumar-me, acostumares-te, acostumar-se; acostumarmo-nos, acostumardes-vos, acostumarem-se
Pres. *Ind.*	acostumo-me, acostumas-te, acostuma-se; acostumamo-nos, acostumais-vos, acostumam-se

to get
used to

Imp. *Ind.*	acostumava-me, acostumavas-te, acostumava-se; acostumávamo-nos, acostumáveis-vos, acostumavam-se
Pret. *Ind.*	acostumei-me, acostumaste-te, acostumou-se; acostumámo-nos, acostumastes-vos, acostumaram-se
Plup. *Ind.*	acostumara-me, acostumaras-te, acostumara-se; acostumáramo-nos, acostumáreis-vos, acostumaram-se
Fut. Ind.	acostumar-me-ei, acostumar-te-ás, acostumar-se-á; acostumar-nos-emos, acostumar-vos-eis, acostumar-se-ão
Pres. *Perf.* *Ind.*	tenho-me acostumado, tens-te acostumado, tem-se acostumado; temo-nos acostumado, tendes-vos acostumado, têm-se acostumado
Plup. *Ind.*	tinha-me acostumado, tinhas-te acostumado, tinha-se acostumado; tínhamo-nos acostumado, tínheis-vos acostumado, tinham-se acostumado
Fut. *Perf.* *Ind.*	ter-me-ei acostumado, ter-te-ás acostumado, ter-se-á acostumado; ter-nos-emos acostumado, ter-vos-eis acostumado, ter-se-ão acostumado
Pres. *Subj.*	acostume-me, acostumes-te, acostume-se; acostumemo-nos, acostumeis-vos, acostumem-se
Imp. *Subj.*	acostumasse-me, acostumasses-te, acostumasse-se; acostumássemo-nos acostumásseis-vos, acostumassem-se
Fut. *Subj.*	me acostumar, te acostumares, se acostumar; nos acostumarmos, vos acostumardes, se acostumarem
Pres. *Perf.* *Subj.*	tenha-me acostumado, tenhas-te acostumado, tenha-se acostumado; tenhamo-nos acostumado, tenhais-vos acostumado, tenham-se acostumado
Past *Perf.* *Subj.*	tivesse-me acostumado, tivesses-te acostumado, tivesse-se acostumado tivéssemo-nos acostumado, tivésseis-vos acostumado, tivessem-se acostumado
Fut. *Perf.* *Subj.*	me tiver acostumado, te tiveres acostumado, se tiver acostumado; nos tivermos acostumado, vos tiverdes acostumado, se tiverem acostumado
Condi- *tional*	acostumar-me-ia, acostumar-te-ias, acostumar-se-ia; acostumar-nos-íamos, acostumar-vos-íeis, acostumar-se-iam
Cond. *Perf.*	ter-me-ia acostumado, ter-te-ias acostumado, ter-se-ia acostumado; ter-nos-íamos acostumado, ter-vos-íeis acostumado, ter-se-iam acostumado
Imper- *ative*	acostuma-te—acostumai-vos

Pers. Inf.	acreditar, acreditares, acreditar; acreditarmos, acreditardes, acreditarem
Pres. *Ind.*	acredito, acreditas, acredita; acreditamos, acreditais, acreditam
Imp. *Ind.*	acreditava, acreditavas, acreditava; acreditávamos, acreditáveis, acreditavam
Pret. *Ind.*	acreditei, acreditaste, acreditou; acreditámos, acreditastes, acreditaram
Plup. *Ind.*	acreditara, acreditaras, acreditara; acreditáramos, acreditáreis, acreditaram
Fut. Ind.	acreditarei, acreditarás, acreditará; acreditaremos, acreditareis, acreditarão
Pres. *Perf.* *Ind.*	tenho acreditado, tens acreditado, tem acreditado; temos acreditado, tendes acreditado, têm acreditado
Plup. *Ind.*	tinha acreditado, tinhas acreditado, tinha acreditado; tínhamos acreditado, tínheis acreditado, tinham acreditado
Fut. *Perf.* *Ind.*	terei acreditado, terás acreditado, terá acreditado; teremos acreditado, tereis acreditado, terão acreditado
Pres. *Subj.*	acredite, acredites, acredite; acreditemos, acrediteis, acreditem
Imp. *Subj.*	acreditasse, acreditasses, acreditasse; acreditássemos, acreditásseis, acreditassem
Fut. *Subj.*	acreditar, acreditares, acreditar; acreditarmos, acreditardes, acreditarem
Pres. *Perf.* *Subj.*	tenha acreditado, tenhas acreditado, tenha acreditado; tenhamos acreditado, tenhais acreditado, tenham acreditado
Past *Perf.* *Subj.*	tivesse acreditado, tivesses acreditado, tivesse acreditado; tivéssemos acreditado, tivésseis acreditado, tivessem acreditado
Fut. *Perf.* *Subj.*	tiver acreditado, tiveres acreditado, tiver acreditado; tivermos acreditado, tiverdes acreditado, tiverem acreditado
Condi- *tional*	acreditaria, acreditarias, acreditaria; acreditaríamos, acreditaríeis, acreditariam
Cond. *Perf.*	teria acreditado, terias acreditado, teria acreditado; teríamos acreditado, teríeis acreditado, teriam acreditado
Imper- *ative*	acredita—acreditai

to believe

Pers. Inf.	adivinhar, adivinhares, adivinhar; adivinharmos, adivinhardes, adivinharem
Pres. *Ind.*	adivinho, adivinhas, adivinha; adivinhamos, adivinhais, adivinham
Imp. *Ind.*	adivinhava, adivinhavas, adivinhava; adivinhávamos, adivinháveis, adivinhavam
Pret. *Ind.*	adivinhei, adivinhaste, adivinhou; adivinhámos, adivinhastes, adivinharam
Plup. *Ind.*	adivinhara, adivinharas, adivinhara; adivinháramos, adivinháreis, adivinharam
Fut. Ind.	adivinharei, adivinharás, adivinhará; adivinharemos, adivinhareis, adivinharão
Pres. *Perf.* *Ind.*	tenho adivinhado, tens adivinhado, tem adivinhado; temos adivinhado, tendes adivinhado, têm adivinhado
Plup. *Ind.*	tinha adivinhado, tinhas adivinhado, tinha adivinhado; tínhamos adivinhado, tínheis adivinhado, tinham adivinhado
Fut. *Perf.* *Ind.*	terei adivinhado, terás adivinhado, terá adivinhado; teremos adivinhado, tereis adivinhado, terão adivinhado
Pres. *Subj.*	adivinhe, adivinhes, adivinhe; adivinhemos, adivinheis, adivinhem
Imp. *Subj.*	adivinhasse, adivinhasses, adivinhasse; adivinhássemos, adivinhásseis, adivinhassem
Fut. *Subj.*	adivinhar, adivinhares, adivinhar; adivinharmos, adivinhardes, adivinharem
Pres. *Perf.* *Subj.*	tenha adivinhado, tenhas adivinhado, tenha adivinhado; tenhamos adivinhado, tenhais adivinhado, tenham adivinhado
Past *Perf.* *Subj.*	tivesse adivinhado, tivesses adivinhado, tivesse adivinhado; tivéssemos adivinhado, tivésseis adivinhado, tivessem adivinhado
Fut. *Perf.* *Subj.*	tiver adivinhado, tiveres adivinhado, tiver adivinhado; tivermos adivinhado, tiverdes adivinhado, tiverem adivinhado
Condi-tional	adivinharia, adivinharias, adivinharia; adivinharíamos, adivinharíeis, adivinhariam
Cond. *Perf.*	teria adivinhado, terias adivinhado, teria adivinhado; teríamos adivinhado, teríeis adivinhado, teriam adivinhado
Imper-ative	adivinha—adivinhai

to guess

Pers. Inf.	adoecer, adoeceres, adoecer; adoecermos, adoecerdes, adoecerem
Pres. **Ind.**	adoeço, *adoeces, adoece;* adoecemos, adoeceis, *adoecem**
Imp. **Ind.**	adoecia, adoecias, adoecia; adoecíamos, adoecíeis, adoeciam
Pret. **Ind.**	adoeci, adoeceste, adoeceu; adoecemos, adoecestes, adoeceram
Plup. **Ind.**	adoecera, adoeceras, adoecera; adoecêramos, adoecêreis, adoeceram
Fut. Ind.	adoecerei, adoecerás, adoecerá; adoeceremos, adoecereis, adoecerão
Pres. **Perf.** **Ind.**	tenho adoecido, tens adoecido, tem adoecido; temos adoecido, tendes adoecido, têm adoecido
Plup. **Ind.**	tinha adoecido, tinhas adoecido, tinha adoecido; tínhamos adoecido, tínheis adoecido, tinham adoecido
Fut. **Perf.** **Ind.**	terei adoecido, terás adoecido, terá adoecido; teremos adoecido, tereis adoecido, terão adoecido
Pres. **Subj.**	adoeça, adoeças, adoeça; adoeçamos, adoeçais, adoeçam
Imp. **Subj.**	adoecesse, adoecesses, adoecesse; adoecêssemos, adoecêsseis, adoecessem
Fut. **Subj.**	adoecer, adoeceres, adoecer; adoecermos, adoecerdes, adoecerem
Pres. **Perf.** **Subj.**	tenha adoecido, tenhas adoecido, tenha adoecido; tenhamos adoecido, tenhais adoecido, tenham adoecido
Past **Perf.** **Subj.**	tivesse adoecido, tivesses adoecido, tivesse adoecido; tivéssemos adoecido, tivésseis adoecido, tivessem adoecido
Fut. **Perf.** **Subj.**	tiver adoecido, tiveres adoecido, tiver adoecido; tivermos adoecido, tiverdes adoecido, tiverem adoecido
Condi- **tional**	adoeceria, adoecerias, adoeceria; adoeceríamos, adoeceríeis, adoeceriam
Cond. **Perf.**	teria adoecido, terias adoecido, teria adoecido; teríamos adoecido, teríeis adoecido, teriam adoecido
Imper- **ative**	*adoece**—adoecei

to become sick

> * NOTE: Only the "open" theme vowels of the radical-changing verbs appear in italic type. For further explanation see Preface.

13

Pers. Inf.	ajudar, ajudares, ajudar; ajudarmos, ajudardes, ajudarem
Pres. *Ind.*	ajudo, ajudas, ajuda; ajudamos, ajudais, ajudam
Imp. *Ind.*	ajudava, ajudavas, ajudava; ajudávamos, ajudáveis, ajudavam
Pret. *Ind.*	ajudei, ajudaste, ajudou; ajudámos, ajudastes, ajudaram
Plup. *Ind.*	ajudara, ajudaras, ajudara; ajudáramos, ajudáreis, ajudaram
Fut. Ind.	ajudarei, ajudarás, ajudará; ajudaremos, ajudareis, ajudarão
Pres. *Perf.* *Ind.*	tenho ajudado, tens ajudado, tem ajudado; temos ajudado, tendes ajudado, têm ajudado
Plup. *Ind.*	tinha ajudado, tinhas ajudado, tinha ajudado; tínhamos ajudado, tínheis ajudado, tinham ajudado
Fut. *Perf.* *Ind.*	terei ajudado, terás ajudado, terá ajudado; teremos ajudado, tereis ajudado, terão ajudado
Pres. *Subj.*	ajude, ajudes, ajude; ajudemos, ajudeis, ajudem
Imp. *Subj.*	ajudasse, ajudasses, ajudasse; ajudássemos, ajudásseis, ajudassem
Fut. *Subj.*	ajudar, ajudares, ajudar; ajudarmos, ajudardes, ajudarem
Pres. *Perf.* *Subj.*	tenha ajudado, tenhas ajudado, tenha ajudado; tenhamos ajudado, tenhais ajudado, tenham ajudado
Past *Perf.* *Subj.*	tivesse ajudado, tivesses ajudado, tivesse ajudado; tivéssemos ajudado, tivésseis ajudado, tivessem ajudado
Fut. *Perf.* *Subj.*	tiver ajudado, tiveres ajudado, tiver ajudado; tivermos ajudado, tiverdes ajudado, tiverem ajudado
Condi- *tional*	ajudaria, ajudarias, ajudaria; ajudaríamos, ajudaríeis, ajudariam
Cond. *Perf.*	teria ajudado, terias ajudado, teria ajudado; teríamos ajudado, teríeis ajudado, teriam ajudado
Imper- *ative*	ajuda—ajudai

to help

14

Pers. Inf.	alegrar-me, alegrares-te, alegrar-se; alegrarmo-nos, alegrardes-vos, alegrarem-se
Pres. Ind.	*alegro-me, alegras-te, alegra-se;* alegramo-nos, alegrais-vos, *alegram-se**
Imp. Ind.	alegrava-me, alegravas-te, alegrava-se; alegrávamo-nos, alegráveis-vos, alegravam-se
Pret. Ind.	alegrei-me, alegraste-te, alegrou-se; alegrámo-nos, alegrastes-vos, alegraram-se
Plup. Ind.	alegrara-me, alegraras-te, alegrara-se; alegráramo-nos, alegráreis-vos, alegraram-se
Fut. Ind.	alegrar-me-ei, alegrar-te-ás, alegrar-se-á; alegrar-nos-emos, alegrar-vos-eis, alegrar-se-ão

to be happy (about)

Pres. Perf. Ind.	tenho-me alegrado, tens-te alegrado, tem-se alegrado; temo-nos alegrado, tendes-vos alegrado, têm-se alegrado
Plup. Ind.	tinha-me alegrado, tinhas-te alegrado, tinha-se alegrado; tínhamo-nos alegrado, tínheis-vos alegrado, tinham-se alegrado
Fut. Perf. Ind.	ter-me-ei alegrado, ter-te-ás alegrado, ter-se-á alegrado; ter-nos-emos alegrado, ter-vos-eis alegrado, ter-se-ão alegrado
Pres. Subj.	*alegre-me, alegres-te, alegre-se;* alegremo-nos, alegreis-vos, *alegrem-se**
Imp. Subj.	alegrasse-me, alegrasses-te, alegrasse-se; alegrássemo-nos, alegrásseis-vos, alegrassem-se
Fut. Subj.	me alegrar, te alegrares, se alegrar; nos alegrarmos, vos alegrardes, se alegrarem
Pres. Perf. Subj.	tenha-me alegrado, tenhas-te alegrado, tenha-se alegrado; tenhamo-nos alegrado, tenhais-vos alegrado, tenham-se alegrado
Past Perf. Subj.	tivesse-me alegrado, tivesses-te alegrado, tivesse-se alegrado; tivéssemo-nos alegrado, tivésseis-vos alegrado, tivessem-se alegrado
Fut. Perf. Ind.	me tiver alegrado, te tiveres alegrado, se tiver alegrado; nos tivermos alegrado, vos tiverdes alegrado, se tiverem alegrado
Conditional	alegrar-me-ia, alegrar-te-ias, alegrar-se-ia; alegrar-nos-íamos, alegrar-vos-íeis, alegrar-se-iam
Cond. Perf.	ter-me-ia alegrado, ter-te-ias alegrado, ter-se-ia alegrado; ter-nos-íamos alegrado, ter-vos-íeis alegrado, ter-se-iam alegrado
Imperative	*alegra-te**—alegrai-vos

* NOTE: Only the "open" theme vowels of the radical-changing verbs appear in italic type. For further explanation see Preface.

Pers. Inf.   almoçar, almoçares, almoçar;
almoçarmos, almoçardes, almoçarem

Pres.   almoço, almoças, almoça;
Ind.   almoçamos, almoçais, *almoçam**

to have lunch

Imp.   almoçava, almoçavas, almoçava;
Ind.   almoçávamos, almoçáveis, almoçavam

Pret.   almocei, almoçaste, almoçou;
Ind.   almoçámos, almoçastes, almoçaram

Plup.   almoçara, almoçaras, almoçara;
Ind.   almoçáramos, almoçáreis, almoçaram

Fut. Ind.   almoçarei, almoçarás, almoçará;
almoçaremos, almoçareis, almoçarão

Pres.   tenho almoçado, tens almoçado, tem almoçado;
Perf.   temos almoçado, tendes almoçado, têm almoçado
Ind.

Plup.   tinha almoçado, tinhas almoçado, tinha almoçado;
Ind.   tínhamos almoçado, tínheis almoçado, tinham almoçado

Fut.   terei almoçado, terás almoçado, terá almoçado;
Perf.   teremos almoçado, tereis almoçado, terão almoçado
Ind.

Pres.   almoce, almoces, almoce;
Subj.   almocemos, almoceis, *almocem**

Imp.   almoçasse, almoçasses, almoçasse;
Subj.   almoçássemos, almoçásseis, almoçassem

Fut.   almoçar, almoçares, almoçar;
Subj.   almoçarmos, almoçardes, almoçarem

Pres.   tenha almoçado, tenhas almoçado, tenha almoçado;
Perf.   tenhamos almoçado, tenhais almoçado, tenham almoçado
Subj.

Past   tivesse almoçado, tivesses almoçado, tivesse almoçado;
Perf.   tivéssemos almoçado, tivésseis almoçado, tivessem almoçado
Subj.

Fut.   tiver almoçado, tiveres almoçado, tiver almoçado;
Perf.   tivermos almoçado, tiverdes almoçado, tiverem almoçado
Subj.

Condi-   almoçaria, almoçarias, almoçaria;
tional   almoçaríamos, almoçaríeis, almoçariam

Cond.   teria almoçado, terias almoçado, teria almoçado;
Perf.   teríamos almoçado, teríeis almoçado, teriam almoçado

Imper-   almoça*—almoçai
ative

* NOTE: Only the "open" theme vowels of the radical-changing verbs appear in italic type. For further explanation see Preface.

Pers. Inf.	alugar, alugares, alugar; alugarmos, alugardes, alugarem	
Pres. *Ind.*	alugo, alugas, aluga; alugamos, alugais, alugam	*to rent*
Imp. *Ind.*	alugava, alugavas, alugava; alugávamos, alugáveis, alugavam	
Pret. *Ind.*	aluguei, alugaste, alugou; alugámos, alugastes, alugaram	
Plup. *Ind.*	alugara, alugaras, alugara; alugáramos, alugáreis, alugaram	
Fut. Ind.	alugarei, alugarás, alugará; alugaremos, alugareis, alugarão	
Pres. *Perf.* *Ind.*	tenho alugado, tens alugado, tem alugado; temos alugado, tendes alugado, têm alugado	
Plup. *Ind.*	tinha alugado, tinhas alugado, tinha alugado; tínhamos alugado, tínheis alugado, tinham alugado	
Fut. *Perf.* *Ind.*	terei alugado, terás alugado, terá alugado; teremos alugado, tereis alugado, terão alugado	
Pres. *Subj.*	alugue, alugues, alugue; aluguemos, alugueis, aluguem	
Imp. *Subj.*	alugasse, alugasses, alugasse; alugássemos, alugásseis, alugassem	
Fut. *Subj.*	alugar, alugares, alugar; alugarmos, alugardes, alugarem	
Pres. *Perf.* *Subj.*	tenha alugado, tenhas alugado, tenha alugado; tenhamos alugado, tenhais alugado, tenham alugado	
Past. *Perf.* *Subj.*	tivesse alugado, tivesses alugado, tivesse alugado; tivéssemos alugado, tivésseis alugado, tivessem alugado	
Fut. *Perf.* *Subj.*	tiver alugado, tiveres alugado, tiver alugado; tivermos alugado, tiverdes alugado, tiverem alugado	
Condi- *tional*	alugaria, alugarias, alugaria; alugaríamos, alugaríeis, alugariam	
Cond. *Perf.*	teria alugado, terias alugado, teria alugado; teríamos alugado, teríeis alugado, teriam alugado	
Imper- *ative*	aluga—alugai	

Pers. Inf.	apagar, apagares, apagar; apagarmos, apagardes, apagarem
Pres. *Ind.*	apago, apagas, apaga; apagamos, apagais, apagam
Imp. *Ind.*	apagava, apagavas, apagava; apagávamos, apagáveis, apagavam
Pret. *Ind.*	apaguei, apagaste, apagou; apagámos, apagastes, apagaram
Plup. *Ind.*	apagara, apagaras, apagara; apagáramos, apagáreis, apagaram
Fut. Ind.	apagarei, apagarás, apagará; apagaremos, apagareis, apagarão

to turn off;
to erase

Pres. *Perf.* *Ind.*	tenho apagado, tens apagado, tem apagado; temos apagado, tendes apagado, têm apagado
Plup. *Ind.*	tinha apagado, tinhas apagado, tinha apagado; tínhamos apagado, tínheis apagado, tinham apagado
Fut. *Perf.* *Ind.*	terei apagado, terás apagado, terá apagado; teremos apagado, tereis apagado, terão apagado
Pres. *Subj.*	apague, apagues, apague; apaguemos, apagueis, apaguem
Imp. *Subj.*	apagasse, apagasses, apagasse; apagássemos, apagásseis, apagassem
Fut. *Subj.*	apagar, apagares, apagar; apagarmos, apagardes, apagarem
Pres. *Perf.* *Subj.*	tenha apagado, tenhas apagado, tenha apagado; tenhamos apagado, tenhais apagado, tenham apagado
Past *Perf.* *Subj.*	tivesse apagado, tivesses apagado, tivesse apagado; tivéssemos apagado, tivésseis apagado, tivessem apagado
Fut. *Perf.* *Subj.*	tiver apagado, tiveres apagado, tiver apagado; tivermos apagado, tiverdes apagado, tiverem apagado
Condi- *tional*	apagaria, apagarias, apagaria; apagaríamos, apagaríeis, apagariam
Cond. *Perf.*	teria apagado, terias apagado, teria apagado; teríamos apagado, teríeis apagado, teriam apagado
Imper- *ative*	apaga—apagai

18

Pers. Inf.	apanhar, apanhares, apanhar; apanharmos, apanhardes, apanharem

Pres. apanho, apanhas, apanha;   *to catch*
Ind. apanhamos, apanhais, apanham

Imp. apanhava, apanhavas, apanhava;
Ind. apanhávamos, apanháveis, apanhavam

Pret. apanhei, apanhaste, apanhou;
Ind. apanhámos, apanhastes, apanharam

Plup. apanhara, apanharas, apanhara;
Ind. apanháramos, apanháreis, apanharam

Fut. Ind. apanharei, apanharás, apanhará;
apanharemos, apanhareis, apanharão

Pres. tenho apanhado, tens apanhado, tem apanhado;
Perf. temos apanhado, tendes apanhado, têm apanhado
Ind.

Plup. tinha apanhado, tinhas apanhado, tinha apanhado;
Ind. tínhamos apanhado, tínheis apanhado, tinham apanhado

Fut. terei apanhado, terás apanhado, terá apanhado;
Perf. teremos apanhado, tereis apanhado, terão apanhado
Ind.

Pres. apanhe, apanhes, apanhe;
Subj. apanhemos, apanheis, apanhem

Imp. apanhasse, apanhasses, apanhasse;
Subj. apanhássemos, apanhásseis, apanhassem

Fut. apanhar, apanhares, apanhar;
Subj. apanharmos, apanhardes, apanharem

Pres. tenha apanhado, tenhas apanhado, tenha apanhado;
Perf. tenhamos apanhado, tenhais apanhado, tenham apanhado
Subj.

Past tivesse apanhado, tivesses apanhado, tivesse apanhado;
Perf. tivéssemos apanhado, tivésseis apanhado, tivessem apanhado
Subj.

Fut. tiver apanhado, tiveres apanhado, tiver apanhado;
Perf. tivermos apanhado, tiverdes apanhado, tiverem apanhado
Subj.

Condi- apanharia, apanharias, apanharia;
tional apanharíamos, apanharíeis, apanhariam

Cond. teria apanhado, terias apanhado, teria apanhado;
Perf. teríamos apanhado, teríeis apanhado, teriam apanhado

Imper- apanha—apanhai
ative

Pers. Inf.	aprender, aprenderes, aprender; aprendermos, aprenderdes, aprenderem
Pres. *Ind.*	aprendo, aprendes, aprende; aprendemos, aprendeis, aprendem
Imp. *Ind.*	aprendia, aprendias, aprendia; aprendíamos, aprendíeis, aprendiam
Pret. *Ind.*	aprendi, aprendeste, aprendeu; aprendemos, aprendestes, aprenderam
Plup. *Ind.*	aprendera, aprenderas, aprendera; aprendêramos, aprendêreis, aprenderam
Fut. Ind.	aprenderei, aprenderás, aprenderá; aprenderemos, aprendereis, aprenderão
Pres. *Perf.* *Ind.*	tenho aprendido, tens aprendido, tem aprendido; temos aprendido, tendes aprendido, têm aprendido
Plup. *Ind.*	tinha aprendido, tinhas aprendido, tinha aprendido; tínhamos aprendido, tínheis aprendido, tinham aprendido
Fut. *Perf.* *Ind.*	terei aprendido, terás aprendido, terá aprendido; teremos aprendido, tereis aprendido, terão aprendido
Pres. *Subj.*	aprenda, aprendas, aprenda; aprendamos, aprendais, aprendam
Imp. *Subj.*	aprendesse, aprendesses, aprendesse; aprendêssemos, aprendêsseis, aprendessem
Fut. *Subj.*	aprender, aprenderes, aprender; aprendermos, aprenderdes, aprenderem
Pres. *Perf.* *Subj.*	tenha aprendido, tenhas aprendido, tenha aprendido; tenhamos aprendido, tenhais aprendido, tenham aprendido
Past *Perf.* *Subj.*	tivesse aprendido, tivesses aprendido, tivesse aprendido; tivéssemos aprendido, tivésseis aprendido, tivessem aprendido
Fut. *Perf.* *Subj.*	tiver aprendido, tiveres aprendido, tiver aprendido; tivermos aprendido, tiverdes aprendido, tiverem aprendido
Condi- *tional*	aprenderia, aprenderias, aprenderia; aprenderíamos, aprenderíeis, aprenderiam
Cond. *Perf.*	teria aprendido, terias aprendido, teria aprendido; teríamos aprendido, teríeis aprendido, teriam aprendido
Imper- *ative*	aprende—aprendei

to learn

Pers. Inf.	apresentar, apresentares, apresentar; apresentarmos, apresentardes, apresentarem
Pres. *Ind.*	apresento, apresentas, apresenta; apresentamos, apresentais, apresentam

to introduce;
to present

Imp. *Ind.*	apresentava, apresentavas, apresentava; apresentávamos, apresentáveis, apresentavam
Pret. *Ind.*	apresentei, apresentaste, apresentou; apresentámos, apresentastes, apresentaram
Plup. *Ind.*	apresentara, apresentaras, apresentara; apresentáramos, apresentáreis, apresentaram
Fut. Ind.	apresentarei, apresentarás, apresentará; apresentaremos, apresentareis, apresentarão
Pres. *Perf.* *Ind.*	tenho apresentado, tens apresentado, tem apresentado; temos apresentado, tendes apresentado, têm apresentado
Plup. *Ind.*	tinha apresentado, tinhas apresentado, tinha apresentado; tínhamos apresentado, tínheis apresentado, tinham apresentado
Fut. *Perf.* *Ind.*	terei apresentado, terás apresentado, terá apresentado; teremos apresentado, tereis apresentado, terão apresentado
Pres. *Subj.*	apresente, apresentes, apresente; apresentemos, apresenteis, apresentem
Imp. *Subj.*	apresentasse, apresentasses, apresentasse; apresentássemos, apresentásseis, apresentassem
Fut. *Subj.*	apresentar, apresentares, apresentar; apresentarmos, apresentardes, apresentarem
Pres. *Perf.* *Subj.*	tenha apresentado, tenhas apresentado, tenha apresentado; tenhamos apresentado, tenhais apresentado, tenham apresentado
Past *Perf.* *Subj.*	tivesse apresentado, tivesses apresentado, tivesse apresentado; tivéssemos apresentado, tivésseis apresentado, tivessem apresentado
Fut. *Perf.* *Subj.*	tiver apresentado, tiveres apresentado, tiver apresentado; tivermos apresentado, tiverdes apresentado, tiverem apresentado
Condi- *tional*	apresentaria, apresentarias, apresentaria; apresentaríamos, apresentaríeis, apresentariam
Cond. *Perf.*	teria apresentado, terias apresentado, teria apresentado; teríamos apresentado, teríeis apresentado, teriam apresentado
Imper- *ative*	apresenta—apresentai

21

Pers. Inf.	apressar-me, apressares-te, apressar-se; apressarmo-nos, apressardes-vos, apressarem-se

Pres. *apresso-me, apressas-te, apressa-se;*   *to hurry*
Ind. apressamo-nos, apressais-vos, *apressam-se**

Imp. apressava-me, apressavas-te, apressava-se;
Ind. apressávamo-nos, apressáveis-vos, apressavam-se

Pret. apressei-me, apressaste-te, apressou-se;
Ind. apressámo-nos, apressastes-vos, apressaram-se

Plup. apressara-me, apressaras-te, apressara-se;
Ind. apressáramo-nos, apressáreis-vos, apressaram-se

Fut. Ind. apressar-me-ei, apressar-te-ás, apressar-se-á; apressar-nos-emos, apressar-vos-eis, apressar-se-ão

Pres. tenho-me apressado, tens-te apressado, tem-se apressado;
Perf. temo-nos apressado, tendes-vos apressado, têm-se apressado
Ind.

Plup. tinha-me apressado, tinhas-te apressado, tinha-se apressado;
Ind. tínhamo-nos apressado, tínheis-vos apressado, tinham-se apressado

Fut. ter-me-ei apressado, ter-te-ás apressado, ter-se-á apressado;
Perf. ter-nos-emos apressado, ter-vos-eis apressado, ter-se-ão apressado
Ind.

Pres. *apresse-me, apresses-te, apresse-se;*
Subj. apressemo-nos, apresseis-vos, *apressem-se**

Imp. apressasse-me, apressasses-te, apressasse-se;
Subj. apressássemo-nos, apressásseis-vos, apressassem-se

Fut. me apressar, te apressares, se apressar;
Subj. nos apressarmos, vos apressardes, se apressarem

Pres. tenha-me apressado, tenhas-te apressado, tenha-se apressado;
Perf. tenhamo-nos apressado, tenhais-vos apressado, tenham-se apressado
Subj.

Past tivesse-me apressado, tivesses-te apressado, tivesse-se apressado;
Perf. tivéssemo-nos apressado, tivésseis-vos apressado, tivessem-se apressado
Subj.

Fut. me tiver apressado, te tiveres apressado, se tiver apressado;
Perf. nos tivermos apressado, vos tiverdes apressado, se tiverem apressado
Subj.

Condi- apressar-me-ia, apressar-te-ias, apressar-se-ia;
tional apressar-nos-íamos, apressar-vos-íeis, apressar-se-iam

Cond. ter-me-ia apressado, ter-te-ias apressado, ter-se-ia apressado;
Perf. ter-nos-íamos apressado, ter-vos-íeis apressado, ter-se-iam apressado

Imper- *apressa-te**—apressai-vos
ative

> *** NOTE:** Only the "open" theme vowels of the radical-changing verbs appear in italic type. For further explanation see Preface.

Pers. Inf.	aproveitar-me, aproveitares-te, aproveitar-se; aproveitarmo-nos, aproveitardes-vos, aproveitarem-se

*to take
advantage of*

Pres. *Ind.*	aproveito-me, aproveitas-te, aproveita-se; aproveitamo-nos, aproveitais-vos, aproveitam-se
Imp. *Ind.*	aproveitava-me, aproveitavas-te, aproveitava-se; aproveitávamo-nos, aproveitáveis-vos, aproveitavam-se
Pret. *Ind.*	aproveitei-me, aproveitaste-te, aproveitou-se; aproveitámo-nos, aproveitastes-vos, aproveitaram-se
Plup. *Ind.*	aproveitara-me, aproveitaras-te, aproveitara-se; aproveitáramo-nos, aproveitáreis-vos, aproveitaram-se
Fut. Ind.	aproveitar-me-ei, aproveitar-te-ás, aproveitar-se-á; aproveitar-nos-emos, aproveitar-vos-eis, aproveitar-se-ão
Pres. *Perf.* *Ind.*	tenho-me aproveitado, tens-te aproveitado, tem-se aproveitado; temo-nos aproveitado, tendes-vos aproveitado, têm-se aproveitado
Plup. *Ind.*	tinha-me aproveitado, tinhas-te aproveitado, tinha-se aproveitado; tínhamo-nos aproveitado, tínheis-vos aproveitado, tinham-se aproveitado
Fut. *Perf.* *Ind.*	ter-me-ei aproveitado, ter-te-ás aproveitado, ter-se-á aproveitado; ter-nos-emos aproveitado, ter-vos-eis aproveitado, ter-se-ão aproveitado
Pres. *Subj.*	aproveite-me, aproveites-te, aproveite-se; aproveitemo-nos, aproveiteis-vos, aproveitem-se
Imp. *Subj.*	aproveitasse-me, aproveitasses-te, aproveitasse-se; aproveitássemo-nos, aproveitásseis-vos, aproveitassem-se
Fut. *Subj.*	me aproveitar, te aproveitares, se aproveitar; nos aproveitarmos, vos aproveitardes, se aproveitarem
Pres. *Perf.* *Subj.*	tenha-me aproveitado, tenhas-te aproveitado, tenha-se aproveitado; tenhamo-nos aproveitado, tenhais-vos aproveitado, tenham-se aproveitado
Past *Perf.* *Subj.*	tivesse-me aproveitado, tivesses-te aproveitado, tivesse-se aproveitado; tivéssemo-nos aproveitado, tivésseis-vos aproveitado, tivessem-se aproveitado
Fut. *Perf.* *Subj.*	me tiver aproveitado, te tiveres aproveitado, se tiver aproveitado; nos tivermos aproveitado, vos tiverdes aproveitado, se tiverem aproveitado
Condi- *tional*	aproveitar-me-ia, aproveitar-te-ias, aproveitar-se-ia; aproveitar-nos-íamos, aproveitar-vos-íeis, aproveitar-se-iam
Cond. *Perf.*	ter-me-ia aproveitado, ter-te-ias aproveitado, ter-se-ia aproveitado; ter-nos-íamos aproveitado, ter-vos-íeis aproveitado, ter-se-iam aproveitado
Imper- *ative*	aproveita-te—aproveitai-vos

Pers. Inf.	aproximar-me, aproximares-te, aproximar-se; aproximarmo-nos, aproximardes-vos, aproximarem-se
Pres. Ind.	aproximo-me, aproximas-te, aproxima-se; aproximamo-nos, aproximais-vos, aproximam-se

to approach

Imp. Ind.	aproximava-me, aproximavas-te, aproximava-se; aproximávamo-nos, aproximáveis-vos, aproximavam-se
Pret. Ind.	aproximei-me, aproximaste-te, aproximou-se; aproximámo-nos, aproximastes-vos, aproximaram-se
Plup. Ind.	aproximara-me, aproximaras-te, aproximara-se; aproximáramo-nos, aproximáreis-vos, aproximaram-se
Fut. Ind.	aproximar-me-ei, aproximar-te-ás, aproximar-se-á; aproximar-nos-emos, aproximar-vos-eis, aproximar-se-ão
Pres. Perf. Ind.	tenho-me aproximado, tens-te aproximado, tem-se aproximado; temo-nos aproximado, tendes-vos aproximado, têm-se aproximado
Plup. Ind.	tinha-me aproximado, tinhas-te aproximado, tinha-se aproximado; tínhamo-nos aproximado, tínheis-vos aproximado, tinham-se aproximado
Fut. Perf. Ind.	ter-me-ei aproximado, ter-te-ás aproximado, ter-se-á aproximado; ter-nos-emos aproximado, ter-vos-eis aproximado, ter-se-ão aproximado
Pres. Subj.	aproxime-me, aproximes-te, aproxime-se; aproximemo-nos, aproximeis-vos, aproximem-se
Imp. Subj.	aproximasse-me, aproximasses-te, aproximasse-se; aproximássemo-nos, aproximásseis-vos, aproximassem-se
Fut. Subj.	me aproximar, te aproximares, se aproximar; nos aproximarmos, vos aproximardes, se aproximarem
Pres. Perf. Subj.	tenha-me aproximado, tenhas-te aproximado, tenha-se aproximado; tenhamo-nos aproximado, tenhais-vos aproximado, tenham-se aproximado
Past Perf. Subj.	tivesse-me aproximado, tivesses-te aproximado, tivesse-se aproximado; tivéssemo-nos aproximado, tivésseis-vos aproximado, tivessem-se aproximado
Fut. Perf. Subj.	me tiver aproximado, te tiveres aproximado, se tiver aproximado; nos tivermos aproximado, vos tiverdes aproximado, se tiverem aproximado
Conditional	aproximar-me-ia, aproximar-te-ias, aproximar-se-ia; aproximar-nos-íamos, aproximar-vos-íeis, aproximar-se-iam
Cond. Perf.	ter-me-ia aproximado, ter-te-ias aproximado, ter-se-ia aproximado; ter-nos-íamos aproximado, ter-vos-íeis aproximado, ter-se-iam aproximado
Imperative	aproxima-te—aproximai-vos

Pers. Inf.	arranjar, arranjares, arranjar; arranjarmos, arranjardes, arranjarem

to fix

Pres. *Ind.*	arranjo, arranjas, arranja; arranjamos, arranjais, arranjam
Imp. *Ind.*	arranjava, arranjavas, arranjava; arranjávamos, arranjáveis, arranjavam
Pret. *Ind.*	arranjei, arranjaste, arranjou; arranjámos, arranjastes, arranjaram
Plup. *Ind.*	arranjara, arranjaras, arranjara; arranjáramos, arranjáreis, arranjaram
Fut. Ind.	arranjarei, arranjarás, arranjará; arranjaremos, arranjareis, arranjarão
Pres. *Perf.* *Ind.*	tenho arranjado, tens arranjado, tem arranjado; temos arranjado, tendes arranjado, têm arranjado
Plup. *Ind.*	tinha arranjado, tinhas arranjado, tinha arranjado; tínhamos arranjado, tínheis arranjado, tinham arranjado
Fut. *Perf.* *Ind.*	terei arranjado, terás arranjado, terá arranjado; teremos arranjado, tereis arranjado, terão arranjado
Pres. *Subj.*	arranje, arranjes, arranje; arranjemos, arranjeis, arranjem
Imp. *Subj.*	arranjasse, arranjasses, arranjasse; arranjássemos, arranjásseis, arranjassem
Fut. *Subj.*	arranjar, arranjares, arranjar; arranjarmos, arranjardes, arranjarem
Pres. *Perf.* *Subj.*	tenha arranjado, tenhas arranjado, tenha arranjado; tenhamos arranjado, tenhais arranjado, tenham arranjado
Past *Perf.* *Subj.*	tivesse arranjado, tivesses arranjado, tivesse arranjado; tivéssemos arranjado, tivésseis arranjado, tivessem arranjado
Fut. *Perf.* *Subj.*	tiver arranjado, tiveres arranjado, tiver arranjado; tivermos arranjado, tiverdes arranjado, tiverem arranjado
Condi- *tional*	arranjaria, arranjarias, arranjaria; arranjaríamos, arranjaríeis, arranjariam
Cond. *Perf.*	teria arranjado, terias arranjado, teria arranjado; teríamos arranjado, teríeis arranjado, teriam arranjado
Imper- *ative*	arranja—arranjai

Pers. Inf.	assistir, assistires, assistir; assistirmos, assistirdes, assistirem	
Pres. Ind.	assisto, assistes, assiste; assistimos, assistis, assistem	*to attend*
Imp. Ind.	assistia, assistias, assistia; assistíamos, assistíeis, assistiam	
Pret. Ind.	assisti, assististe, assistiu; assistimos, assististes, assistiram	
Plup. Ind.	assistira, assistiras, assistira; assistíramos, assistíreis, assistiram	
Fut. Ind.	assistirei, assistirás, assistirá; assistiremos, assistireis, assistirão	
Pres. Perf. Ind.	tenho assistido, tens assistido, tem assistido; temos assistido, tendes assistido, têm assistido	
Plup. Ind.	tinha assistido, tinhas assistido, tinha assistido; tínhamos assistido, tínheis assistido, tinham assistido	
Fut. Perf. Ind.	terei assistido, terás assistido, terá assistido; teremos assistido, tereis assistido, terão assistido	
Pres. Subj.	assista, assistas, assista; assistamos, assistais, assistam	
Imp. Subj.	assistisse, assistisses, assistisse; assistíssemos, assistísseis, assistissem	
Fut. Subj.	assistir, assistires, assistir; assistirmos, assistirdes, assistirem	
Pres. Perf. Subj.	tenha assistido, tenhas assistido, tenha assistido; tenhamos assistido, tenhais assistido, tenham assistido	
Past Perf. Subj.	tivesse assistido, tivesses assistido, tivesse assistido; tivéssemos assistido, tivésseis assistido, tivessem assistido	
Fut. Perf. Subj.	tiver assistido, tiveres assistido, tiver assistido; tivermos assistido, tiverdes assistido, tiverem assistido	
Condi- tional	assistiria, assistirias, assistiria; assistiríamos, assistiríeis, assistiriam	
Cond. Perf.	teria assistido, terias assistido, teria assistido; teríamos assistido, teríeis assistido, teriam assistido	
Imper- ative	assiste—assisti	

Like *assistir* are *consistir, desistir, existir, insistir, persistir, preexištir, resistir* and *subsistir*

Pers. Inf.	assustar, assustares, assustar; assustarmos, assustardes, assustarem
Pres. *Ind.*	assusto, assustas, assusta; assustamos, assustais, assustam

to frighten

Imp. *Ind.*	assustava, assustavas, assustava; assustávamos, assustáveis, assustavam
Pret. *Ind.*	assustei, assustaste, assustou; assustámos, assustastes, assustaram
Plup. *Ind.*	assustara, assustaras, assustara; assustáramos, assustáreis, assustaram
Fut. Ind.	assustarei, assustarás, assustará; assustaremos, assustareis, assustarão
Pres. *Perf.* *Ind.*	tenho assustado, tens assustado, tem assustado; temos assustado, tendes assustado, têm assustado
Plup. *Ind.*	tinha assustado, tinhas assustado, tinha assustado; tínhamos assustado, tínheis assustado, tinham assustado
Fut. *Perf.* *Ind.*	terei assustado, terás assustado, terá assustado; teremos assustado, tereis assustado, terão assustado
Pres. *Subj.*	assuste, assustes, assuste; assustemos, assusteis, assustem
Imp. *Subj.*	assustasse, assustasses, assustasse; assustássemos, assustásseis, assustassem
Fut. *Subj.*	assustar, assustares, assustar; assustarmos, assustardes, assustarem
Pres. *Perf.* *Subj.*	tenha assustado, tenhas assustado, tenha assustado; tenhamos assustado, tenhais assustado, tenham assustado
Past *Perf.* *Subj.*	tivesse assustado, tivesses assustado, tivesse assustado; tivéssemos assustado, tivésseis assustado, tivessem assustado;
Fut. *Perf.* *Subj.*	tiver assustado, tiveres assustado, tiver assustado; tivermos assustado, tiverdes assustado, tiverem assustado
Condi- *tional*	assustaria, assustarias, assustaria; assustaríamos, assustaríeis, assustariam
Cond. *Perf.*	teria assustado, terias assustado, teria assustado; teríamos assustado, teríeis assustado, teriam assustado
Imper- *ative*	assusta—assustai

Pers. Inf.	atender, atenderes, atender; atendermos, atenderdes, atenderem

Pres. atendo, atendes, atende;
Ind. atendemos, atendeis, atendem

to answer (as door or telephone)

Imp. atendia, atendias, atendia;
Ind. atendíamos, atendíeis, atendiam

Pret. atendi, atendeste, atendeu;
Ind. atendemos, atendestes, atenderam

Plup. atendera, atenderas, atendera;
Ind. atendêramos, atendêreis, atenderam

Fut. Ind. atenderei, atenderás, atenderá; atenderemos, atendereis, atenderão

Pres.
Perf. tenho atendido, tens atendido, tem atendido;
Ind. temos atendido, tendes atendido, têm atendido

Plup. tinha atendido, tinhas atendido, tinha atendido;
Ind. tínhamos atendido, tínheis atendido, tinham atendido

Fut.
Perf. terei atendido, terás atendido, terá atendido;
Ind. teremos atendido, tereis atendido, terão atendido

Pres. atenda, atendas, atenda;
Subj. atendamos, atendais, atendam

Imp. atendesse, atendesses, atendesse;
Subj. atendêssemos, atendêsseis, atendessem

Fut. atender, atenderes, atender;
Subj. atendermos, atenderdes, atenderem

Pres.
Perf. tenha atendido, tenhas atendido, tenha atendido;
Subj. tenhamos atendido, tenhais atendido, tenham atendido

Past
Perf. tivesse atendido, tivesses atendido, tivesse atendido;
Subj. tivéssemos atendido, tivésseis atendido, tivessem atendido

Fut.
Perf. tiver atendido, tiveres atendido, tiver atendido;
Subj. tivermos atendido, tiverdes atendido, tiverem atendido

Condi- atenderia, atenderias, atenderia;
tional atenderíamos, atenderíeis, atenderiam

Cond. teria atendido, terias atendido, teria atendido;
Perf. teríamos atendido, teríeis atendido, teriam atendido

Imper- atende—atendei
ative

Pers. Inf.	atirar, atirares, atirar; atirarmos, atirardes, atirarem
Pres. *Ind.*	atiro, atiras, atira; atiramos, atirais, atiram

to throw

Imp. *Ind.*	atirava, atiravas, atirava; atirávamos, atiráveis, atiravam
Pret. *Ind.*	atirei, atiraste, atirou; atirámos, atirastes, atiraram
Plup. *Ind.*	atirara, atiraras, atirara; atiráramos, atiráreis, atiraram
Fut. *Ind.*	atirarei, atirarás, atirará; atiraremos, atirareis, atirarão
Pres. *Perf.* *Ind.*	tenho atirado, tens atirado, tem atirado; temos atirado, tendes atirado, têm atirado
Plup. *Ind.*	tinha atirado, tinhas atirado, tinha atirado; tínhamos atirado, tínheis atirado, tinham atirado
Fut. *Perf.* *Ind.*	terei atirado, terás atirado, terá atirado; teremos atirado, tereis atirado, terão atirado
Pres. *Subj.*	atire, atires, atire; atiremos, atireis, atirem
Imp. *Subj.*	atirasse, atirasses, atirasse; atirássemos, atirásseis, atirassem
Fut. *Subj.*	atirar, atirares, atirar; atirarmos, atirardes, atirarem
Pres. *Perf.* *Subj.*	tenha atirado, tenhas atirado, tenha atirado; tenhamos atirado, tenhais atirado, tenham atirado
Past *Perf.* *Subj.*	tivesse atirado, tivesses atirado, tivesse atirado; tivéssemos atirado, tivésseis atirado, tivessem atirado
Fut. *Perf.* *Subj.*	tiver atirado, tiveres atirado, tiver atirado; tivermos atirado, tiverdes atirado, tiverem atirado
Condi- *tional*	atiraria, atirarias, atiraria; atiraríamos, atiraríeis, atirariam
Cond. *Perf.*	teria atirado, terias atirado, teria atirado; teríamos atirado, teríeis atirado, teriam atirado
Imper- *ative*	atira—atirai

Pers. Inf.   atravessar, atravessares, atravessar;
atravessarmos, atravessardes, atravessarem

Pres.   *atravesso, atravessas, atravessa;*   *to cross*
Ind.   atravessamos, atravessais, *atravessam**

Imp.   atravessava, atravessavas, atravessava;
Ind.   atravessávamos, atravessáveis, atravessavam

Pret.   atravessei, atravessaste, atravessou;
Ind.   atravessámos, atravessastes, atravessaram

Plup.   atravessara, atravessaras, atravessara;
Ind.   atravessáramos, atravessáreis, atravessaram

Fut. Ind.   atravessarei, atravessarás, atravessará;
atravessaremos, atravessareis, atravessarão

Pres.   tenho atravessado, tens atravessado, tem atravessado;
Perf.   temos atravessado, tendes atravessado, têm atravessado
Ind.

Plup.   tinha atravessado, tinhas atravessado, tinha atravessado;
Ind.   tínhamos atravessado, tínheis atravessado, tinham atravessado

Fut.   terei atravessado, terás atravessado, terá atravessado;
Perf.   teremos atravessado, tereis atravessado, terão atravessado
Ind.

Pres.   *atravesse, atravesses, atravesse;*
Subj.   atravessemos, atravesseis, *atravessem**

Imp.   atravessasse, atravessasses, atravessasse;
Subj.   atravessássemos, atravessásseis, atravessassem

Fut.   atravessar, atravessares, atravessar;
Subj.   atravessarmos, atravessardes, atravessarem

Pres.   tenha atravessado, tenhas atravessado, tenha atravessado;
Perf.   tenhamos atravessado, tenhais atravessado, tenham atravessado
Subj.

Past   tivesse atravessado, tivesses atravessado, tivesse atravessado;
Perf.   tivéssemos atravessado, tivésseis atravessado, tivessem atravessado
Subj.

Fut.   tiver atravessado, tiveres atravessado, tiver atravessado;
Perf.   tivermos atravessado, tiverdes atravessado, tiverem atravessado
Subj.

Condi-   atravessaria, atravessarias, atravessaria;
tional   atravessaríamos, atravessaríeis, atravessariam

Cond.   teria atravessado, terias atravessado, teria atravessado;
Perf.   teríamos atravessado, teríeis atravessado, teriam atravessado

Imper-   *atravessa**—atravessai
ative

* NOTE: Only the "open" theme vowels of the radical-changing verbs appear in italic type. For further explanation see Preface.

Pers. Inf.	banhar, banhares, banhar; banharmos, banhardes, banharem

Pres. banho, banhas, banha;   *to bathe*
Ind. banhamos, banhais, banham

Imp. banhava, banhavas, banhava;
Ind. banhávamos, banháveis, banhavam

Pret. banhei, banhaste, banhou;
Ind. banhámos, banhastes, banharam

Plup. banhara, banharas, banhara;
Ind. banháramos, banháreis, banharam

Fut. Ind. banharei, banharás, banhará; banharemos, banhareis, banharão

Pres. tenho banhado, tens banhado, tem banhado;
Perf. temos banhado, tendes banhado, têm banhado
Ind.

Plup. tinha banhado, tinhas banhado, tinha banhado;
Ind. tínhamos banhado, tínheis banhado, tinham banhado

Fut. terei banhado, terás banhado, terá banhado;
Perf. teremos banhado, tereis banhado, terão banhado
Ind.

Pres. banhe, banhes, banhe;
Subj. banhemos, banheis, banhem

Imp. banhasse, banhasses, banhasse;
Subj. banhássemos, banhásseis, banhassem

Fut. banhar, banhares, banhar;
Subj. banharmos, banhardes, banharem

Pres. tenha banhado, tenhas banhado, tenha banhado;
Perf. tenhamos banhado, tenhais banhado, tenham banhado
Subj.

Past tivesse banhado, tivesses banhado, tivesse banhado;
Perf. tivéssemos banhado, tivésseis banhado, tivessem banhado
Subj.

Fut. tiver banhado, tiveres banhado, tiver banhado;
Perf. tivermos banhado, tiverdes banhado, tiverem banhado
Subj.

Condi- banharia, banharias, banharia;
tional banharíamos, banharíeis, banhariam

Cond. teria banhado, terias banhado, teria banhado;
Perf. teríamos banhado, teríeis banhado, teriam banhado

Imper- banha—banhai
ative

Pers. Inf.	barbear, barbeares, barbear; barbearmos, barbeardes, barbearem
Pres. *Ind.*	barbeio, barbeias, barbeia; barbeamos, barbeais, barbeiam
Imp. *Ind.*	barbeava, barbeavas, barbeava; barbeávamos, barbeáveis, barbeavam
Pret. *Ind.*	barbeei, barbeaste, barbeou; barbeámos, barbeastes, barbearam
Plup. *Ind.*	barbeara, barbearas, barbeara; barbeáramos, barbeáreis, barbearam
Fut. Ind.	barbearei, barbearás, barbeará; barbearemos, barbeareis, barbearão
Pres. *Perf.* *Ind.*	tenho barbeado, tens barbeado, tem barbeado; temos barbeado, tendes barbeado, têm barbeado
Plup. *Ind.*	tinha barbeado, tinhas barbeado, tinha barbeado; tínhamos barbeado, tínheis barbeado, tinham barbeado
Fut. *Perf.* *Ind.*	terei barbeado, terás barbeado, terá barbeado; teremos barbeado, tereis barbeado, terão barbeado
Pres. *Subj.*	barbeie, barbeies, barbeie; barbeemos, barbeeis, barbeiem
Imp. *Subj.*	barbeasse, barbeasses, barbeasse; barbeássemos, barbeásseis, barbeassem
Fut. *Subj.*	barbear, barbeares, barbear; barbearmos, barbeardes, barbearem
Pres. *Perf.* *Subj.*	tenha barbeado, tenhas barbeado, tenha barbeado; tenhamos barbeado, tenhais barbeado, tenham barbeado
Past *Perf.* *Subj.*	tivesse barbeado, tivesses barbeado, tivesse barbeado; tivéssemos barbeado, tivésseis barbeado, tivessem barbeado
Fut. *Perf.* *Subj.*	tiver barbeado, tiveres barbeado, tiver barbeado; tivermos barbeado, tiverdes barbeado, tiverem barbeado
Condi- *tional*	barbearia, barbearias, barbearia; barbearíamos, barbearíeis, barbeariam
Cond. *Perf.*	teria barbeado, terias barbeado, teria barbeado; teríamos barbeado, teríeis barbeado, teriam barbeado
Imper- *ative*	barbeia—barbeai

to shave

Pers. Inf.	bater, bateres, bater; batermos, baterdes, baterem

Pres. bato, bates, bate;
Ind. batemos, bateis, batem

to knock;
to hit

Imp. batia, batias, batia;
Ind. batíamos, batíeis, batiam

Pret. bati, bateste, bateu;
Ind. batemos, batestes, bateram

Plup. batera, bateras, batera;
Ind. batêramos, batêreis, bateram

Fut. Ind. baterei, baterás, baterá;
bateremos, batereis, baterão

Pres. tenho batido, tens batido, tem batido;
Perf. temos batido, tendes batido, têm batido
Ind.

Plup. tinha batido, tinhas batido, tinha batido;
Ind. tínhamos batido, tínheis batido, tinham batido

Fut. terei batido, terás batido, terá batido;
Perf. teremos batido, tereis batido, terão batido
Ind.

Pres. bata, batas, bata;
Subj. batamos, batais, batam

Imp. batesse, batesses, batesse;
Subj. batêssemos, batêsseis, batessem

Fut. bater, bateres, bater;
Subj. batermos, baterdes, baterem

Pres. tenha batido, tenhas batido, tenha batido;
Perf. tenhamos batido, tenhais batido, tenham batido
Subj.

Past tivesse batido, tivesses batido, tivesse batido;
Perf. tivéssemos batido, tivésseis batido, tivessem batido
Subj.

Fut. tiver batido, tiveres batido, tiver batido;
Perf. tivermos batido, tiverdes batido, tiverem batido
Subj.

Condi- bateria, baterias, bateria;
tional bateríamos, bateríeis, bateriam

Cond. teria batido, terias batido, teria batido;
Perf. teríamos batido, teríeis batido, teriam batido

Imper- bate—batei
ative

Pers. Inf.	beijar, beijares, beijar;
	beijarmos, beijardes, beijarem

to kiss

Pres.	beijo, beijas, beija;
Ind.	beijamos, beijais, beijam
Imp.	beijava, beijavas, beijava;
Ind.	beijávamos, beijáveis, beijavam
Pret.	beijei, beijaste, beijou;
Ind.	beijámos, beijastes, beijaram
Plup.	beijara, beijaras, beijara;
Ind.	beijáramos, beijáreis, beijaram
Fut. Ind.	beijarei, beijarás, beijará;
	beijaremos, beijareis, beijarão
Pres.	tenho beijado, tens beijado, tem beijado;
Perf.	temos beijado, tendes beijado, têm beijado
Ind.	
Plup.	tinha beijado, tinhas beijado, tinha beijado;
Ind.	tínhamos beijado, tínheis beijado, tinham beijado
Fut.	terei beijado, terás beijado, terá beijado;
Perf.	teremos beijado, tereis beijado, terão beijado
Ind.	
Pres.	beije, beijes, beije;
Subj.	beijemos, beijeis, beijem
Imp.	beijasse, beijasses, beijasse;
Subj.	beijássemos, beijásseis, beijassem
Fut.	beijar, beijares, beijar;
Subj.	beijarmos, beijardes, beijarem
Pres.	tenha beijado, tenhas beijado, tenha beijado;
Perf.	tenhamos beijado, tenhais beijado, tenham beijado
Subj.	
Past	tivesse beijado, tivesses beijado, tivesse beijado;
Perf.	tivéssemos beijado, tivésseis beijado, tivessem beijado
Subj.	
Fut.	tiver beijado, tiveres beijado, tiver beijado;
Perf.	tivermos beijado, tiverdes beijado, tiverem beijado
Subj.	
Condi-	beijaria, beijarias, beijaria;
tional	beijaríamos, beijaríeis, beijariam
Cond.	teria beijado, terias beijado, teria beijado;
Perf.	teríamos beijado, teríeis beijado, teriam beijado
Imper-	beija—beijai
ative	

brincar

Pers. Inf.	brincar, brincares, brincar; brincarmos, brincardes, brincarem

to joke

Pres. *Ind.*	brinco, brincas, brinca; brincamos, brincais, brincam
Imp. *Ind.*	brincava, brincavas, brincava; brincávamos, brincáveis, brincavam
Pret. *Ind.*	brinquei, brincaste, brincou; brincámos, brincastes, brincaram
Plup. *Ind.*	brincara, brincaras, brincara; brincáramos, brincáreis, brincaram
Fut. Ind.	brincarei, brincarás, brincará; brincaremos, brincareis, brincarão
Pres. *Perf.* *Ind.*	tenho brincado, tens brincado, tem brincado; temos brincado, tendes brincado, têm brincado
Plup. *Ind.*	tinha brincado, tinhas brincado, tinha brincado; tínhamos brincado, tínheis brincado, tinham brincado
Fut. *Perf.* *Ind.*	terei brincado, terás brincado, terá brincado; teremos brincado, tereis brincado, terão brincado
Pres. *Subj.*	brinque, brinques, brinque; brinquemos, brinqueis, brinquem
Imp. *Subj.*	brincasse, brincasses, brincasse; brincássemos, brincásseis, brincassem
Fut. *Subj.*	brincar, brincares, brincar; brincarmos, brincardes, brincarem
Pres. *Perf.* *Subj.*	tenha brincado, tenhas brincado, tenha brincado; tenhamos brincado, tenhais brincado, tenham brincado
Past *Perf.* *Subj.*	tivesse brincado, tivesses brincado, tivesse brincado; tivéssemos brincado, tivésseis brincado, tivessem brincado
Fut. *Perf.* *Subj.*	tiver brincado, tiveres brincado, tiver brincado; tivermos brincado, tiverdes brincado, tiverem brincado
Condi- *tional*	brincaria, brincarias, brincaria; brincaríamos, brincaríeis, brincariam
Cond. *Perf.*	teria brincado, terias brincado, teria brincado; teríamos brincado, teríeis brincado, teriam brincado
Imper- *ative*	brinca—brincai

35

Pers. Inf.	caber, caberes, caber; cabermos, caberdes, caberem
Pres. *Ind.*	caibo, cabes, cabe; cabemos, cabeis, cabem
Imp. *Ind.*	cabia, cabias, cabia; cabíamos, cabíeis, cabiam
Pret. *Ind.*	coube, coubeste, coube; coubemos, coubestes, couberam
Plup. *Ind.*	coubera, couberas, coubera; coubéramos, coubéreis, couberam
Fut. Ind.	caberei, caberás, caberá; caberemos, cabereis, caberão
Pres. *Perf.* *Ind.*	tenho cabido, tens cabido, tem cabido; temos cabido, tendes cabido, têm cabido
Plup. *Ind.*	tinha cabido, tinhas cabido, tinha cabido; tínhamos cabido, tínheis cabido, tinham cabido
Fut. *Perf.* *Ind.*	terei cabido, terás cabido, terá cabido; teremos cabido, tereis cabido, terão cabido
Pres. *Subj.*	caiba, caibas, caiba; caibamos, caibais, caibam
Imp. *Subj.*	coubesse, coubesses, coubesse; coubéssemos, coubésseis, coubessem
Fut. *Subj.*	couber, couberes, couber; coubermos, couberdes, couberem
Pres. *Perf.* *Subj.*	tenha cabido, tenhas cabido, tenha cabido; tenhamos cabido, tenhais cabido, tenham cabido
Past *Perf.* *Subj.*	tivesse cabido, tivesses cabido, tivesse cabido; tivéssemos cabido, tivésseis cabido, tivessem cabido
Fut. *Perf.* *Subj.*	tiver cabido, tiveres cabido, tiver cabido; tivermos cabido, tiverdes cabido, tiverem cabido
Condi- *tional*	caberia, caberias, caberia; caberíamos, caberíeis, caberiam
Cond. *Perf.*	teria cabido, terias cabido, teria cabido; teríamos cabido, teríeis cabido, teriam cabido

to fit in

cair

Pers. Inf.   cair, caíres, cair;
caírmos, caírdes, caírem

to fall

Pres.   caio, cais, cai;
Ind.   caímos, caís, caem

Imp.   caía, caías, caía;
Ind.   caíamos, caíeis, caíam

Pret.   caí, caíste, caiu;
Ind.   caímos, caístes, caíram

Plup.   caíra, caíras, caíra;
Ind.   caíramos, caíreis, caíram

Fut. Ind.   cairei, cairás, cairá;
cairemos, caireis, cairão

Pres.   tenho caído, tens caído, tem caído;
Perf.   temos caído, tendes caído, têm caído
Ind.

Plup.   tinha caído, tinhas caído, tinha caído;
Ind.   tínhamos caído, tínheis caído, tinham caído

Fut.   terei caído, terás caído, terá caído;
Perf.   teremos caído, tereis caído, terão caído
Ind.

Pres.   caia, caias, caia;
Subj.   caiamos, caiais, caiam

Imp.   caísse, caísses, caísse;
Subj.   caíssemos, caísseis, caíssem

Fut.   cair, caíres, cair;
Subj.   caírmos, caírdes, caírem

Pres.   tenha caído, tenhas caído, tenha caído;
Perf.   tenhamos caído, tenhais caído, tenham caído
Subj.

Past.   tivesse caído, tivesses caído, tivesse caído;
Perf.   tivéssemos caído, tivésseis caído, tivessem caído
Subj.

Fut.   tiver caído, tiveres caído, tiver caído;
Perf.   tivermos caído, tiverdes caído, tiverem caído
Subj.

Condi-   cairia, cairias, cairia;
tional   cairíamos, cairíeis, cairiam

Cond.   teria caído, terias caído, teria caído;
Perf.   teríamos caído, teríeis caído, teriam caído

Imper-   cai—caí
ative

Pers. Inf.	caminhar, caminhares, caminhar; caminharmos, caminhardes, caminharem
Pres. *Ind.*	caminho, caminhas, caminha; caminhamos, caminhais, caminham
Imp. *Ind.*	caminhava, caminhavas, caminhava; caminhávamos, caminháveis, caminhavam
Pret. *Ind.*	caminhei, caminhaste, caminhou; caminhámos, caminhastes, caminharam
Plup. *Ind.*	caminhara, caminharas, caminhara; caminháramos, caminháreis, caminharam
Fut. Ind.	caminharei, caminharás, caminhará; caminharemos, caminhareis, caminharão
Pres. *Perf.* *Ind.*	tenho caminhado, tens caminhado, tem caminhado; temos caminhado, tendes caminhado, têm caminhado
Plup. *Ind.*	tinha caminhado, tinhas caminhado, tinha caminhado; tínhamos caminhado, tínheis caminhado, tinham caminhado
Fut. *Perf.* *Ind.*	terei caminhado, terás caminhado, terá caminhado; teremos caminhado, tereis caminhado, terão caminhado
Pres. *Subj.*	caminhe, caminhes, caminhe; caminhemos, caminheis, caminhem
Imp. *Subj.*	caminhasse, caminhasses, caminhasse; caminhássemos, caminhásseis, caminhassem
Fut. *Subj.*	caminhar, caminhares, caminhar; caminharmos, caminhardes, caminharem
Pres. *Perf.* *Subj.*	tenha caminhado, tenhas caminhado, tenha caminhado; tenhamos caminhado, tenhais caminhado, tenham caminhado
Past *Perf.* *Subj.*	tivesse caminhado, tivesses caminhado, tivesse caminhado; tivéssemos caminhado, tivésseis caminhado, tivessem caminhado
Fut. *Perf.* *Subj.*	tiver caminhado, tiveres caminhado, tiver caminhado; tivermos caminhado, tiverdes caminhado, tiverem caminhado
Condi- *tional*	caminharia, caminharias, caminharia; caminharíamos, caminharíeis, caminhariam
Cond. *Perf.*	teria caminhado, terias caminhado, teria caminhado; teríamos caminhado, teríeis caminhado, teriam caminhado
Imper- *ative*	caminha—caminhai

to walk

Pers. Inf.   cansar, cansares, cansar;
          cansarmos, cansardes, cansarem

Pres.   canso, cansas, cansa;   *to tire*
Ind.   cansamos, cansais, cansam

Imp.   cansava, cansavas, cansava;
Ind.   cansávamos, cansáveis, cansavam

Pret.   cansei, cansaste, cansou;
Ind.   cansámos, cansastes, cansaram

Plup.   cansara, cansaras, cansara;
Ind.   cansáramos, cansáreis, cansaram

Fut. Ind.   cansarei, cansarás, cansará;
         cansaremos, cansareis, cansarão

Pres.   tenho cansado, tens cansado, tem cansado;
Perf.   temos cansado, tendes cansado, têm cansado
Ind.

Plup.   tinha cansado, tinhas cansado, tinha cansado;
Ind.   tínhamos cansado, tínheis cansado, tinham cansado

Fut.   terei cansado, terás cansado, terá cansado;
Perf.   teremos cansado, tereis cansado, terão cansado
Ind.

Pres.   canse, canses, canse;
Subj.   cansemos, canseis, cansem

Imp.   cansasse, cansasses, cansasse;
Subj.   cansássemos, cansásseis, cansassem

Fut.   cansar, cansares, cansar;
Subj.   cansarmos, cansardes, cansarem

Pres.   tenha cansado, tenhas cansado, tenha cansado;
Perf.   tenhamos cansado, tenhais cansado, tenham cansado
Subj.

Past   tivesse cansado, tivesses cansado, tivesse cansado;
Perf.   tivéssemos cansado, tivésseis cansado, tivessem cansado
Subj.

Fut.   tiver cansado, tiveres cansado, tiver cansado;
Perf.   tivermos cansado, tiverdes cansado, tiverem cansado
Subj.

Condi-   cansaria, cansarias, cansaria;
tional   cansaríamos, cansaríeis, cansariam

Cond.   teria cansado, terias cansado, teria cansado;
Perf.   teríamos cansado, teríeis cansado, teriam cansado

Imper-   cansa—cansai
ative

Pers. Inf.	cantar, cantares, cantar; cantarmos, cantardes, cantarem

to sing

Pres.
Ind. canto, cantas, canta;
cantamos, cantais, cantam

Imp.
Ind. cantava, cantavas, cantava;
cantávamos, cantáveis, cantavam

Pret.
Ind. cantei, cantaste, cantou;
cantámos, cantastes, cantaram

Plup.
Ind. cantara, cantaras, cantara;
cantáramos, cantáreis, cantaram

Fut. Ind. cantarei, cantarás, cantará;
cantaremos, cantareis, cantarão

Pres.
Perf.
Ind. tenho cantado, tens cantado, tem cantado;
temos cantado, tendes cantado, têm cantado

Plup.
Ind. tinha cantado, tinhas cantado, tinha cantado;
tínhamos cantado, tínheis cantado, tinham cantado

Fut.
Perf.
Ind. terei cantado, terás cantado, terá cantado;
teremos cantado, tereis cantado, terão cantado

Pres.
Subj. cante, cantes, cante;
cantemos, canteis, cantem

Imp.
Subj. cantasse, cantasses, cantasse;
cantássemos, cantásseis, cantassem

Fut.
Subj. cantar, cantares, cantar;
cantarmos, cantardes, cantarem

Pres.
Perf.
Subj. tenha cantado, tenhas cantado, tenha cantado;
tenhamos cantado, tenhais cantado, tenham cantado

Past
Perf.
Subj. tivesse cantado, tivesses cantado, tivesse cantado;
tivéssemos cantado, tivésseis cantado, tivessem cantado

Fut.
Perf.
Subj. tiver cantado, tiveres cantado, tiver cantado;
tivermos cantado, tiverdes cantado, tiverem cantado

Condi-
tional cantaria, cantarias, cantaria;
cantaríamos, cantaríeis, cantariam

Cond.
Perf. teria cantado, terias cantado, teria cantado;
teríamos cantado, teríeis cantado, teriam cantado

Imper-
ative canta—cantai

Pers. Inf.	carregar, carregares, carregar;
	carregarmos, carregardes, carregarem

Pres.   carrego, carregas, carrega;
Ind.   carregamos, carregais, *carregam**

to carry;
to load

Imp.   carregava, carregavas, carregava;
Ind.   carregávamos, carregáveis, carregavam

Pret.   carreguei, carregaste, carregou;
Ind.   carregámos, carregastes, carregaram

Plup.   carregara, carregaras, carregara;
Ind.   carregáramos, carregáreis, carregaram

Fut. Ind.   carregarei, carregarás, carregará;
carregaremos, carregareis, carregarão

Pres.   tenho carregado, tens carregado, tem carregado;
Perf.   temos carregado, tendes carregado, têm carregado
Ind.

Plup.   tinha carregado, tinhas carregado, tinha carregado;
Ind.   tínhamos carregado, tínheis carregado, tinham carregado

Fut.   terei carregado, terás carregado, terá carregado;
Perf.   teremos carregado, tereis carregado, terão carregado
Ind.

Pres.   carregue, carregues, carregue;
Subj.   carreguemos, carregueis, *carreguem**

Imp.   carregasse, carregasses, carregasse;
Subj.   carregássemos, carregásseis, carregassem

Fut.   carregar, carregares, carregar;
Subj.   carregarmos, carregardes, carregarem

Pres.   tenha carregado, tenhas carregado, tenha carregado;
Perf.   tenhamos carregado, tenhais carregado, tenham carregado
Subj.

Past   tivesse carregado, tivesses carregado, tivesse carregado;
Perf.   tivéssemos carregado, tivésseis carregado, tivessem carregado
Subj.

Fut.   tiver carregado, tiveres carregado, tiver carregado;
Perf.   tivermos carregado, tiverdes carregado, tiverem carregado
Subj.

Condi-   carregaria, carregarias, carregaria;
tional   carregaríamos, carregaríeis, carregariam

Cond.   teria carregado, terias carregado, teria carregado;
Perf.   teríamos carregado, teríeis carregado, teriam carregado

Imper-   *carrega**—carregai
ative

     * NOTE: Only the "open" theme vowels of the radical-changing verbs
appear in italic type. For further explanation see Preface.

Pers. Inf.	casar-me, casares-te, casar-se; casarmo-nos, casardes-vos, casarem-se

Pres. *Ind.*	caso-me, casas-te, casa-se; casamo-nos, casais-vos, casam-se	*to get* *married*

Imp. *Ind.*	casava-me, casavas-te, casava-se; casávamo-nos, casáveis-vos, casavam-se
Pret. *Ind.*	casei-me, casaste-te, casou-se; casámo-nos, casastes-vos, casaram-se
Plup. *Ind.*	casara-me, casaras-te, casara-se; casáramo-nos, casáreis-vos, casaram-se
Fut. Ind.	casar-me-ei, casar-te-ás, casar-se-á; casar-nos-emos, casar-vos-eis, casar-se-ão
Pres. *Perf.* *Ind.*	tenho-me casado, tens-te casado, tem-se casado; temo-nos casado, tendes-vos casado, têm-se casado
Plup. *Ind.*	tinha-me casado, tinhas-te casado, tinha-se casado; tínhamo-nos casado, tínheis-vos casado, tinham-se casado
Fut. *Perf.* *Ind.*	ter-me-ei casado, ter-te-ás casado, ter-se-á casado; ter-nos-emos casado, ter-vos-eis casado, ter-se-ão casado
Pres. *Subj.*	case-me, cases-te, case-se; casemo-nos, caseis-vos, casem-se
Imp. *Subj.*	casasse-me, casasses-te, casasse-se; casássemo-nos, casásseis-vos, casassem-se
Fut. *Subj.*	me casar, te casares, se casar; nos casarmos, vos casardes, se casarem
Pres. *Perf.* *Subj.*	tenha-me casado, tenhas-te casado, tenha-se casado; tenhamo-nos casado, tenhais-vos casado, tenham-se casado
Past *Perf.* *Subj.*	tivesse-me casado, tivesses-te casado, tivesse-se casado; tivéssemo-nos casado, tivésseis-vos casado, tivessem-se casado
Fut. *Perf.* *Subj.*	me tiver casado, te tiveres casado, se tiver casado; nos tivermos casado, vos tiverdes casado, se tiverem casado
Condi- *tional*	casar-me-ia, casar-te-ias, casar-se-ia; casar-nos-íamos, casar-vos-íeis, casar-se-iam
Cond. *Perf.*	ter-me-ia casado, ter-te-ias casado, ter-se-ia casado; ter-nos-íamos casado, ter-vos-íeis casado, ter-se-iam casado
Imper- *ative*	casa-te—casai-vos

Pers. Inf.	chamar, chamares, chamar; chamarmos, chamardes, chamarem
Pres. *Ind.*	chamo, chamas, chama; chamamos, chamais, chamam
Imp. *Ind.*	chamava, chamavas, chamava; chamávamos, chamáveis, chamavam
Pret. *Ind.*	chamei, chamaste, chamou; chamámos, chamastes, chamaram
Plup. *Ind.*	chamara, chamaras, chamara; chamáramos, chamáreis, chamaram
Fut.Ind.	chamarei, chamarás, chamará; chamaremos, chamareis, chamarão
Pres. *Perf.* *Ind.*	tenho chamado, tens chamado, tem chamado; temos chamado, tendes chamado, têm chamado
Plup. *Ind.*	tinha chamado, tinhas chamado, tinha chamado; tínhamos chamado, tínheis chamado, tinham chamado
Fut. *Perf.* *Ind.*	terei chamado, terás chamado, terá chamado; teremos chamado, tereis chamado, terão chamado
Pres. *Subj.*	chame, chames, chame; chamemos, chameis, chamem
Imp. *Subj.*	chamasse, chamasses, chamasse; chamássemos, chamásseis, chamassem
Fut. *Subj.*	chamar, chamares, chamar; chamarmos, chamardes, chamarem
Pres. *Perf.* *Subj.*	tenha chamado, tenhas chamado, tenha chamado; tenhamos chamado, tenhais chamado, tenham chamado
Past *Perf.* *Subj.*	tivesse chamado, tivesses chamado, tivesse chamado; tivéssemos chamado, tivésseis chamado, tivessem chamado
Fut. *Perf.* *Subj.*	tiver chamado, tiveres chamado, tiver chamado; tivermos chamado, tiverdes chamado, tiverem chamado
Condi- *tional*	chamaria, chamarias, chamaria; chamaríamos, chamaríeis, chamariam
Cond. *Perf.*	teria chamado, terias chamado, teria chamado; teríamos chamado, teríeis chamado, teriam chamado
Imper- *ative*	chama—chamai

to call

43

Pers. Inf.	chegar, chegares, chegar; chegarmos, chegardes, chegarem

to arrive

Pres. *Ind.*	chego, chegas, chega; chegamos, chegais, chegam
Imp. *Ind.*	chegava, chegavas, chegava; chegávamos, chegáveis, chegavam
Pret. *Ind.*	cheguei, chegaste, chegou; chegámos, chegastes, chegaram
Plup. *Ind.*	chegara, chegaras, chegara; chegáramos, chegáreis, chegaram
Fut. Ind.	chegarei, chegarás, chegará; chegaremos, chegareis, chegarão
Pres. *Perf.* *Ind.*	tenho chegado, tens chegado, tem chegado; temos chegado, tendes chegado, têm chegado
Plup. *Ind.*	tinha chegado, tinhas chegado, tinha chegado; tínhamos chegado, tínheis chegado, tinham chegado
Fut. *Perf.* *Ind.*	terei chegado, terás chegado, terá chegado; teremos chegado, tereis chegado, terão chegado
Pres. *Subj.*	chegue, chegues, chegue; cheguemos, chegueis, cheguem
Imp. *Subj.*	chegasse, chegasses, chegasse; chegássemos, chegásseis, chegassem
Fut. *Subj.*	chegar, chegares, chegar; chegarmos, chegardes, chegarem
Pres. *Perf.* *Subj.*	tenha chegado, tenhas chegado, tenha chegado; tenhamos chegado, tenhais chegado, tenham chegado
Past *Perf.* *Subj.*	tivesse chegado, tivesses chegado, tivesse chegado; tivéssemos chegado, tivésseis chegado, tivessem chegado
Fut. *Perf.* *Subj.*	tiver chegado, tiveres chegado, tiver chegado; tivermos chegado, tiverdes chegado, tiverem chegado
Condi- *tional*	chegaria, chegarias, chegaria; chegaríamos, chegaríeis, chegariam
Cond. *Perf.*	teria chegado, terias chegado, teria chegado; teríamos chegado, teríeis chegado, teriam chegado
Imper- *ative*	chega—chegai

Pers. Inf.	cheirar, cheirares, cheirar; cheirarmos, cheirardes, cheirarem

Pres. cheiro, cheiras, cheira;
Ind. cheiramos, cheirais, cheiram

to smell

Imp. cheirava, cheiravas, cheirava;
Ind. cheirávamos, cheiráveis, cheiravam

Pret. cheirei, cheiraste, cheirou;
Ind. cheirámos, cheirastes, cheiraram

Plup. cheirara, cheiraras, cheirara;
Ind. cheiráramos, cheiráreis, cheiraram

Fut. Ind. cheirarei, cheirarás, cheirará; cheiraremos, cheirareis, cheirarão

Pres. tenho cheirado, tens cheirado, tem cheirado;
Perf. temos cheirado, tendes cheirado, têm cheirado
Ind.

Plup. tinha cheirado, tinhas cheirado, tinha cheirado;
Ind. tínhamos cheirado, tínheis cheirado, tinham cheirado

Fut. terei cheirado, terás cheirado, terá cheirado;
Perf. teremos cheirado, tereis cheirado, terão cheirado
Ind.

Pres. cheire, cheires, cheire;
Subj. cheiremos, cheireis, cheirem

Imp. cheirasse, cheirasses, cheirasse;
Subj. cheirássemos, cheirásseis, cheirassem

Fut. cheirar, cheirares, cheirar;
Subj. cheirarmos, cheirardes, cheirarem

Pres. tenha cheirado, tenhas cheirado, tenha cheirado;
Perf. tenhamos cheirado, tenhais cheirado, tenham cheirado
Subj.

Past tivesse cheirado, tivesses cheirado, tivesse cheirado;
Perf. tivéssemos cheirado, tivésseis cheirado, tivessem cheirado
Subj.

Fut. tiver cheirado, tiveres cheirado, tiver cheirado;
Perf. tivermos cheirado, tiverdes cheirado, tiverem cheirado
Subj.

Condi- cheiraria, cheirarias, cheiraria;
tional cheiraríamos, cheiraríeis, cheirariam

Cond. teria cheirado, terias cheirado, teria cheirado;
Perf. teríamos cheirado, teríeis cheirado, teriam cheirado

Imper- cheira—cheirai
ative

Pers. Inf.	chorar, chorares, chorar; chorarmos, chorardes, chorarem
Pres. *Ind.*	*choro, choras, chora;* choramos, chorais, *choram**
Imp. *Ind.*	chorava, choravas, chorava; chorávamos, choráveis, choravam
Pret. *Ind.*	chorei, choraste, chorou; chorámos, chorastes, choraram
Plup. *Ind.*	chorara, choraras, chorara; choráramos, choráreis, choraram
Fut. Ind.	chorarei, chorarás, chorará; choraremos, chorareis, chorarão
Pres. *Perf.* *Ind.*	tenho chorado, tens chorado, tem chorado; temos chorado, tendes chorado, têm chorado
Plup. *Ind.*	tinha chorado, tinhas chorado, tinha chorado; tínhamos chorado, tínheis chorado, tinham chorado
Fut. *Perf.* *Ind.*	terei chorado, terás chorado, terá chorado; teremos chorado, tereis chorado, terão chorado
Pres. *Subj.*	*chore, chores, chore;* choremos, choreis, *chorem**
Imp. *Subj.*	chorasse, chorasses, chorasse; chorássemos, chorásseis, chorassem
Fut. *Subj.*	chorar, chorares, chorar; chorarmos, chorardes, chorarem
Pres. *Perf.* *Subj.*	tenha chorado, tenhas chorado, tenha chorado; tenhamos chorado, tenhais chorado, tenham chorado
Past *Perf.* *Subj.*	tivesse chorado, tivesses chorado, tivesse chorado; tivéssemos chorado, tivésseis chorado, tivessem chorado
Fut. *Perf.* *Subj.*	tiver chorado, tiveres chorado, tiver chorado; tivermos chorado, tiverdes chorado, tiverem chorado
Condi- *tional*	choraria, chorarias, choraria; choraríamos, choraríeis, chorariam
Cond. *Perf.*	teria chorado, terias chorado, teria chorado; teríamos chorado, teríeis chorado, teriam chorado
Imper- *ative*	*chora**—chorai

to cry

* NOTE: Only the "open" theme vowels of the radical-changing verbs
appear in italic type. For further explanation see Preface.

46

Pres. Ind.	chove*
Imp. Ind.	chovia
Pret. Ind.	choveu
Plup. Ind.	chovera
Fut. Ind.	choverá
Pres. Perf. Ind.	tem chovido
Plup. Ind.	tinha chovido
Fut. Perf. Ind.	terá chovido
Pres. Subj.	chova
Imp. Subj.	chovesse
Fut. Subj.	chover
Pres. Perf. Subj.	tenha chovido
Past Perf. Subj.	tivesse chovido
Fut. Perf. Subj.	tiver chovido
Conditional	choveria
Cond. Perf.	teria chovido

to rain

Pers. Inf.	cobrir, cobrires, cobrir; cobrirmos, cobrirdes, cobrirem

Pres. cubro, *cobres, cobre;*
Ind. cobrimos, cobris, *cobrem**

to cover

Imp. cobria, cobrias, cobria;
Ind. cobríamos, cobríeis, cobriam

Pret. cobri, cobriste, cobriu;
Ind. cobrimos, cobristes, cobriram

Plup. cobrira, cobriras, cobrira;
Ind. cobríramos, cobríreis, cobriram

Fut. Ind. cobrirei, cobrirás, cobrirá;
cobriremos, cobrireis, cobrirão

Pres. tenho coberto, tens coberto, tem coberto;
Perf. temos coberto, tendes coberto, têm coberto
Ind.

Plup. tinha coberto, tinhas coberto, tinha coberto;
Ind. tínhamos coberto, tínheis coberto, tinham coberto

Fut. terei coberto, terás coberto, terá coberto;
Perf. teremos coberto, tereis coberto, terão coberto
Ind.

Pres. cubra, cubras, cubra;
Subj. cubramos, cubrais, cubram

Imp. cobrisse, cobrisses, cobrisse;
Subj. cobríssemos, cobrísseis, cobrissem

Fut. cobrir, cobrires, cobrir;
Subj. cobrirmos, cobrirdes, cobrirem

Pres. tenha coberto, tenhas coberto, tenha coberto;
Perf. tenhamos coberto, tenhais coberto, tenham coberto
Subj.

Past tivesse coberto, tivesses coberto, tivesse coberto;
Perf. tivéssemos coberto, tivésseis coberto, tivessem coberto
Subj.

Fut. tiver coberto, tiveres coberto, tiver coberto;
Perf. tivermos coberto, tiverdes coberto, tiverem coberto
Subj.

Condi- cobriria, cobririas, cobriria;
tional cobriríamos, cobriríeis, cobririam

Cond. teria coberto, terias coberto, teria coberto;
Perf. teríamos coberto, teríeis coberto, teriam coberto

Imper- *cobre**—cobri
ative

* NOTE: Only the "open" theme vowels of the radical-changing verbs appear in italic type. For further explanation see Preface.

Pers. Inf.	começar, começares, começar; começarmos, começardes, começarem
Pres. *Ind.*	começo, começas, começa; começamos, começais, *começam**
Imp. *Ind.*	começava, começavas, começava; começávamos, começáveis, começavam
Pret. *Ind.*	comecei, começaste, começou; começámos, começastes, começaram
Plup. *Ind.*	começara, começaras, começara; começáramos, começáreis, começaram
Fut. Ind.	começarei, começarás, começará; começaremos, começareis, começarão
Pres. *Perf.* *Ind.*	tenho começado, tens começado, tem começado; temos começado, tendes começado, têm começado
Plup. *Ind.*	tinha começado, tinhas começado, tinha começado; tínhamos começado, tínheis começado, tinham começado
Fut. *Perf.* *Ind.*	terei começado, terás começado, terá começado; teremos começado, tereis começado, terão começado
Pres. *Subj.*	comece, comeces, comece; comecemos, comeceis, *comecem**
Imp. *Subj.*	começasse, começasses, começasse; começássemos, começásseis, começassem
Fut. *Subj.*	começar, começares, começar; começarmos, começardes, começarem
Pres. *Perf.* *Subj.*	tenha começado, tenhas começado, tenha começado; tenhamos começado, tenhais começado, tenham começado
Past *Perf.* *Subj.*	tivesse começado, tivesses começado, tivesse começado; tivéssemos começado, tivésseis começado, tivessem começado
Fut. *Perf.* *Subj.*	tiver começado, tiveres começado, tiver começado; tivermos começado, tiverdes começado, tiverem começado
Condi- *tional*	começaria, começarias, começaria; começaríamos, começaríeis, começariam
Cond. *Perf.*	teria começado, terias começado, teria começado; teríamos começado, teríeis começado, teriam começado
Imper- *ative*	*começa**—começai

to begin

Pers. Inf.	comer, comeres, comer; comermos, comerdes, comerem
Pres. *Ind.*	como, *comes, come;* comemos, comeis, *comem**
Imp. *Ind.*	comia, comias, comia; comíamos, comíeis, comiam
Pret. *Ind.*	comi, comeste, comeu; comemos, comestes, comeram
Plup. *Ind.*	comera, comeras, comera; comêramos, comêreis, comeram
Fut. Ind.	comerei, comerás, comerá; comeremos, comereis, comerão
Pres. *Perf.* *Ind.*	tenho comido, tens comido, tem comido; temos comido, tendes comido, têm comido
Plup. *Ind.*	tinha comido, tinhas comido, tinha comido; tínhamos comido, tínheis comido, tinham comido
Fut. *Perf.* *Ind.*	terei comido, terás comido, terá comido; teremos comido, tereis comido, terão comido
Pres. *Subj.*	coma, comas, coma; comamos, comais, comam
Imp. *Subj.*	comesse, comesses, comesse; comêssemos, comêsseis, comessem
Fut. *Subj.*	comer, comeres, comer; comermos, comerdes, comerem
Pres. *Perf.* *Subj.*	tenha comido, tenhas comido, tenha comido; tenhamos comido, tenhais comido, tenham comido
Past *Perf.* *Subj.*	tivesse comido, tivesses comido, tivesse comido; tivéssemos comido, tivésseis comido, tivessem comido
Fut. *Perf.* *Subj.*	tiver comido, tiveres comido, tiver comido; tivermos comido, tiverdes comido, tiverem comido
Condi- *tional*	comeria, comerias, comeria; comeríamos, comeríeis, comeriam
Cond. *Perf.*	teria comido, terias comido, teria comido; teríamos comido, teríeis comido, teriam comido
Imper- *ative*	come*—comei

to eat

* NOTE: Although this verb is radical-changing in Portugal, most Brazilian speakers do not open the accented theme vowels.

comprar

Pers. Inf.	comprar, comprares, comprar; comprarmos, comprardes, comprarem

to buy

Pres. *Ind.*	compro, compras, compra; compramos, comprais, compram
Imp. *Ind.*	comprava, compravas, comprava; comprávamos, compráveis, compravam
Pret. *Ind.*	comprei, compraste, comprou; comprámos, comprastes, compraram
Plup. *Ind.*	comprara, compraras, comprara; compráramos, compráreis, compraram
Fut. Ind.	comprarei, comprarás, comprará; compraremos, comprareis, comprarão
Pres. *Perf.* *Ind.*	tenho comprado, tens comprado, tem comprado; temos comprado, tendes comprado, têm comprado
Plup. *Ind.*	tinha comprado, tinhas comprado, tinha comprado; tínhamos comprado, tínheis comprado, tinham comprado
Fut. *Perf.* *Ind.*	terei comprado, terás comprado, terá comprado; teremos comprado, tereis comprado, terão comprado
Pres. *Subj.*	compre, compres, compre; compremos, compreis, comprem
Imp. *Subj.*	comprasse, comprasses, comprasse; comprássemos, comprásseis, comprassem
Fut. *Subj.*	comprar, comprares, comprar; comprarmos, comprardes, comprarem
Pres. *Perf.* *Subj.*	tenha comprado, tenhas comprado, tenha comprado; tenhamos comprado, tenhais comprado, tenham comprado
Past *Perf.* *Subj.*	tivesse comprado, tivesses comprado, tivesse comprado; tivéssemos comprado, tivésseis comprado, tivessem comprado
Fut. *Perf.* *Subj.*	tiver comprado, tiveres comprado, tiver comprado; tivermos comprado, tiverdes comprado, tiverem comprado
Condi- *tional*	compraria, comprarias, compraria; compraríamos, compraríeis, comprariam
Cond. *Perf.*	teria comprado, terias comprado, teria comprado; teríamos comprado, teríeis comprado, teriam comprado
Imper- *ative*	compra—comprai

51

Pers. Inf.	compreender, compreenderes, compreender; compreendermos, compreenderdes, compreenderem
Pres. *Ind.*	compreendo, compreendes, compreende; *to understand* compreendemos, compreendeis, compreendem
Imp. *Ind.*	compreendia, compreendias, compreendia; compreendíamos, compreendíeis, compreendiam
Pret. *Ind.*	compreendi, compreendeste, compreendeu; compreendemos, compreendestes, compreenderam
Plup. *Ind.*	compreendera, compreenderas, compreendera; compreendêramos, compreendêreis, compreenderam
Fut. Ind.	compreenderei, compreenderás, compreenderá; compreenderemos, compreendereis, compreenderão
Pres. *Perf.* *Ind.*	tenho compreendido, tens compreendido, tem compreendido; temos compreendido, tendes compreendido, têm compreendido
Plup. *Ind.*	tinha compreendido, tinhas compreendido, tinha compreendido; tínhamos compreendido, tínheis compreendido, tinham compreendido
Fut. *Perf.* *Ind.*	terei compreendido, terás compreendido, terá compreendido; teremos compreendido, tereis compreendido, terão compreendido
Pres. *Subj.*	compreenda, compreendas, compreenda; compreendamos, compreendais, compreendam
Imp. *Subj.*	compreendesse, compreendesses, compreendesse; compreendêssemos, compreendêsseis, compreendessem
Fut. *Subj.*	compreender, compreenderes, compreender; compreendermos, compreenderdes, compreenderem
Pres. *Perf.* *Subj.*	tenha compreendido, tenhas compreendido, tenha compreendido; tenhamos compreendido, tenhais compreendido, tenham compreendido
Past *Perf.* *Subj.*	tivesse compreendido, tivesses compreendido, tivesse compreendido; tivéssemos compreendido, tivésseis compreendido, tivessem compreendido
Fut. *Perf.* *Subj.*	tiver compreendido, tiveres compreendido, tiver compreendido; tivermos compreendido, tiverdes compreendido, tiverem compreendido
Condi- *tional*	compreenderia, compreenderias, compreenderia; compreenderíamos, compreenderíeis, compreenderiam
Cond. *Perf.*	teria compreendido, terias compreendido, teria compreendido; teríamos compreendido, teríeis compreendido, teriam compreendido
Imper- *ative*	compreende—compreendei

Like *compreender* are *apreender, empreender, repreender* and *surpreender*

Pers. Inf.	conhecer, conheceres, conhecer; conhecermos, conhecerdes, conhecerem
Pres. *Ind.*	conheço, *conheces, conhece;* conhecemos, conheceis, *conhecem**
Imp. *Ind.*	conhecia, conhecias, conhecia; conhecíamos, conhecíeis, conheciam
Pret. *Ind.*	conheci, conheceste, conheceu; conhecemos, conhecestes, conheceram
Plup. *Ind.*	conhecera, conheceras, conhecera; conhecêramos, conhecêreis, conheceram
Fut. Ind.	conhecerei, conhecerás, conhecerá; conheceremos, conhecereis, conhecerão
Pres. *Perf.* *Ind.*	tenho conhecido, tens conhecido, tem conhecido; temos conhecido, tendes conhecido, têm conhecido
Plup. *Ind.*	tinha conhecido, tinhas conhecido, tinha conhecido; tínhamos conhecido, tínheis conhecido, tinham conhecido
Fut. *Perf.* *Ind.*	terei conhecido, terás conhecido, terá conhecido; teremos conhecido, tereis conhecido, terão conhecido
Pres. *Subj.*	conheça, conheças, conheça; conheçamos, conheçais, conheçam
Imp. *Subj.*	conhecesse, conhecesses, conhecesse; conhecêssemos, conhecêsseis, conhecessem
Fut. *Subj.*	conhecer, conheceres, conhecer; conhecermos, conhecerdes, conhecerem
Pres. *Perf.* *Subj.*	tenha conhecido, tenhas conhecido, tenha conhecido; tenhamos conhecido, tenhais conhecido, tenham conhecido
Past *Perf.* *Subj.*	tivesse conhecido, tivesses conhecido, tivesse conhecido; tivéssemos conhecido, tivésseis conhecido, tivessem conhecido
Fut. *Perf.* *Subj.*	tiver conhecido, tiveres conhecido, tiver conhecido; tivermos conhecido, tiverdes conhecido, tiverem conhecido
Conditional	conheceria, conhecerias, conheceria; conheceríamos, conheceríeis, conheceriam
Cond. *Perf.*	teria conhecido, terias conhecido, teria conhecido; teríamos conhecido, teríeis conhecido, teriam conhecido
Imperative	*conhece**—conhecei

to know

* NOTE: Only the "open" theme vowels of the radical-changing verbs appear in italic type. For further explanation see Preface.

53

Pers. Inf.	construir, construíres, construir; construirmos, construirdes, construírem

Pres. construo, construis (constróis), construi (constrói);   *to build*
Ind. construímos, construís, construem (*constroem*)*

Imp. construia, construias, construia;
Ind. construíamos, construíeis, construiam

Pret. construí, construíste, construiu;
Ind. construímos, construístes, construíram

Plup. construíra, construíras, construíra;
Ind. construíramos, construíreis, construíram

Fut. Ind. construirei, construirás, construirá;
construiremos, construireis, construirão

Pres. tenho construído, tens construído, tem construído;
Perf. temos construído, tendes construído, têm construído
Ind.

Plup. tinha construído, tinhas construído, tinha construído;
Ind. tínhamos construído, tínheis construído, tinham construído

Fut. terei construído, terás construído, terá construído;
Perf. teremos construído, tereis construído, terão construído
Ind.

Pres. construa, construas, construa;
Subj. construamos, construais, construam

Imp. construísse, construísses, construísse;
Subj. construíssemos, construísseis, construíssem

Fut. construir, construíres, construir;
Subj. construirmos, construirdes, construírem

Pres. tenha construído, tenhas construído, tenha construído;
Perf. tenhamos construído, tenhais construído, tenham construído
Subj.

Past tivesse construído, tivesses construído, tivesse construído;
Perf. tivéssemos construído, tivésseis construído, tivessem construído
Subj.

Fut. tiver construído, tiveres construído, tiver construído;
Perf. tivermos construído, tiverdes construído, tiverem construído
Subj.

Condi- construiria, construirias, construiria;
tional construiríamos, construiríeis, construiriam

Cond. teria construído, terias construído, teria construído;
Perf. teríamos construído, teríeis construído, teriam construído

Imper- construi (constrói)—construí
ative

Like *construir* is *destruir*

Pers. Inf.	convidar, convidares, convidar; convidarmos, convidardes, convidarem

Pres. convido, convidas, convida; *to invite*
Ind. convidamos, convidais, convidam

Imp. convidava, convidavas, convidava;
Ind. convidávamos, convidáveis, convidavam

Pret. convidei, convidaste, convidou;
Ind. convidámos, convidastes, convidaram

Plup. convidara, convidaras, convidara;
Ind. convidáramos, convidáreis, convidaram

Fut. Ind. convidarei, convidarás, convidará;
convidaremos, convidareis, convidarão

Pres. tenho convidado, tens convidado, tem convidado;
Perf. temos convidado, tendes convidado, têm convidado
Ind.

Plup. tinha convidado, tinhas convidado, tinha convidado;
Ind. tínhamos convidado, tínheis convidado, tinham convidado

Fut. terei convidado, terás convidado, terá convidado;
Perf. teremos convidado, tereis convidado, terão convidado
Ind.

Pres. convide, convides, convide;
Subj. convidemos, convideis, convidem

Imp. convidasse, convidasses, convidasse;
Subj. convidássemos, convidásseis, convidassem

Fut. convidar, convidares, convidar;
Subj. convidarmos, convidardes, convidarem

Pres. tenha convidado, tenhas convidado, tenha convidado;
Perf. tenhamos convidado, tenhais convidado, tenham convidado
Subj.

Past tivesse convidado, tivesses convidado, tivesse convidado;
Perf. tivéssemos convidado, tivésseis convidado, tivessem convidado
Subj.

Fut. tiver convidado, tiveres convidado, tiver convidado;
Perf. tivermos convidado, tiverdes convidado, tiverem convidado
Subj.

Condi- convidaria, convidarias, convidaria;
tional convidaríamos, convidaríeis, convidariam

Cond. teria convidado, terias convidado, teria convidado;
Perf. teríamos convidado, teríeis convidado, teriam convidado

Imper- convida—convidai
ative

55

Pers. Inf.	correr, correres, correr; corrermos, correrdes, correrem

Pres.   corro, *corres, corre;*   *to run*
Ind.   corremos, correis, *correm**

Imp.   corria, corrias, corria;
Ind.   corríamos, corríeis, corriam

Pret.   corri, correste, correu;
Ind.   corremos, correstes, correram

Plup.   correra, correras, correra;
Ind.   corrêramos, corrêreis, correram

Fut. Ind.   correrei, correrás, correrá;
correremos, correreis, correrão

Pres.   tenho corrido, tens corrido, tem corrido;
Perf.   temos corrido, tendes corrido, têm corrido
Ind.

Plup.   tinha corrido, tinhas corrido, tinha corrido;
Ind.   tínhamos corrido, tínheis corrido, tinham corrido

Fut.   terei corrido, terás corrido, terá corrido;
Perf.   teremos corrido, tereis corrido, terão corrido
Ind.

Pres.   corra, corras, corra;
Subj.   corramos, corrais, corram

Imp.   corresse, corresses, corresse;
Subj.   corrêssemos, corrêsseis, corressem

Fut.   correr, correres, correr;
Subj.   corrermos, correrdes, correrem

Pres.   tenha corrido, tenhas corrido, tenha corrido;
Perf.   tenhamos corrido, tenhais corrido, tenham corrido
Subj.

Past   tivesse corrido, tivesses corrido, tivesse corrido;
Perf.   tivéssemos corrido, tivésseis corrido, tivessem corrido
Subj.

Fut.   tiver corrido, tiveres corrido, tiver corrido;
Perf.   tivermos corrido, tiverdes corrido, tiverem corrido
Subj.

Condi-   correria, correrias, correria;
tional   correríamos, correríeis, correriam

Cond.   teria corrido, terias corrido, teria corrido;
Perf.   teríamos corrido, teríeis corrido, teriam corrido

Imper-   corre*—correi
ative

       * NOTE: Only the "open" theme vowels of the radical-changing verbs appear in italic type. For further explanation see Preface.

Pers. Inf.	cortar, cortares, cortar; cortarmos, cortardes, cortarem

to cut

Pres. *Ind.*	corto, cortas, corta; cortamos, cortais, *cortam**
Imp. *Ind.*	cortava, cortavas, cortava; cortávamos, cortáveis, cortavam
Pret. *Ind.*	cortei, cortaste, cortou; cortámos, cortastes, cortaram
Plup. *Ind.*	cortara, cortaras, cortara; cortáramos, cortáreis, cortaram
Fut. Ind.	cortarei, cortarás, cortará; cortaremos, cortareis, cortarão
Pres. *Perf.* *Ind.*	tenho cortado, tens cortado, tem cortado; temos cortado, tendes cortado, têm cortado
Plup. *Ind.*	tinha cortado, tinhas cortado, tinha cortado; tínhamos cortado, tínheis cortado, tinham cortado
Fut. *Perf.* *Ind.*	terei cortado, terás cortado, terá cortado; teremos cortado, tereis cortado, terão cortado
Pres. *Subj.*	corte, cortes, corte; cortemos, corteis, *cortem**
Imp. *Subj.*	cortasse, cortasses, cortasse; cortássemos, cortásseis, cortassem
Fut. *Subj.*	cortar, cortares, cortar; cortarmos, cortardes, cortarem
Pres. *Perf.* *Subj.*	tenha cortado, tenhas cortado, tenha cortado; tenhamos cortado, tenhais cortado, tenham cortado
Past *Perf.* *Subj.*	tivesse cortado, tivesses cortado, tivesse cortado; tivéssemos cortado, tivésseis cortado, tivessem cortado
Fut. *Perf.* *Subj.*	tiver cortado, tiveres cortado, tiver cortado; tivermos cortado, tiverdes cortado, tiverem cortado
Condi- *tional*	cortaria, cortarias, cortaria; cortaríamos, cortaríeis, cortariam
Cond. *Perf.*	teria cortado, terias cortado, teria cortado; teríamos cortado, teríeis cortado, teriam cortado
Imper- *ative*	corta*—cortai

Pers. Inf.	cozinhar, cozinhares, cozinhar; cozinharmos, cozinhardes, cozinharem
Pres. *Ind.*	cozinho, cozinhas, cozinha; cozinhamos, cozinhais, cozinham
Imp. *Ind.*	cozinhava, cozinhavas, cozinhava; cozinhávamos, cozinháveis, cozinhavam
Pret. *Ind.*	cozinhei, cozinhaste, cozinhou; cozinhámos, cozinhastes, cozinharam
Plup. *Ind.*	cozinhara, cozinharas, cozinhara; cozinháramos, cozinháreis, cozinharam
Fut. Ind.	cozinharei, cozinharás, cozinhará; cozinharemos, cozinhareis, cozinharão
Pres. *Perf.* *Ind.*	tenho cozinhado, tens cozinhado, tem cozinhado; temos cozinhado, tendes cozinhado, têm cozinhado
Plup. *Ind.*	tinha cozinhado, tinhas cozinhado, tinha cozinhado; tínhamos cozinhado, tínheis cozinhado, tinham cozinhado
Fut. *Perf.* *Ind.*	terei cozinhado, terás cozinhado, terá cozinhado; teremos cozinhado, tereis cozinhado, terão cozinhado
Pres. *Subj.*	cozinhe, cozinhes, cozinhe; cozinhemos, cozinheis, cozinhem
Imp. *Subj.*	cozinhasse, cozinhasses, cozinhasse; cozinhássemos, cozinhásseis, cozinhassem
Fut. *Subj.*	cozinhar, cozinhares, cozinhar; cozinharmos, cozinhardes, cozinharem
Pres. *Perf.* *Subj.*	tenha cozinhado, tenhas cozinhado, tenha cozinhado; tenhamos cozinhado, tenhais cozinhado, tenham cozinhado
Past *Perf.* *Subj.*	tivesse cozinhado, tivesses cozinhado, tivesse cozinhado; tivéssemos cozinhado, tivésseis cozinhado, tivessem cozinhado
Fut. *Perf.* *Subj.*	tiver cozinhado, tiveres cozinhado, tiver cozinhado; tivermos cozinhado, tiverdes cozinhado, tiverem cozinhado
Condi-tional	cozinharia, cozinharias, cozinharia; cozinharíamos, cozinharíeis, cozinhariam
Cond. *Perf.*	teria cozinhado, terias cozinhado, teria cozinhado; teríamos cozinhado, teríeis cozinhado, teriam cozinhado
Imper-ative	cozinha—cozinhai

to cook

Pers. Inf.	crescer, cresceres, crescer; crescermos, crescerdes, crescerem	
Pres. *Ind.*	cresço, *cresces, cresce;* crescemos, cresceis, *crescem* *	*to grow*
Imp. *Ind.*	crescia, crescias, crescia; crescíamos, crescíeis, cresciam	
Pret. *Ind.*	cresci, cresceste, cresceu; crescemos, crescestes, cresceram	
Plup. *Ind.*	crescera, cresceras, crescera; crescêramos, crescêreis, cresceram	
Fut. *Ind.*	crescerei, crescerás, crescerá; cresceremos, crescereis, crescerão	

Pres. tenho crescido, tens crescido, tem crescido;
Perf. temos crescido, tendes crescido, têm crescido
Ind.

Plup. tinha crescido, tinhas crescido, tinha crescido;
Ind. tínhamos crescido, tínheis crescido, tinham crescido

Fut. terei crescido, terás crescido, terá crescido;
Perf. teremos crescido, tereis crescido, terão crescido
Ind.

Pres. cresça, cresças, cresça;
Subj. cresçamos, cresçais, cresçam

Imp. crescesse, crescesses, crescesse;
Subj. crescêssemos, crescêsseis, crescessem

Fut. crescer, cresceres, crescer;
Subj. crescermos, crescerdes, crescerem

Pres. tenha crescido, tenhas crescido, tenha crescido;
Perf. tenhamos crescido, tenhais crescido, tenham crescido
Subj.

Past tivesse crescido, tivesses crescido, tivesse crescido;
Perf. tivéssemos crescido, tivésseis crescido, tivessem crescido
Subj.

Fut. tiver crescido, tiveres crescido, tiver crescido;
Perf. tivermos crescido, tiverdes crescido, tiverem crescido
Subj.

Condi- cresceria, crescerias, cresceria;
tional cresceríamos, cresceríeis, cresceriam

Cond. teria crescido, terias crescido, teria crescido;
Perf. teríamos crescido, teríeis crescido, teriam crescido

Imper- *cresce* *—crescei*
ative

     * NOTE: Only the "open" theme vowels of the radical-changing verbs appear in italic type. For further explanation see Preface.

Pers. Inf. cuidar, cuidares, cuidar;
cuidarmos, cuidardes, cuidarem

Pres. cuido, cuidas, cuida;
Ind. cuidamos, cuidais, cuidam

to take
care of

Imp. cuidava, cuidavas, cuidava;
Ind. cuidávamos, cuidáveis, cuidavam

Pret. cuidei, cuidaste, cuidou;
Ind. cuidámos, cuidastes, cuidaram

Plup. cuidara, cuidaras, cuidara;
Ind. cuidáramos, cuidáreis, cuidaram

Fut. Ind. cuidarei, cuidarás, cuidará;
cuidaremos, cuidareis, cuidarão

Pres. tenho cuidado, tens cuidado, tem cuidado;
Perf. temos cuidado, tendes cuidado, têm cuidado
Ind.

Plup. tinha cuidado, tinhas cuidado, tinha cuidado;
Ind. tínhamos cuidado, tínheis cuidado, tinham cuidado

Fut. terei cuidado, terás cuidado, terá cuidado;
Perf. teremos cuidado, tereis cuidado, terão cuidado
Ind.

Pres. cuide, cuides, cuide;
Subj. cuidemos, cuideis, cuidem

Imp. cuidasse, cuidasses, cuidasse;
Subj. cuidássemos, cuidásseis, cuidassem

Fut. cuidar, cuidares, cuidar;
Subj. cuidarmos, cuidardes, cuidarem

Pres. tenha cuidado, tenhas cuidado, tenha cuidado;
Perf. tenhamos cuidado, tenhais cuidado, tenham cuidado
Subj.

Past tivesse cuidado, tivesses cuidado, tivesse cuidado;
Perf. tivéssemos cuidado, tivésseis cuidado, tivessem cuidado
Subj.

Fut. tiver cuidado, tiveres cuidado, tiver cuidado;
Perf. tivermos cuidado, tiverdes cuidado, tiverem cuidado
Subj.

Condi- cuidaria, cuidarias, cuidaria;
tional cuidaríamos, cuidaríeis, cuidariam

Cond. teria cuidado, terias cuidado, teria cuidado;
Perf. teríamos cuidado, teríeis cuidado, teriam cuidado

Imper- cuida—cuidai
ative

Pers. Inf.	cumprimentar, cumprimentares, cumprimentar; cumprimentarmos, cumprimentardes, cumprimentarem
Pres. *Ind.*	cumprimento, cumprimentas, cumprimenta; *to greet* cumprimentamos, cumprimentais, cumprimentam
Imp. *Ind.*	cumprimentava, cumprimentavas, cumprimentava; cumprimentávamos, cumprimentáveis, cumprimentavam
Pret. *Ind:*	cumprimentei, cumprimentaste, cumprimentou; cumprimentámos, cumprimentastes, cumprimentaram
Plup. *Ind.*	cumprimentara, cumprimentaras, cumprimentara; cumprimentáramos, cumprimentáreis, cumprimentaram
Fut. Ind.	cumprimentarei, cumprimentarás, cumprimentará; cumprimentaremos, cumprimentareis, cumprimentarão
Pres. *Perf.* *Ind.*	tenho cumprimentado, tens cumprimentado, tem cumprimentado; temos cumprimentado, tendes cumprimentado, têm cumprimentado
Plup. *Ind.*	tinha cumprimentado, tinhas cumprimentado, tinha cumprimentado; tínhamos cumprimentado, tínheis cumprimentado, tinham cumprimentado
Fut. *Perf.* *Ind.*	terei cumprimentado, terás cumprimentado, terá cumprimentado; teremos cumprimentado, tereis cumprimentado, terão cumprimentado
Pres. *Subj.*	cumprimente, cumprimentes, cumprimente; cumprimentemos, cumprimenteis, cumprimentem
Imp. *Subj.*	cumprimentasse, cumprimentasses, cumprimentasse; cumprimentássemos, cumprimentásseis, cumprimentassem
Fut. *Subj.*	cumprimentar, cumprimentares, cumprimentar; cumprimentarmos, cumprimentardes, cumprimentarem
Pres. *Perf.* *Subj.*	tenha cumprimentado, tenhas cumprimentado, tenha cumprimentado; tenhamos cumprimentado, tenhais cumprimentado, tenham cumprimentado
Past *Perf.* *Subj.*	tivesse cumprimentado, tivesses cumprimentado, tivesse cumprimentado; tivéssemos cumprimentado, tivésseis cumprimentado, tivessem cumprimentado
Fut. *Perf.* *Subj.*	tiver cumprimentado, tiveres cumprimentado, tiver cumprimentado; tivermos cumprimentado, tiverdes cumprimentado, tiverem cumprimentado
Condi- *tional*	cumprimentaria, cumprimentarias, cumprimentaria; cumprimentaríamos, cumprimentaríeis, cumprimentariam
Cond. *Perf.*	teria cumprimentado, terias cumprimentado, teria cumprimentado; teríamos cumprimentado, teríeis cumprimentado, teriam cumprimentado
Imper- *ative*	cumprimenta—cumprimentai

61

Pers. Inf. cumprir, cumprires, cumprir;
cumprirmos, cumprirdes, cumprirem

Pres. cumpro, cumpres, cumpre;   *to fulfill*
Ind. cumprimos, cumpris, cumprem

Imp. cumpria, cumprias, cumpria;
Ind. cumpríamos, cumpríeis, cumpriam

Pret. cumpri, cumpriste, cumpriu;
Ind. cumprimos, cumpristes, cumpriram

Plup. cumprira, cumpriras, cumprira;
Ind. cumpríramos, cumpríreis, cumpriram

Fut. Ind. cumprirei, cumprirás, cumprirá;
cumpriremos, cumprireis, cumprirão

Pres. tenho cumprido, tens cumprido, tem cumprido;
Perf. temos cumprido, tendes cumprido, têm cumprido
Ind.

Plup. tinha cumprido, tinhas cumprido, tinha cumprido;
Ind. tínhamos cumprido, tínheis cumprido, tinham cumprido

Fut. terei cumprido, terás cumprido, terá cumprido;
Perf. teremos cumprido, tereis cumprido, terão cumprido
Ind.

Pres. cumpra, cumpras, cumpra;
Subj. cumpramos, cumprais, cumpram

Imp. cumprisse, cumprisses, cumprisse;
Subj. cumpríssemos, cumprísseis, cumprissem

Fut. cumprir, cumprires, cumprir;
Subj. cumprirmos, cumprirdes, cumprirem

Pres. tenha cumprido, tenhas cumprido, tenha cumprido;
Perf. tenhamos cumprido, tenhais cumprido, tenham cumprido
Subj.

Past tivesse cumprido, tivesses cumprido, tivesse cumprido;
Perf. tivéssemos cumprido, tivésseis cumprido, tivessem cumprido
Subj.

Fut. tiver cumprido, tiveres cumprido, tiver cumprido;
Perf. tivermos cumprido, tiverdes cumprido, tiverem cumprido
Subj.

Condi- cumpriria, cumpririas, cumpriria;
tional cumpriríamos, cumpriríeis, cumpririam

Cond. teria cumprido, terias cumprido, teria cumprido;
Perf. teríamos cumprido, teríeis cumprido, teriam cumprido

Imper- cumpre—cumpri
ative

Pers. Inf.	custar; custarem	
Pres. *Ind.*	custa; custam	*to cost*
Imp. *Ind.*	custava; custavam	
Pret. *Ind.*	custou; custaram	
Plup. *Ind.*	custara; custaram	
Fut. Ind.	custará; custarão	
Pres. *Perf.* *Ind.*	tem custado; têm custado	
Plup. *Ind.*	tinha custado; tinham custado	
Fut. *Perf.* *Ind.*	terá custado; terão custado	
Pres. *Subj.*	custe; custem	
Imp. *Subj.*	custasse; custassem	
Fut. *Subj.*	custar; custarem	
Pres. *Perf.* *Subj.*	tenha custado; tenham custado	
Past *Perf.* *Subj.*	tivesse custado; tivessem custado	
Fut. *Perf.* *Subj.*	tiver custado; tiverem custado	
Condi- *tional*	custaria; custariam	
Cond. *Perf.*	teria custado; teriam custado	

Pers. Inf.	dar, dares, dar; darmos, dardes, darem	
Pres. *Ind.*	dou, dás, dá; damos, dais, dão	*to give*
Imp. *Ind.*	dava, davas, dava; dávamos, dáveis, davam	
Pret. *Ind.*	dei, deste, deu; demos, destes, deram	
Plup. *Ind.*	dera, deras, dera; déramos, déreis, deram	
Fut. Ind.	darei, darás, dará; daremos, dareis, darão	
Pres. *Perf.* *Ind.*	tenho dado, tens dado, tem dado; temos dado, tendes dado, têm dado	
Plup. *Ind.*	tinha dado, tinhas dado, tinha dado; tínhamos dado, tínheis dado, tinham dado	
Fut. *Perf.* *Ind.*	terei dado, terás dado, terá dado; teremos dado, tereis dado, terão dado	
Pres. *Subj.*	dê, dês, dê; demos, deis, dêem	
Imp. *Subj.*	desse, desses, desse; déssemos, désseis, dessem	
Fut. *Subj.*	der, deres, der; dermos, derdes, derem	
Pres. *Perf.* *Subj.*	tenha dado, tenhas dado, tenha dado; tenhamos dado, tenhais dado, tenham dado	
Past *Perf.* *Subj.*	tivesse dado, tivesses dado, tivesse dado; tivéssemos dado, tivésseis dado, tivessem dado	
Fut. *Perf* *Subj.*	tiver dado, tiveres dado, tiver dado; tivermos dado, tiverdes dado, tiverem dado	
Condi- *tional*	daria, darias, daria; daríamos, daríeis, dariam	
Cond. *Perf.*	teria dado, terias dado, teria dado; teríamos dado, teríeis dado, teriam dado	
Imper- *ative*	dá—dai	

Pers. Inf. deitar-me, deitares-te, deitar-se;
deitarmo-nos, deitardes-vos, deitarem-se

Pres. deito-me, deitas-te, deita-se;   *to go to bed*
Ind. deitamo-nos, deitais-vos, deitam-se

Imp. deitava-me, deitavas-te, deitava-se;
Ind. deitávamo-nos, deitáveis-vos, deitavam-se

Pret. deitei-me, deitaste-te, deitou-se;
Ind. deitámo-nos, deitastes-vos, deitaram-se

Plup. deitara-me, deitaras-te, deitara-se;
Ind. deitáramo-nos, deitáreis-vos, deitaram-se

Fut. Ind. deitar-me-ei, deitar-te-ás, deitar-se-á;
deitar-nos-emos, deitar-vos-eis, deitar-se-ão

Pres. tenho-me deitado, tens-te deitado, tem-se deitado;
Perf. temo-nos deitado, tendes-vos deitado, têm-se deitado
Ind.

Plup. tinha-me deitado, tinhas-te deitado, tinha-se deitado;
Ind. tínhamo-nos deitado, tínheis-vos deitado, tinham-se deitado

Fut. ter-me-ei deitado, ter-te-ás deitado, ter-se-á deitado;
Perf. ter-nos-emos deitado, ter-vos-eis deitado, ter-se-ão deitado
Ind.

Pres. deite-me, deites-te, deite-se;
Subj. deitemo-nos, deiteis-vos, deitem-se

Imp. deitasse-me, deitasses-te, deitasse-se;
Subj. deitássemo-nos, deitásseis-vos, deitassem-se

Fut. me deitar, te deitares, se deitar;
Subj. nos deitarmos, vos deitardes, se deitarem

Pres. tenha-me deitado, tenhas-te deitado, tenha-se deitado;
Perf. tenhamo-nos deitado, tenhais-vos deitado, tenham-se deitado
Subj.

Past tivesse-me deitado, tivesses-te deitado, tivesse-se deitado;
Perf. tivéssemo-nos deitado, tivésseis-vos deitado, tivessem-se deitado
Subj.

Fut. me tiver deitado, te tiveres deitado, se tiver deitado;
Perf. nos tivermos deitado, vos tiverdes deitado, se tiverem deitado
Subj.

Condi- deitar-me-ia, deitar-te-ias, deitar-se-ia;
tional deitar-nos-íamos, deitar-vos-íeis, deitar-se-iam

Cond. ter-me-ia deitado, ter-te-ias deitado, ter-se-ia deitado;
Perf. ter-nos-íamos deitado, ter-vos-íeis deitado, ter-se-iam deitado

Imper- deita-te—deitai-vos
ative

Pers. Inf. deixar, deixares, deixar;
deixarmos, deixardes, deixarem

Pres. deixo, deixas, deixa;
Ind. deixamos, deixais, deixam

to let; to leave behind

Imp. deixava, deixavas, deixava;
Ind. deixávamos, deixáveis, deixavam

Pret. deixei, deixaste, deixou;
Ind. deixámos, deixastes, deixaram

Plup. deixara, deixaras, deixara;
Ind. deixáramos, deixáreis, deixaram

Fut. Ind. deixarei, deixarás, deixará;
deixaremos, deixareis, deixarão

Pres. tenho deixado, tens deixado, tem deixado;
Perf. temos deixado, tendes deixado, têm deixado
Ind.

Plup. tinha deixado, tinhas deixado, tinha deixado;
Ind. tínhamos deixado, tínheis deixado, tinham deixado

Fut. terei deixado, terás deixado, terá deixado;
Perf. teremos deixado, tereis deixado, terão deixado
Ind.

Pres. deixe, deixes, deixe;
Subj. deixemos, deixeis, deixem

Imp. deixasse, deixasses, deixasse;
Subj. deixássemos, deixásseis, deixassem

Fut. deixar, deixares, deixar;
Subj. deixarmos, deixardes, deixarem

Pres. tenha deixado, tenhas deixado, tenha deixado;
Perf. tenhamos deixado, tenhais deixado, tenham deixado
Subj.

Past tivesse deixado, tivesses deixado, tivesse deixado;
Perf. tivéssemos deixado, tivésseis deixado, tivessem deixado
Subj.

Fut. tiver deixado, tiveres deixado, tiver deixado;
Perf. tivermos deixado, tiverdes deixado, tiverem deixado
Subj.

Condi- deixaria, deixarias, deixaria;
tional deixaríamos, deixaríeis, deixariam

Cond. teria deixado, terias deixado, teria deixado;
Perf. teríamos deixado, teríeis deixado, teriam deixado

Imper- deixa—deixai
ative

Pers. Inf.	descer, desceres, descer; descermos, descerdes, descerem	
Pres. *Ind.*	desço, *desces, desce;* descemos, desceis, *descem**	*to go down*
Imp. *Ind.*	descia, descias, descia; descíamos, descíeis, desciam	
Pret. *Ind.*	desci, desceste, desceu; descemos, descestes, desceram	
Plup. *Ind.*	descera, desceras, descera; descêramos, descêreis, desceram	
Fut. Ind.	descerei, descerás, descerá; desceremos, descereis, descerão	
Pres. *Perf.* *Ind.*	tenho descido, tens descido, tem descido; temos descido, tendes descido, têm descido	
Plup. *Ind.*	tinha descido, tinhas descido, tinha descido; tínhamos descido, tínheis descido, tinham descido	
Fut. *Perf.* *Ind.*	terei descido, terás descido, terá descido; teremos descido, tereis descido, terão descido	
Pres. *Subj.*	desça, desças, desça; desçamos, desçais, desçam	
Imp. *Subj.*	descesse, descesses, descesse; descêssemos, descêsseis, descessem	
Fut. *Subj.*	descer, desceres, descer; descermos, descerdes, descerem	
Pres. *Perf.* *Subj.*	tenha descido, tenhas descido, tenha descido; tenhamos descido, tenhais descido, tenham descido	
Past *Perf.* *Subj.*	tivesse descido, tivesses descido, tivesse descido; tivéssemos descido, tivésseis descido, tivessem descido	
Fut. *Perf.* *Subj.*	tiver descido, tiveres descido, tiver descido; tivermos descido, tiverdes descido, tiverem descido	
Condi- *tional*	desceria, descerias, desceria; desceríamos, desceríeis, desceriam	
Cond. *Perf.*	teria descido, terias descido, teria descido; teríamos descido, teríeis descido, teriam descido	
Imper- *ative*	*desce**—descei	

* NOTE: Only the "open" theme vowels of the radical-changing verbs appear in italic type. For further explanation see Preface.

Pers. Inf.	desejar, desejares, desejar; desejarmos, desejardes, desejarem
Pres. *Ind.*	desejo, desejas, deseja; desejamos, desejais, desejam

to wish

Imp. *Ind.*	desejava, desejavas, desejava; desejávamos, desejáveis, desejavam
Pret. *Ind.*	desejei, desejaste, desejou; desejámos, desejastes, desejaram
Plup. *Ind.*	desejara, desejaras, desejara; desejáramos, desejáreis, desejaram
Fut. Ind.	desejarei, desejarás, desejará; desejaremos, desejareis, desejarão
Pres. *Perf.* *Ind.*	tenho desejado, tens desejado, tem desejado; temos desejado, tendes desejado, têm desejado
Plup. *Ind.*	tinha desejado, tinhas desejado, tinha desejado; tínhamos desejado, tínheis desejado, tinham desejado
Fut. *Perf.* *Ind.*	terei desejado, terás desejado, terá desejado; teremos desejado, tereis desejado, terão desejado
Pres. *Subj.*	deseje, desejes, deseje; desejemos, desejeis, desejem
Imp. *Subj.*	desejasse, desejasses, desejasse; desejássemos, desejásseis, desejassem
Fut. *Subj.*	desejar, desejares, desejar; desejarmos, desejardes, desejarem
Pres. *Perf.* *Subj.*	tenha desejado, tenhas desejado, tenha desejado; tenhamos desejado, tenhais desejado, tenham desejado
Past *Perf.* *Subj.*	tivesse desejado, tivesses desejado, tivesse desejado; tivéssemos desejado, tivésseis desejado, tivessem desejado
Fut. *Perf.* *Subj.*	tiver desejado, tiveres desejado, tiver desejado; tivermos desejado, tiverdes desejado, tiverem desejado
Condi- *tional*	desejaria, desejarias, desejaria; desejaríamos, desejaríeis, desejariam
Cond. *Perf.*	teria desejado, terias desejado, teria desejado; teríamos desejado, teríeis desejado, teriam desejado
Imper- *ative*	deseja—desejai

Pers. Inf.	despedir-me, despedires-te, despedir-se; despedirmo-nos, despedirdes-vos, despedirem-se

to say
goodbye

Pres. *Ind.*	*despeço-me, despedes-te, despede-se;* despedimo-nos, despedis-vos, *despedem-se**
Imp. *Ind.*	despedia-me, despedias-te, despedia-se; despedíamo-nos, despedíeis-vos, despediam-se
Pret. *Ind.*	despedi-me, despediste-te, despediu-se; despedimo-nos, despedistes-vos, despediram-se
Plup. *Ind.*	despedira-me, despediras-te, despedira-se; despedíramo-nos, despedíreis-vos, despediram-se
Fut. Ind.	despedir-me-ei, despedir-te-ás, despedir-se-á; despedir-nos-emos, despedir-vos-eis, despedir-se-ão
Pres. *Perf.* *Ind.*	tenho-me despedido, tens-te despedido, tem-se despedido; temo-nos despedido, tendes-vos despedido, têm-se despedido
Plup. *Ind.*	tinha-me despedido, tinhas-te despedido, tinha-se despedido; tínhamo-nos despedido, tínheis-vos despedido, tinham-se despedido
Fut. *Perf.* *Ind.*	ter-me-ei despedido, ter-te-ás despedido, ter-se-á despedido; ter-nos-emos despedido, ter-vos-eis despedido, ter-se-ão despedido
Pres. *Subj.*	*despeça-me, despeças-te, despeça-se;* despeçamo-nos, despeçais-vos, *despeçam-se**
Imp. *Subj.*	despedisse-me, despedisses-te, despedisse-se; despedíssemo-nos, despedísseis-vos, despedissem-se
Fut. *Subj.*	me despedir, te despedires, se despedir; nos despedirmos, vos despedirdes, se despedirem
Pres. *Perf.* *Subj.*	tenha-me despedido, tenhas-te despedido, tenha-se despedido; tenhamo-nos despedido, tenhais-vos despedido, tenham-se despedido
Past *Perf.* *Subj.*	tivesse-me despedido, tivesses-te despedido, tivesse-se despedido; tivéssemo-nos despedido, tivésseis-vos despedido, tivessem-se despedido
Fut. *Perf.* *Subj.*	me tiver despedido, te tiveres despedido, se tiver despedido; nos tivermos despedido, vos tiverdes despedido, se tiverem despedido
Condi- *tional*	despedir-me-ia, despedir-te-ias, despedir-se-ia; despedir-nos-íamos, despedir-vos-íeis, despedir-se-iam
Cond. *Perf.*	ter-me-ia despedido, ter-te-ias despedido, ter-se-ia despedido; ter-nos-íamos despedido, ter-vos-íeis despedido, ter-se-iam despedido
Imper- *tive*	*despede-te**—despedi-vos

* NOTE: Only the "open" theme vowels of the radical-changing verbs appear in italic type. For further explanation see Preface.

Pers. Inf.	despir, despires, despir; despirmos, despirdes, despirem
Pres. *Ind.*	dispo, *despes, despe;* despimos, despis, *despem**
Imp. *Ind.*	despia, despias, despia; despíamos, despíeis, despiam
Pret. *Ind.*	despi, despiste, despiu; despimos, despistes, despiram
Plup. *Ind.*	despira, despiras, despira; despíramos, despíreis, despiram
Fut. Ind.	despirei, despirás, despirá; despiremos, despireis, despirão
Pres. *Perf.* *Ind.*	tenho despido, tens despido, tem despido; temos despido, tendes despido, têm despido
Plup. *Ind.*	tinha despido, tinhas despido, tinha despido; tínhamos despido, tínheis despido, tinham despido
Fut. *Perf.* *Ind.*	terei despido, terás despido, terá despido; teremos despido, tereis despido, terão despido
Pres. *Subj.*	dispa, dispas, dispa; dispamos, dispais, dispam
Imp. *Subj.*	despisse, despisses, despisse; despíssemos, despísseis, despissem
Fut. *Subj.*	despir, despires, despir; despirmos, despirdes, despirem
Pres. *Perf.* *Subj.*	tenha despido, tenhas despido, tenha despido; tenhamos despido, tenhais despido, tenham despido
Past *Perf.* *Subj.*	tivesse despido, tivesses despido, tivesse despido; tivéssemos despido, tivésseis despido, tivessem despido
Fut. *Perf.* *Subj.*	tiver despido, tiveres despido, tiver despido; tivermos despido, tiverdes despido, tiverem despido
Condi- *tional*	despiria, despirias, despiria; despiríamos, despiríeis, despiriam
Cond. *Perf.*	teria despido, terias despido, teria despido; teríamos despido, teríeis despido, teriam despido
Imper- *ative*	*despe**—despi

to undress

     * NOTE: Only the "open" theme vowels of the radical-changing verbs appear in italic type. For further explanation see Preface.

Pers. Inf.	dever, deveres, dever; devermos, deverdes, deverem

Pres. devo, *deves, deve;*
Ind. devemos, deveis, *devem**

to owe;
ought

Imp. devia, devias, devia;
Ind. devíamos, devíeis, deviam

Pret. devi, deveste, deveu;
Ind. devemos, devestes, deveram

Plup. devera, deveras, devera;
Ind. devêramos, devêreis, deveram

Fut. deverei, deverás, deverá;
Ind. deveremos, devereis, deverão

Pres. tenho devido, tens devido, tem devido;
Perf.· temos devido, tendes devido, têm devido
Ind.

Plup. tinha devido, tinhas devido, tinha devido;
Ind. tínhamos devido, tínheis devido, tinham devido

Fut. terei devido, terás devido, terá devido;
Perf. teremos devido, tereis devido, terão devido
Subj.

Pres. deva, devas, deva;
Subj. devamos, devais, devam

Imp. devesse, devesses, devesse;
Subj. devêssemos, devêsseis, devessem

Fut. dever, deveres, dever;
Subj. devermos, deverdes, deverem

Pres. tenha devido, tenhas devido, tenha devido;
Perf. tenhamos devido, tenhais devido, tenham devido
Subj.

Past tivesse devido, tivesses devido, tivesse devido;
Perf. tivéssemos devido, tivésseis devido, tivessem devido
Subj.

Fut. tiver devido, tiveres devido, tiver devido;
Perf. tivermos devido, tiverdes devido, tiverem devido
Subj.

Condi- deveria, deverias, deveria;
tional deveríamos, deveríeis, deveriam

Cond. teria devido, terias devido, teria devido;
Perf. teríamos devido, teríeis devido, teriam devido

Imper- *deve**—devei
ative

Pers. Inf.	dirigir, dirigires, dirigir; dirigirmos, dirigirdes, dirigirem

Pres.   dirijo, diriges, dirige;   *to direct*
Ind.   dirigimos, dirigis, dirigem

Imp.   dirigia, dirigias, dirigia;
Ind.   dirigíamos, dirigíeis, dirigiam

Pret.   dirigi, dirigiste, dirigiu;
Ind.   dirigimos, dirigistes, dirigiram

Plup.   dirigira, dirigiras, dirigira;
Ind.   dirigíramos, dirigíreis, dirigiram

Fut. Ind.   dirigirei, dirigirás, dirigirá;
dirigiremos, dirigireis, dirigirão

Pres.   tenho dirigido, tens dirigido, tem dirigido;
Perf.   temos dirigido, tendes dirigido, têm dirigido
Ind.

Plup.   tinha dirigido, tinhas dirigido, tinha dirigido;
Ind.   tínhamos dirigido, tínheis dirigido, tinham dirigido

Fut.   terei dirigido, terás dirigido, terá dirigido;
Perf.   teremos dirigido, tereis dirigido, terão dirigido
Ind.

Pres.   dirija, dirijas, dirija;
Subj.   dirijamos, dirijais, dirijam

Imp.   dirigisse, dirigisses, dirigisse;
Subj.   dirigíssemos, dirigísseis, dirigissem

Fut.   dirigir, dirigires, dirigir;
Subj.   dirigirmos, dirigirdes, dirigirem

Pres.   tenha dirigido, tenhas dirigido, tenha dirigido;
Perf.   tenhamos dirigido, tenhais dirigido, tenham dirigido
Subj.

Past   tivesse dirigido, tivesses dirigido, tivesse dirigido;
Perf.   tivéssemos dirigido, tivésseis dirigido, tivessem dirigido
Subj.

Fut.   tiver dirigido, tiveres dirigido, tiver dirigido;
Perf.   tivermos dirigido, tiverdes dirigido, tiverem dirigido
Subj.

Condi-   dirigiria, dirigirias, dirigiria;
tional   dirigiríamos, dirigiríeis, dirigiriam

Cond.   teria dirigido, terias dirigido, teria dirigido;
Perf.   teríamos dirigido, teríeis dirigido, teriam dirigido

Imper-   dirige—dirigi
ative

72

Pers. Inf.	discutir, discutires, discutir; discutirmos, discutirdes, discutirem

Pres. discuto, discutes, discute;   *to argue*
Ind. discutimos, discutis, discutem

Imp. discutia, discutias, discutia;
Ind. discutíamos, discutíeis, discutiam

Pret. discuti, discutiste, discutiu;
Ind. discutimos, discutistes, discutiram

Plup. discutira, discutiras, discutira;
Ind. discutíramos, discutíreis, discutiram

Fut. Ind. discutirei, discutirás, discutirá;
discutiremos, discutireis, discutirão

Pres. tenho discutido, tens discutido, tem discutido;
Perf. temos discutido, tendes discutido, têm discutido
Ind.

Plup. tinha discutido, tinhas discutido, tinha discutido;
Ind. tínhamos discutido, tínheis discutido, tinham discutido

Fut. terei discutido, terás discutido, terá discutido;
Perf. teremos discutido, tereis discutido, terão discutido
Ind.

Pres. discuta, discutas, discuta;
Subj. discutamos, discutais, discutam

Imp. discutisse, discutisses, discutisse;
Subj. discutíssemos, discutísseis, discutissem

Fut. discutir, discutires, discutir;
Subj. discutirmos, discutirdes, discutirem

Pres. tenha discutido, tenhas discutido, tenha discutido;
Perf. tenhamos discutido, tenhais discutido, tenham discutido
Subj.

Past tivesse discutido, tivesses discutido, tivesse discutido;
Perf. tivéssemos discutido, tivésseis discutido, tivessem discutido
Subj.

Fut. tiver discutido, tiveres discutido, tiver discutido;
Perf. tivermos discutido, tiverdes discutido, tiverem discutido
Subj.

Condi- discutiria, discutirias, discutiria;
tional discutiríamos, discutiríeis, discutiriam

Cond. teria discutido, terias discutido, teria discutido;
Perf. teríamos discutido, teríeis discutido, teriam discutido

Imper- discute—discuti
ative

Like *discutir* are *incutir* and *repercutir*

Pers. Inf.	divertir-me, divertires-te, divertir-se; divertirmo-nos, divertirdes-vos, divertirem-se

Pres. *Ind.*	divirto-me, *divertes-te, diverte-se;* divertimo-nos, divertis-vos, *divertem-se**	*to have fun*

Imp. *Ind.*	divertia-me, divertias-te, divertia-se; divertíamo-nos, divertíeis-vos, divertiam-se
Pret. *Ind.*	diverti-me, divertiste-te, divertiu-se; divertimo-nos, divertistes-vos, divertiram-se
Plup. *Ind.*	divertira-me, divertiras-te, divertira-se; divertíramo-nos, divertíreis-vos, divertiram-se
Fut. Ind.	divertir-me-ei, divertir-te-ás, divertir-se-á; divertir-nos-emos, divertir-vos-eis, divertir-se-ão
Pres. *Perf.* *Ind.*	tenho-me divertido, tens-te divertido, tem-se divertido; temo-nos divertido, tendes-vos divertido, têm-se divertido
Plup. *Ind.*	tinha-me divertido, tinhas-te divertido, tinha-se divertido; tínhamo-nos divertido, tínheis-vos divertido, tinham-se divertido
Fut. *Perf.* *Ind.*	ter-me-ei divertido, ter-te-ás divertido, ter-se-á divertido; ter-nos-emos divertido, ter-vos-eis divertido, ter-se-ão divertido
Pres. *Subj.*	divirta-me, divirtas-te, divirta-se; divirtamo-nos, divirtais-vos, divirtam-se
Imp. *Subj.*	divertisse-me, divertisses-te, divertisse-se; divertíssemo-nos, divertísseis-vos, divertissem-se
Fut. *Subj.*	me divertir, te divertires, se divertir; nos divertirmos, vos divertirdes, se divertirem
Pres. *Perf.* *Subj.*	tenha-me divertido, tenhas-te divertido, tenha-se divertido; tenhamo-nos divertido, tenhais-vos divertido, tenham-se divertido
Past *Perf.* *Subj.*	tivesse-me divertido, tivesses-te divertido, tivesse-se divertido; tivéssemo-nos divertido, tivésseis-vos divertido, tivessem-se divertido
Fut. *Perf.* *Subj.*	me tiver divertido, te tiveres divertido, se tiver divertido; nos tivermos divertido, vos tiverdes divertido, se tiverem divertido
Condi- *tional*	divertir-me-ia, divertir-te-ias, divertir-se-ia; divertir-nos-íamos, divertir-vos-íeis, divertir-se-iam
Cond. *Perf.*	ter-me-ia divertido, ter-te-ias divertido, ter-se-ia divertido; ter-nos-íamos divertido, ter-vos-íeis divertido, ter-se-iam divertido
Imper- *ative*	*diverte-te**—diverti-vos

     * NOTE: Only the "open" theme vowels of the radical-changing verbs appear in italic type. For further explanation see Preface.

Pers. Inf.	dizer, dizeres, dizer; dizermos, dizerdes, dizerem
Pres. Ind.	digo, dizes, diz; dizemos, dizeis, dizem

to say, tell

Imp. Ind.	dizia, dizias, dizia; dizíamos, dizíeis, diziam
Pret. Ind.	disse, disseste, disse; dissemos, dissestes, disseram
Plup. Ind.	dissera, disseras, dissera; disséramos, disséreis, disseram
Fut. Ind.	direi, dirás, dirá; diremos, direis, dirão
Pres. Perf. Ind.	tenho dito, tens dito, tem dito; temos dito, tendes dito, têm dito
Plup. Ind.	tinha dito, tinhas dito, tinha dito; tínhamos dito, tínheis dito, tinham dito
Fut. Perf. Ind.	terei dito, terás dito, terá dito; teremos dito, tereis dito, terão dito
Pres. Subj.	diga, digas, diga; digamos, digais, digam
Imp. Subj.	dissesse, dissesses, dissesse; disséssemos, dissésseis, dissessem
Fut. Subj.	disser, disseres, disser; dissermos, disserdes, disserem
Pres. Perf. Subj.	tenha dito, tenhas dito, tenha dito; tenhamos dito, tenhais dito, tenham dito
Past Perf. Subj.	tivesse dito, tivesses dito, tivesse dito; tivéssemos dito, tivésseis dito, tivessem dito
Fut. Perf. Subj.	tiver dito, tiveres dito, tiver dito; tivermos dito, tiverdes dito, tiverem dito
Conditional	diria, dirias, diria; diríamos, diríeis, diriam
Cond. Perf.	teria dito, terias dito, teria dito; teríamos dito, teríeis dito, teriam dito
Imperative	dize—dizei

Pers. Inf.	doer; doerem	
Pres. *Ind.*	dói; *doem**	*to hurt, ache*
Imp. *Ind.*	doía; doíam	
Pret. *Ind.*	doeu; doeram	
Plup. *Ind.*	doera; doeram	
Fut. Ind.	doerá; doerão	
Pres. *Perf.* *Ind.*	tem doído; têm doído	
Plup. *Ind.*	tinha doído; tinham doído	
Fut. *Perf.* *Ind.*	terá doído; terão doído	
Pres. *Subj.*	doa; doam	
Imp. *Subj.*	doesse; doessem	
Fut. *Subj.*	doer; doerem	
Pres. *Perf.* *Subj.*	tenha doído; tenham doído	
Past *Perf.* *Subj.*	tivesse doído; tivessem doído	
Fut. *Perf.* *Subj.*	tiver doído; tiverem doído	
Condi- *tional*	doeria; doeriam	
Cond. *Perf.*	teria doído; teriam doído	

Pers. Inf.	dormir, dormires, dormir; dormirmos, dormirdes, dormirem	
Pres. Ind.	durmo, *dormes, dorme;* dormimos, dormis, *dormem**	*to sleep*

Imp. dormia, dormias, dormia;
Ind. dormíamos, dormíeis, dormiam

Pret. dormi, dormiste, dormiu;
Ind. dormimos, dormistes, dormiram

Plup. dormira, dormiras, dormira;
Ind. dormíramos, dormíreis, dormiram

Fut. Ind. dormirei, dormirás, dormirá;
dormiremos, dormireis, dormirão

Pres. tenho dormido, tens dormido, tem dormido;
Perf. temos dormido, tendes dormido, têm dormido
Ind.

Plup. tinha dormido, tinhas dormido, tinha dormido;
Ind. tínhamos dormido, tínheis dormido, tinham dormido

Fut. terei dormido, terás dormido, terá dormido;
Perf. teremos dormido, tereis dormido, terão dormido
Ind.

Pres. durma, durmas, durma;
Subj. durmamos, durmais, durmam

Imp. dormisse, dormisses, dormisse;
Subj. dormíssemos, dormísseis, dormissem

Fut. dormir, dormires, dormir;
Subj. dormirmos, dormirdes, dormirem

Pres. tenha dormido, tenhas dormido, tenha dormido;
Perf. tenhamos dormido, tenhais dormido, tenham dormido
Subj.

Past tivesse dormido, tivesses dormido, tivesse dormido;
Perf. tivéssemos dormido, tivésseis dormido, tivessem dormido
Subj.

Fut. tiver dormido, tiveres dormido, tiver dormido;
Perf. tivermos dormido, tiverdes dormido, tiverem dormido
Subj.

Condi- dormiria, dormirias, dormiria;
tional dormiríamos, dormiríeis, dormiriam

Cond. teria dormido, terias dormido, teria dormido;
Perf. teríamos dormido, teríeis dormido, teriam dormido

Imper- *dorme**—dormi
ative

> * NOTE: Only the "open" theme vowels of the radical-changing verbs appear in italic type. For further explanation see Preface.

Pers. Inf.	duvidar, duvidares, duvidar; duvidarmos, duvidardes, duvidarem
Pres. *Ind.*	duvido, duvidas, duvida; duvidamos, duvidais, duvidam

to doubt

Imp. *Ind.*	duvidava, duvidavas, duvidava; duvidávamos, duvidáveis, duvidavam
Pret. *Ind.*	duvidei, duvidaste, duvidou; duvidámos, duvidastes, duvidaram
Plup. *Ind.*	duvidara, duvidaras, duvidara; duvidáramos, duvidáreis, duvidaram
Fut. Ind.	duvidarei, duvidarás, duvidará; duvidaremos, duvidareis, duvidarão
Pres. *Perf.* *Ind.*	tenho duvidado, tens duvidado, tem duvidado; temos duvidado, tendes duvidado, têm duvidado
Plup. *Ind.*	tinha duvidado, tinhas duvidado, tinha duvidado; tínhamos duvidado, tínheis duvidado, tinham duvidado
Fut. *Perf.* *Ind.*	terei duvidado, terás duvidado, terá duvidado; teremos duvidado, tereis duvidado, terão duvidado
Pres. *Subj.*	duvide, duvides, duvide; duvidemos, duvideis, duvidem
Imp. *Subj.*	duvidasse, duvidasses, duvidasse; duvidássemos, duvidásseis, duvidassem
Fut. *Subj.*	duvidar, duvidares, duvidar; duvidarmos, duvidardes, duvidarem
Pres. *Perf.* *Subj.*	tenha duvidado, tenhas duvidado, tenha duvidado; tenhamos duvidado, tenhais duvidado, tenham duvidado
Past. *Perf.* *Subj.*	tivesse duvidado, tivesses duvidado, tivesse duvidado; tivéssemos duvidado, tivésseis duvidado, tivessem duvidado
Fut. *Perf.* *Subj.*	tiver duvidado, tiveres duvidado, tiver duvidado; tivermos duvidado, tiverdes duvidado, tiverem duvidado
Condi- *tional*	duvidaria, duvidarias, duvidaria; duvidaríamos, duvidaríeis, duvidariam
Cond. *Perf.*	teria duvidado, terias duvidado, teria duvidado; teríamos duvidado, teríeis duvidado, teriam duvidado
Imper- *ative*	duvida—duvidai

Pers. Inf.	empurrar, empurrares, empurrar; empurrarmos, empurrardes, empurrarem
Pres. *Ind.*	empurro, empurras, empurra; empurramos, empurrais, empurram

to push

Imp. *Ind.*	empurrava, empurravas, empurrava; empurrávamos, empurráveis, empurravam
Pret. *Ind.*	empurrei, empurraste, empurrou; empurrámos, empurrastes, empurraram
Plup. *Ind.*	empurrara, empurraras, empurrara; empurráramos, empurráreis, empurraram
Fut. Ind.	empurrarei, empurrarás, empurrará; empurraremos, empurrareis, empurrarão
Pres. *Perf.* *Ind.*	tenho empurrado, tens empurrado, tem empurrado; temos empurrado, tendes empurrado, têm empurrado
Plup. *Ind.*	tinha empurrado, tinhas empurrado, tinha empurrado; tínhamos empurrado, tínheis empurrado, tinham empurrado
Fut. *Perf.* *Ind.*	terei empurrado, terás empurrado, terá empurrado; teremos empurrado, tereis empurrado, terão empurrado
Pres. *Subj.*	empurre, empurres, empurre; empurremos, empurreis, empurrem
Imp. *Subj.*	empurrasse, empurrasses, empurrasse; empurrássemos, empurrásseis, empurrassem
Fut. *Subj.*	empurrar, empurrares, empurrar; empurrarmos, empurrardes, empurrarem
Pres. *Perf.* *Subj.*	tenha empurrado, tenhas empurrado, tenha empurrado; tenhamos empurrado, tenhais empurrado, tenham empurrado
Past *Perf.* *Subj.*	tivesse empurrado, tivesses empurrado, tivesse empurrado; tivéssemos empurrado, tivésseis empurrado, tivessem empurrado
Fut. *Perf.* *Subj.*	tiver empurrado, tiveres empurrado, tiver empurrado; tivermos empurrado, tiverdes empurrado, tiverem empurrado
Condi- *tional*	empurraria, empurrarias, empurraria; empurraríamos, empurraríeis, empurrariam
Cond. *Perf.*	teria empurrado, terias empurrado, teria empurrado; teríamos empurrado, teríeis empurrado, teriam empurrado
Imper- *ative*	empurra—empurrai

79

Pers. Inf.	encher, encheres, encher; enchermos, encherdes, encherem	
Pres. *Ind.*	encho, enches, enche; enchemos, encheis, enchem	*to fill*
Imp. *Ind.*	enchia, enchias, enchia; enchíamos, enchíeis, enchiam	
Pret. *Ind.*	enchi, encheste, encheu; enchemos, enchestes, encheram	
Plup. *Ind.*	enchera, encheras, enchera; enchêramos, enchêreis, encheram	
Fut. Ind.	encherei, encherás, encherá; encheremos, enchereis, encherão	

Pres.
Perf.
Ind.
tenho enchido, tens enchido, tem enchido;
temos enchido, tendes enchido, têm enchido

Plup.
Ind.
tinha enchido, tinhas enchido, tinha enchido;
tínhamos enchido, tínheis enchido, tinham enchido

Fut.
Perf.
Ind.
terei enchido, terás enchido, terá enchido;
teremos enchido, tereis enchido, terão enchido

Pres.
Subj.
encha, enchas, encha;
enchamos, enchais, encham

Imp.
Subj.
enchesse, enchesses, enchesse;
enchêssemos, enchêsseis, enchessem

Fut.
Subj.
encher, encheres, encher;
enchermos, encherdes, encherem

Pres.
Perf.
Subj.
tenha enchido, tenhas enchido, tenha enchido;
tenhamos enchido, tenhais enchido, tenham enchido

Past
Perf.
Subj.
tivesse enchido, tivesses enchido, tivesse enchido;
tivéssemos enchido, tivésseis enchido, tivessem enchido

Fut.
Perf.
Subj.
tiver enchido, tiveres enchido, tiver enchido;
tivermos enchido, tiverdes enchido, tiverem enchido

Condi-
tional
encheria, encherias, encheria;
encheríamos, encheríeis, encheriam

Cond.
Perf.
teria enchido, terias enchido, teria enchido;
teríamos enchido, teríeis enchido, teriam enchido

Imper-
ative
enche—enchei

Pers. Inf.	encontrar, encontrares, encontrar; encontrarmos, encontrardes, encontrarem
Pres. *Ind.*	encontro, encontras, encontra; encontramos, encontrais, encontram

to meet

Imp. *Ind.*	encontrava, encontravas, encontrava; encontrávamos, encontráveis, encontravam
Pret. *Ind.*	encontrei, encontraste, encontrou; encontrámos, encontrastes, encontraram
Plup. *Ind.*	encontrara, encontraras, encontrara; encontráramos, encontráreis, encontraram
Fut. Ind.	encontrarei, encontrarás, encontrará; encontraremos, encontrareis, encontrarão
Pres. *Perf.* *Ind.*	tenho encontrado, tens encontrado, tem encontrado; temos encontrado, tendes encontrado, têm encontrado
Plup. *Ind.*	tinha encontrado, tinhas encontrado, tinha encontrado; tínhamos encontrado, tínheis encontrado, tinham encontrado
Fut. *Perf.* *Ind.*	terei encontrado, terás encontrado, terá encontrado; teremos encontrado, tereis encontrado, terão encontrado
Pres. *Subj.*	encontre, encontres, encontre; encontremos, encontreis, encontrem
Imp. *Subj.*	encontrasse, encontrasses, encontrasse; encontrássemos, encontrásseis, encontrassem
Fut. *Subj.*	encontrar, encontrares, encontrar; encontrarmos, encontrardes, encontrarem
Pres. *Perf.* *Subj.*	tenha encontrado, tenhas encontrado, tenha encontrado; tenhamos encontrado, tenhais encontrado, tenham encontrado
Past. *Perf.* *Subj.*	tivesse encontrado, tivesses encontrado, tivesse encontrado; tivéssemos encontrado, tivésseis encontrado, tivessem encontrado
Fut. *Perf.* *Subj.*	tiver encontrado, tiveres encontrado, tiver encontrado; tivermos encontrado, tiverdes encontrado, tiverem encontrado
Condi- *tional*	encontraria, encontrarias, encontraria; encontraríamos, encontraríeis, encontrariam
Cond. *Perf.*	teria encontrado, terias encontrado, teria encontrado; teríamos encontrado, teríeis encontrado, teriam encontrado
Imper- *ative*	encontra—encontrai

81

Pers. Inf. ensinar, ensinares, ensinar;
ensinarmos, ensinardes, ensinarem

Pres. ensino, ensinas, ensina;   *to teach*
Ind. ensinamos, ensinais, ensinam

Imp. ensinava, ensinavas, ensinava;
Ind. ensinávamos, ensináveis, ensinavam

Pret. ensinei, ensinaste, ensinou;
Ind. ensinámos, ensinastes, ensinaram

Plup. ensinara, ensinaras, ensinara;
Ind. ensináramos, ensináreis, ensinaram

Fut. Ind. ensinarei, ensinarás, ensinará;
ensinaremos, ensinareis, ensinarão

Pres. tenho ensinado, tens ensinado, tem ensinado;
Perf. temos ensinado, tendes ensinado, têm ensinado
Ind.

Plup. tinha ensinado, tinhas ensinado, tinha ensinado;
Ind. tínhamos ensinado, tínheis ensinado, tinham ensinado

Fut. terei ensinado, terás ensinado, terá ensinado;
Perf. teremos ensinado, tereis ensinado, terão ensinado
Ind.

Pres. ensine, ensines, ensine;
Subj. ensinemos, ensineis, ensinem

Imp. ensinasse, ensinasses, ensinasse;
Subj. ensinássemos, ensinásseis, ensinassem

Fut. ensinar, ensinares, ensinar;
Subj. ensinarmos, ensinardes, ensinarem

Pres. tenha ensinado, tenhas ensinado, tenha ensinado;
Perf. tenhamos ensinado, tenhais ensinado, tenham ensinado
Subj.

Past tivesse ensinado, tivesses ensinado, tivesse ensinado;
Perf. tivéssemos ensinado, tivésseis ensinado, tivessem ensinado
Subj.

Fut. tiver ensinado, tiveres ensinado, tiver ensinado;
Perf. tivermos ensinado, tiverdes ensinado, tiverem ensinado
Subj.

Condi- ensinaria, ensinarias, ensinaria;
tional ensinaríamos, ensinaríeis, ensinariam

Cond. teria ensinado, terias ensinado, teria ensinado;
Perf. teríamos ensinado, teríeis ensinado, teriam ensinado

Imper- ensina—ensinai
ative

Pers. Inf.	entregar, entregares, entregar; entregarmos, entregardes, entregarem

Pres.   *entrego, entregas, entrega;*   *to deliver*
Ind.   entregamos, entregais, *entregam**

Imp.   entregava, entregavas, entregava;
Ind.   entregávamos, entregáveis, entregavam

Pret.   entreguei, entregaste, entregou;
Ind.   entregámos, entregastes, entregaram

Plup.   entregara, entregaras, entregara;
Ind.   entregáramos, entregáreis, entregaram

Fut. Ind.   entregarei, entregarás, entregará;
entregaremos, entregareis, entregarão

Pres.   tenho entregado, tens entregado, tem entregado;
Perf.   temos entregado, tendes entregado, têm entregado
Ind.

Plup.   tinha entregado, tinhas entregado, tinha entregado;
Ind.   tínhamos entregado, tínheis entregado, tinham entregado

Fut.   terei entregado, terás entregado, terá entregado;
Perf.   teremos entregado, tereis entregado, terão entregado
Ind.

Pres.   *entregue, entregues, entregue;*
Subj.   entreguemos, entregueis, *entreguem**

Imp.   entregasse, entregasses, entregasse;
Subj.   entregássemos, entregásseis, entregassem

Fut.   entregar, entregares, entregar;
Subj.   entregarmos, entregardes, entregarem

Pres.   tenha entregado, tenhas entregado, tenha entregado;
Perf.   tenhamos entregado, tenhais entregado, tenham entregado
Subj.

Past.   tivesse entregado, tivesses entregado, tivesse entregado;
Perf.   tivéssemos entregado, tivésseis entregado, tivessem entregado
Subj.

Fut.   tiver entregado, tiveres entregado, tiver entregado;
Perf.   tivermos entregado, tiverdes entregado, tiverem entregado
Subj.

Condi-   entregaria, entregarias, entregaria;
tional   entregaríamos, entregaríeis, entregariam

Cond.   teria entregado, terias entregado, teria entregado;
Perf.   teríamos entregado, teríeis entregado, teriam entregado

Imper-   *entrega**—entregai
ative

     * NOTE: Only the "open" theme vowels of the radical-changing verbs appear in italic type. For further explanation see Preface.

83

Pers. Inf.	entrar, entrares, entrar; entrarmos, entrardes, entrarem

to enter

Pres.
Ind. entro, entras, entra;
entramos, entrais, entram

Imp.
Ind. entrava, entravas, entrava;
entrávamos, entráveis, entravam

Pret.
Ind. entrei, entraste, entrou;
entrámos, entrastes, entraram

Plup.
Ind. entrara, entraras, entrara;
entráramos, entráreis, entraram

Fut. Ind. entrarei, entrarás, entrará;
entraremos, entrareis, entrarão

Pres.
Perf.
Ind. tenho entrado, tens entrado, tem entrado;
temos entrado, tendes entrado, têm entrado

Plup.
Ind. tinha entrado, tinhas entrado, tinha entrado;
tínhamos entrado, tínheis entrado, tinham entrado

Fut.
Perf.
Ind. terei entrado, terás entrado, terá entrado;
teremos entrado, tereis entrado, terão entrado

Pres.
Subj. entre, entres, entre;
entremos, entreis, entrem

Imp.
Subj. entrasse, entrasses, entrasse;
entrássemos, entrásseis, entrassem

Fut.
Subj. entrar, entrares, entrar;
entrarmos, entrardes, entrarem

Pres.
Perf.
Subj. tenha entrado, tenhas entrado, tenha entrado;
tenhamos entrado, tenhais entrado, tenham entrado

Past
Perf.
Subj. tivesse entrado, tivesses entrado, tivesse entrado;
tivéssemos entrado, tivésseis entrado, tivessem entrado

Fut.
Perf.
Subj. tiver entrado, tiveres entrado, tiver entrado;
tivermos entrado, tiverdes entrado, tiverem entrado

Conditional entraria, entrarias, entraria;
entraríamos, entraríeis, entrariam

Cond.
Perf. teria entrado, terias entrado, teria entrado;
teríamos entrado, teríeis entrado, teriam entrado

Imperative entra—entrai

Pers. Inf.	errar, errares, errar; errarmos, errardes, errarem

Pres. erro, erras, erra;
Ind. erramos, errais, *erram**

to be mistaken;
to wander

Imp. errava, erravas, errava;
Ind. errávamos, erráveis, erravam

Pret. errei, erraste, errou;
Ind. errámos, errastes, erraram

Plup. errara, erraras, errara;
Ind. erráramos, erráreis, erraram

Fut. Ind. errarei, errarás, errará;
erraremos, errareis, errarão

Pres. tenho errado, tens errado, tem errado;
Perf. temos errado, tendes errado, têm errado
Ind.

Plup. tinha errado, tinhas errado, tinha errado;
Ind. tínhamos errado, tínheis errado, tinham errado

Fut. terei errado, terás errado, terá errado;
Perf. teremos errado, tereis erraro, terão errado
Ind.

Pres. erre, erres, erre;
Subj. erremos, erreis, *errem**

Imp. errasse, errasses, errasse;
Subj. errássemos, errásseis, errassem

Fut. errar, errares, errar;
Subj. errarmos, errardes, errarem

Pres. tenha errado, tenhas errado, tenha errado;
Perf. tenhamos errado, tenhais errado, tenham errado
Subj.

Past tivesse errado, tivesses errado, tivesse errado;
Perf. tivéssemos errado, tivésseis errado, tivessem errado
Subj.

Fut. tiver errado, tiveres errado, tiver errado;
Perf. tivermos errado, tiverdes errado, tiverem errado
Subj.

Condi- erraria, errarias, erraria;
tional erraríamos, erraríeis, errariam

Cond. teria errado, terias errado, teria errado;
Perf. teríamos errado, teríeis errado, teriam errado

Imper- erra*—errai
ative

* NOTE: Only the "open" theme vowels of the radical-changing verbs appear in italic type. For further explanation see Preface.

Pers. Inf.	escolher, escolheres, escolher; escolhermos, escolherdes, escolherem
Pres. *Ind.*	escolho, *escolhes, escolhe;* escolhemos, escolheis, *escolhem**

to choose

Imp. *Ind.*	escolhia, escolhias, escolhia; escolhíamos, escolhíeis, escolhiam
Pret. *Ind.*	escolhi, escolheste, escolheu; escolhemos, escolhestes, escolheram
Plup. *Ind.*	escolhera, escolheras, escolhera; escolhêramos, escolhêreis, escolheram
Fut. Ind.	escolherei, escolherás, escolherá; escolheremos, escolhereis, escolherão
Pres. *Perf.* *Ind.*	tenho escolhido, tens escolhido, tem escolhido; temos escolhido, tendes escolhido, têm escolhido
Plup. *Ind.*	tinha escolhido, tinhas escolhido, tinha escolhido; tínhamos escolhido, tínheis escolhido, tinham escolhido
Fut. *Perf.* *Ind.*	terei escolhido, terás escolhido, terá escolhido; teremos escolhido, tereis escolhido, terão escolhido
Pres. *Subj.*	escolha, escolhas, escolha; escolhamos, escolhais, escolham
Imp. *Subj.*	escolhesse, escolhesses, escolhesse; escolhêssemos, escolhêsseis, escolhessem
Fut. *Subj.*	escolher, escolheres, escolher; escolhermos, escolherdes, escolherem
Pres. *Perf.* *Subj.*	tenha escolhido, tenhas escolhido, tenha escolhido; tenhamos escolhido, tenhais escolhido, tenham escolhido
Past *Perf.* *Subj.*	tivesse escolhido, tivesses escolhido, tivesse escolhido; tivéssemos escolhido, tivésseis escolhido, tivessem escolhido
Fut. *Perf.* *Subj.*	tiver escolhido, tiveres escolhido, tiver escolhido; tivermos escolhido, tiverdes escolhido, tiverem escolhido
Condi- *tional*	escolheria, escolherias, escolheria; escolheríamos, escolheríeis, escolheriam
Cond. *Perf.*	teria escolhido, terias escolhido, teria escolhido; teríamos escolhido, teríeis escolhido, teriam escolhido
Imper- *ative*	escolhe*—escolhei

* NOTE: Only the "open" theme vowels of the radical-changing verbs appear in italic type. For further explanation see Preface.

Pers. Inf.	esconder, esconderes, esconder; escondermos, esconderdes, esconderem

to hide

Pres. escondo, escondes, esconde;
Ind. escondemos, escondeis, escondem

Imp. escondia, escondias, escondia;
Ind. escondíamos, escondíeis, escondiam

Pret. escondi, escondeste, escondeu;
Ind. escondemos, escondestes, esconderam

Plup. escondera, esconderas, escondera;
Ind. escondêramos, escondêreis, esconderam

Fut. Ind. esconderei, esconderás, esconderá; esconderemos, escondereis, esconderão

Pres. tenho escondido, tens escondido, tem escondido;
Perf. temos escondido, tendes escondido, têm escondido
Ind.

Plup. tinha escondido, tinhas escondido, tinha escondido;
Ind. tínhamos escondido, tínheis escondido, tinham escondido

Fut. terei escondido, terás escondido, terá escondido;
Perf. teremos escondido, tereis escondido, terão escondido
Ind.

Pres. esconda, escondas, esconda;
Subj. escondamos, escondais, escondam

Imp. escondesse, escondesses, escondesse;
Subj. escondêssemos, escondêsseis, escondessem

Fut. esconder, esconderes, esconder;
Subj. escondermos, esconderdes, esconderem

Pres. tenha escondido, tenhas escondido, tenha escondido;
Perf. tenhamos escondido, tenhais escondido, tenham escondido
Subj.

Past tivesse escondido, tivesses escondido, tivesse escondido;
Perf. tivéssemos escondido, tivésseis escondido, tivessem escondido
Subj.

Fut. tiver escondido, tiveres escondido, tiver escondido;
Perf. tivermos escondido, tiverdes escondido, tiverem escondido
Subj.

Condi- esconderia, esconderias, esconderia;
tional esconderíamos, esconderíeis, esconderiam

Cond. teria escondido, terias escondido, teria escondido;
Perf. teríamos escondido, teríeis escondido, teriam escondido

Imper- esconde—escondei
ative

Like *esconder* is *absconder*

87

Pers. Inf.	escrever, escreveres, escrever; escrevermos, escreverdes, escreverem	

to write

Pres. escrevo, *escreves, escreve;*
Ind. escrevemos, escreveis, *escrevem**

Imp. escrevia, escrevias, escrevia;
Ind. escrevíamos, escrevíeis, escreviam

Pret. escrevi, escreveste, escreveu;
Ind. escrevemos, escrevestes, escreveram

Plup. escrevera, escreveras, escrevera;
Ind. escrevêramos, escrevêreis, escreveram

Fut. Ind. escreverei, escreverás, escreverá;
escreveremos, escrevereis, escreverão

Pres. tenho escrito, tens escrito, tem escrito;
Perf. temos escrito, tendes escrito, têm escrito
Ind.

Plup. tinha escrito, tinhas escrito, tinha escrito;
Ind. tínhamos escrito, tínheis escrito, tinham escrito

Fut. terei escrito, terás escrito, terá escrito;
Perf. teremos escrito, tereis escrito, terão escrito
Ind.

Pres. escreva, escrevas, escreva;
Subj. escrevamos, escrevais, escrevam

Imp. escrevesse, escrevesses, escrevesse;
Subj. escrevêssemos, escrevêsseis, escrevessem

Fut. escrever, escreveres, escrever;
Subj. escrevermos, escreverdes, escreverem

Pres. tenha escrito, tenhas escrito, tenha escrito;
Perf. tenhamos escrito, tenhais escrito, tenham escrito
Subj.

Past tivesse escrito, tivesses escrito, tivesse escrito;
Perf. tivéssemos escrito, tivésseis escrito, tivessem escrito
Subj.

Fut. tiver escrito, tiveres escrito, tiver escrito;
Perf. tivermos escrito, tiverdes escrito, tiverem escrito
Subj.

Condi- escreveria, escreverias, escreveria;
tional escreveríamos, escreveríeis, escreveriam

Cond. teria escrito, terias escrito, teria escrito;
Perf. teríamos escrito, teríeis escrito, teriam escrito

Imper- *escreve**—escrevei
ative

  * NOTE: Only the "open" theme vowels of the radical-changing verbs appear in italic type. For further explanation see Preface.

  Like *escrever* are *adscrever, circunscrever, descrever, inscrever, pre-screver, proscrever, reinscrever, sobrescrever, subscrever* and *transcrever*

Pers. Inf.	escutar, escutares, escutar; escutarmos, escutardes, escutarem

to listen

Pres. *Ind.*	escuto, escutas, escuta; escutamos, escutais, escutam
Imp. *Ind.*	escutava, escutavas, escutava; escutávamos, escutáveis, escutavam
Pret. *Ind.*	escutei, escutaste, escutou; escutámos, escutastes, escutaram
Plup. *Ind.*	escutara, escutaras, escutara; escutáramos, escutáreis, escutaram
Fut. Ind.	escutarei, escutarás, escutará; escutaremos, escutareis, escutarão
Pres. *Perf.* *Ind.*	tenho escutado, tens escutado, tem escutado; temos escutado, tendes escutado, têm escutado
Plup. *Ind.*	tinha escutado, tinhas escutado, tinha escutado; tínhamos escutado, tínheis escutado, tinham escutado
Fut. *Perf.* *Ind.*	terei escutado, terás escutado, terá escutado; teremos escutado, tereis escutado, terão escutado
Pres. *Subj.*	escute, escutes, escute; escutemos, escuteis, escutem
Imp. *Subj.*	escutasse, escutasses, escutasse; escutássemos, escutásseis, escutassem
Fut. *Subj.*	escutar, escutares, escutar; escutarmos, escutardes, escutarem
Pres. *Perf.* *Subj.*	tenha escutado, tenhas escutado, tenha escutado; tenhamos escutado, tenhais escutado, tenham escutado
Past *Perf.* *Subj.*	tivesse escutado, tivesses escutado, tivesse escutado; tivéssemos escutado, tivésseis escutado, tivessem escutado
Fut. *Perf.* *Subj.*	tiver escutado, tiveres escutado, tiver escutado; tivermos escutado, tiverdes escutado, tiverem escutado
Condi- *tional*	escutaria, escutarias, escutaria; escutaríamos, escutaríeis, escutariam
Cond. *Perf.*	teria escutado, terias escutado, teria escutado; teríamos escutado, teríeis escutado, teriam escutado
Imper- *ative*	escuta—escutai

89

Pers. Inf.	esperar, esperares, esperar; esperarmos, esperardes, esperarem

Pres. *espero, esperas, espera;*
Ind. esperamos, esperais, *esperam**

to hope;
to wait for

Imp. esperava, esperavas, esperava;
Ind. esperávamos, esperáveis, esperavam

Pret. esperei, esperaste, esperou;
Ind. esperámos, esperastes, esperaram

Plup. esperara, esperaras, esperara;
Ind. esperáramos, esperáreis, esperaram

Fut. Ind. esperarei, esperarás, esperará;
esperaremos, esperareis, esperarão

Pres. tenho esperado, tens esperado, tem esperado;
Perf. temos esperado, tendes esperado, têm esperado
Ind.

Plup. tinha esperado, tinhas esperado, tinha esperado;
Ind. tínhamos esperado, tínheis esperado, tinham esperado

Fut. terei esperado, terás esperado, terá esperado;
Perf. teremos esperado, tereis esperado, terão esperado
Ind.

Pres. *espere, esperes, espere;*
Subj. esperemos, espereis, *esperem**

Imp. esperasse, esperasses, esperasse;
Subj. esperássemos, esperásseis, esperassem

Fut. esperar, esperares, esperar;
Subj. esperarmos, esperardes, esperarem

Pres. tenha esperado, tenhas esperado, tenha esperado;
Perf. tenhamos esperado, tenhais esperado, tenham esperado
Subj.

Past tivesse esperado, tivesses esperado, tivesse esperado;
Perf. tivéssemos esperado, tivésseis esperado, tivessem esperado
Subj.

Fut. tiver esperado, tiveres esperado, tiver esperado;
Perf. tivermos esperado, tiverdes esperado, tiverem esperado
Subj.

Condi- esperaria, esperarias, esperaria;
tional esperaríamos, esperaríeis, esperariam

Cond. teria esperado, terias esperado, teria esperado;
Perf. teríamos esperado, teríeis esperado, teriam esperado

Imper- *espera**—esperai
ative

> * NOTE: Only the "open" theme vowels of the radical-changing verbs appear in italic type. For further explanation see Preface.

Pers. Inf.	esquecer-me, esqueceres-te, esquecer-se; esquecermo-nos, esquecerdes-vos, esquecerem-se

Pres. esqueço-me, *esqueces-te, esquece-se;*   *to forget*
Ind. esquecemo-nos, esqueceis-vos, *esquecem-se**

Imp. esquecia-me, esquecias-te, esquecia-se;
Ind. esquecíamo-nos, esquecíeis-vos, esqueciam-se

Pret. esqueci-me, esqueceste-te, esqueceu-se;
Ind. esquecemo-nos, esquecestes-vos, esqueceram-se

Plup. esquecera-me, esqueceras-te, esquecera-se;
Ind. esquecêramo-nos, esquecêreis-vos, esqueceram-se

Fut. Ind. esquecer-me-ei, esquecer-te-ás, esquecer-se-á;
esquecer-nos-emos, esquecer-vos-eis, esquecer-se-ão

Pres. tenho-me esquecido, tens-te esquecido, tem-se esquecido;
Perf. temo-nos esquecido, tendes-vos esquecido, têm-se esquecido
Ind.

Plup. tinha-me esquecido, tinhas-te esquecido, tinha-se esquecido;
Ind. tínhamo-nos esquecido, tínheis-vos esquecido, tinham-se esquecido

Fut. ter-me-ei esquecido, ter-te-ás esquecido, ter-se-á esquecido;
Perf. ter-nos-emos esquecido, ter-vos-eis esquecido, ter-se-ão esquecido
Ind.

Pres. esqueça-me, esqueças-te, esqueça-se;
Subj. esqueçamo-nos, esqueçais-vos, esqueçam-se

Imp. esquecesse-me, esquecesses-te, esquecesse-se;
Subj. esquecêssemo-nos, esquecêsseis-vos, esquecessem-se

Fut. me esquecer, te esqueceres, se esquecer;
Subj. nos esquecermos, vos esquecerdes, se esquecerem

Pres. tenha-me esquecido, tenhas-te esquecido, tenha-se esquecido;
Perf. tenhamo-nos esquecido, tenhais-vos esquecido, tenham-se esquecido
Subj.

Past tivesse-me esquecido, tivesses-te esquecido, tivesse-se esquecido;
Perf. tivéssemo-nos esquecido, tivésseis-vos esquecido, tivessem-se esquecido
Subj.

Fut. me tiver esquecido, te tiveres esquecido, se tiver esquecido;
Perf. nos tivermos esquecido, vos tiverdes esquecido, se tiverem esquecido
Subj.

Condi- esquecer-me-ia, esquecer-te-ias, esquecer-se-ia;
tional esquecer-nos-íamos, esquecer-vos-íeis, esquecer-se-iam

Cond. ter-me-ia esquecido, ter-te-ias esquecido, ter-se-ia esquecido;
Perf. ter-nos-íamos esquecido, ter-vos-íeis esquecido, ter-se-iam esquecido

Imper- *esquece-te**—esquecei-vos
ative

91

Pers. Inf.	estar, estares, estar; estarmos, estardes, estarem

to be

Pres. *Ind.*	estou, estás, está; estamos, estais, estão
Imp. *Ind.*	estava, estavas, estava; estávamos, estáveis, estavam
Pret. *Ind.*	estive, estiveste, estêve; estivemos, estivestes, estiveram
Plup. *Ind.*	estivera, estiveras, estivera; estivéramos, estivéreis, estiveram
Fut. Ind.	estarei, estarás, estará; estaremos, estareis, estarão
Pres. *Perf.* *Ind.*	tenho estado, tens estado, tem estado; temos estado, tendes estado, têm estado
Plup. *Ind.*	tinha estado, tinhas estado, tinha estado; tínhamos estado, tínheis estado, tinham estado
Fut. *Perf.* *Ind.*	terei estado, terás estado, terá estado; teremos estado, tereis estado, terão estado
Pres. *Subj.*	esteja, estejas, esteja; estejamos, estejais, estejam
Imp. *Subj.*	estivesse, estivesses, estivesse; estivéssemos, estivésseis, estivessem
Fut. *Subj.*	estiver, estiveres, estiver; estivermos, estiverdes, estiverem
Pres. *Perf.* *Subj.*	tenha estado, tenhas estado, tenha estado; tenhamos estado, tenhais estado, tenham estado
Past *Perf.* *Subj.*	tivesse estado, tivesses estado, tivesse estado; tivéssemos estado, tivésseis estado, tivessem estado
Fut. *Perf.* *Subj.*	tiver estado, tiveres estado, tiver estado; tivermos estado, tiverdes estado, tiverem estado
Condi- *tional*	estaria, estarias, estaria; estaríamos, estaríeis, estariam
Cond. *Perf.*	teria estado, terias estado, teria estado; teríamos estado, teríeis estado, teriam estado
Imper- *ative*	está—estai

Pers. Inf.	estudar, estudares, estudar; estudarmos, estudardes, estudarem

to study

Pres. estudo, estudas, estuda;
Ind. estudamos, estudais, estudam

Imp. estudava, estudavas, estudava;
Ind. estudávamos, estudáveis, estudavam

Pret. estudei, estudaste, estudou;
Ind. estudámos, estudastes, estudaram

Plup. estudara, estudaras, estudara;
Ind. estudáramos, estudáreis, estudaram

Fut. Ind. estudarei, estudarás, estudará;
estudaremos, estudareis, estudarão

Pres. tenho estudado, tens estudado, tem estudado;
Perf. temos estudado, tendes estudado, têm estudado
Ind.

Plup. tinha estudado, tinhas estudado, tinha estudado;
Ind. tínhamos estudado, tínheis estudado, tinham estudado

Fut. terei estudado, terás estudado, terá estudado;
Perf. teremos estudado, tereis estudado, terão estudado
Ind.

Pres. estude, estudes, estude;
Subj. estudemos, estudeis, estudem

Imp. estudasse, estudasses, estudasse;
Subj. estudássemos, estudásseis, estudassem

Fut. estudar, estudares, estudar;
Subj. estudarmos, estudardes, estudarem

Pres. tenha estudado, tenhas estudado, tenha estudado;
Perf. tenhamos estudado, tenhais estudado, tenham estudado
Subj.

Past tivesse estudado, tivesses estudado, tivesse estudado;
Perf. tivéssemos estudado, tivésseis estudado, tivessem estudado
Subj.

Fut. tiver estudado, tiveres estudado, tiver estudado;
Perf. tivermos estudado, tiverdes estudado, tiverem estudado
Subj.

Condi- estudaria, estudarias, estudaria;
tional estudaríamos, estudaríeis, estudariam

Cond. teria estudado, terias estudado, teria estudado;
Perf. teríamos estudado, teríeis estudado, teriam estudado

Imper- estuda—estudai
ative

Pers. Inf. faltar, faltares, faltar;
faltarmos, faltardes, faltarem

Pres. falto, faltas, falta;
Ind. faltamos, faltais, faltam

to lack;
to be absent

Imp. faltava, faltavas, faltava;
Ind. faltávamos, faltáveis, faltavam

Pret. faltei, faltaste, faltou;
Ind. faltámos, faltastes, faltaram

Plup. faltara, faltaras, faltara;
Ind. faltáramos, faltáreis, faltaram

Fut. faltarei, faltarás, faltará;
Ind. faltaremos, faltareis, faltarão

Pres. tenho faltado, tens faltado, tem faltado;
Perf. temos faltado, tendes faltado, têm faltado
Ind.

Plup. tinha faltado, tinhas faltado, tinha faltado;
Ind. tínhamos faltado, tínheis faltado, tinham faltado

Fut. terei faltado, terás faltado, terá faltado;
Perf. teremos faltado, tereis faltado, terão faltado
Ind.

Pres. falte, faltes, falte;
Subj. faltemos, falteis, faltem

Imp. faltasse, faltasses, faltasse;
Subj. faltássemos, faltásseis, faltassem

Fut. faltar, faltares, faltar;
Subj. faltarmos, faltardes, faltarem

Pres. tenha faltado, tenhas faltado, tenha faltado;
Perf. tenhamos faltado, tenhais faltado, tenham faltado
Subj.

Past tivesse faltado, tivesses faltado, tivesse faltado;
Perf. tivéssemos faltado, tivésseis faltado, tivessem faltado
Subj.

Fut. tiver faltado, tiveres faltado, tiver faltado;
Perf. tivermos faltado, tiverdes faltado, tiverem faltado
Subj.

Condi- faltaria, faltarias, faltaria;
tional faltaríamos, faltaríeis, faltariam

Cond. teria faltado, terias faltado, teria faltado;
Perf. teríamos faltado, teríeis faltado, teriam faltado

Imper- falta—faltai
ative

Pers. Inf.	fazer, fazeres, fazer; fazermos, fazerdes, fazerem

Pres. faço, fazes, faz;   *to do, make*
Ind. fazemos, fazeis, fazem

Imp. fazia, fazias, fazia;
Ind. fazíamos, fazíeis, faziam

Pret. fiz, fizeste, fêz;
Ind. fizemos, fizestes, fizeram

Plup. fizera, fizeras, fizera;
Ind. fizéramos, fizéreis, fizeram

Fut. Ind. farei, farás, fará;
faremos, fareis, farão

Pres. tenho feito, tens feito, tem feito;
Perf. temos feito, tendes feito, têm feito
Ind.

Plup. tinha feito, tinhas feito, tinha feito;
Ind. tínhamos feito, tínheis feito, tinham feito

Fut. terei feito, terás feito, terá feito;
Perf. teremos feito, tereis feito, terão feito
Ind.

Pres. faça, faças, faça;
Subj. façamos, façais, façam

Imp. fizesse, fizesses, fizesse;
Subj. fizéssemos, fizésseis, fizessem

Fut. fizer, fizeres, fizer;
Subj. fizermos, fizerdes, fizerem

Pres. tenha feito, tenhas feito, tenha feito;
Perf. tenhamos feito, tenhais feito, tenham feito
Subj.

Past tivesse feito, tivesses feito, tivesse feito;
Perf. tivéssemos feito, tivésseis feito, tivessem feito
Subj.

Fut. tiver feito, tiveres feito, tiver feito;
Perf. tivermos feito, tiverdes feito, tiverem feito
Subj.

Condi- faria, farias, faria;
tional faríamos, faríeis, fariam

Cond. teria feito, terias feito, teria feito;
Perf. teríamos feito, teríeis feito, teriam feito

Imper- faze—fazei
ative

Pers. Inf.	fechar, fechares, fechar; fecharmos, fechardes, fecharem	
Pres. *Ind.*	fecho, fechas, fecha; fechamos, fechais, fecham	*to close*
Imp. *Ind.*	fechava, fechavas, fechava; fechávamos, fecháveis, fechavam	
Pret. *Ind.*	fechei, fechaste, fechou; fechámos, fechastes, fecharam	
Plup. *Ind.*	fechara, fecharas, fechara; fecháramos, fecháreis, fecharam	
Fut. Ind.	fecharei, fecharás, fechará; fecharemos, fechareis, fecharão	
Pres. *Perf.* *Ind.*	tenho fechado, tens fechado, tem fechado; temos fechado, tendes fechado, têm fechado	
Plup. *Ind.*	tinha fechado, tinhas fechado, tinha fechado; tínhamos fechado, tínheis fechado, tinham fechado	
Fut. *Perf.* *Ind.*	terei fechado, terás fechado, terá fechado; teremos fechado, tereis fechado, terão fechado	
Pres. *Subj.*	feche, feches, feche; fechemos, fecheis, fechem	
Imp. *Subj.*	fechasse, fechasses, fechasse; fechássemos, fechásseis, fechassem	
Fut. *Subj.*	fechar, fechares, fechar; fecharmos, fechardes, fecharem	
Pres. *Perf.* *Subj.*	tenha fechado, tenhas fechado, tenha fechado; tenhamos fechado, tenhais fechado, tenham fechado	
Past *Perf.* *Subj.*	tivesse fechado, tivesses fechado, tivesse fechado; tivéssemos fechado, tivésseis fechado, tivessem fechado	
Fut. *Perf.* *Subj.*	tiver fechado, tiveres fechado, tiver fechado; tivermos fechado, tiverdes fechado, tiverem fechado	
Condi- *tional*	fecharia, fecharias, fecharia; fecharíamos, fecharíeis, fechariam	
Cond. *Perf.*	teria fechado, terias fechado, teria fechado; teríamos fechado, teríeis fechado, teriam fechado	
Imper- *ative*	fecha—fechai	

Pers. Inf.	ficar, ficares, ficar; ficarmos, ficardes, ficarem

Pres. fico, ficas, fica;
Ind. ficamos, ficais, ficam

to remain

Imp. ficava, ficavas, ficava;
Ind. ficávamos, ficáveis, ficavam

Pret. fiquei, ficaste, ficou;
Ind. ficámos, ficastes, ficaram

Plup. ficara, ficaras, ficara;
Ind. ficáramos, ficáreis, ficaram

Fut. Ind. ficarei, ficarás, ficará;
ficaremos, ficareis, ficarão

Pres. tenho ficado, tens ficado, tem ficado;
Perf. temos ficado, tendes ficado, têm ficado
Ind.

Plup. tinha ficado, tinhas ficado, tinha ficado;
Ind. tínhamos ficado, tínheis ficado, tinham ficado

Fut. terei ficado, terás ficado, terá ficado;
Perf. teremos ficado, tereis ficado, terão ficado
Ind.

Pres. fique, fiques, fique;
Subj. fiquemos, fiqueis, fiquem

Imp. ficasse, ficasses, ficasse;
Subj. ficássemos, ficásseis, ficassem

Fut. ficar, ficares, ficar;
Subj. ficarmos, ficardes, ficarem

Pres. tenha ficado, tenhas ficado, tenha ficado;
Perf. tenhamos ficado, tenhais ficado, tenham ficado
Subj.

Past tivesse ficado, tivesses ficado, tivesse ficado;
Perf. tivéssemos ficado, tivésseis ficado, tivessem ficado
Subj.

Fut. tiver ficado, tiveres ficado, tiver ficado;
Perf. tivermos ficado, tiverdes ficado, tiverem ficado
Subj.

Condi- ficaria, ficarias, ficaria;
tional ficaríamos, ficaríeis, ficariam

Cond. teria ficado, terias ficado, teria ficado;
Perf. teríamos ficado, teríeis ficado, teriam ficado

Imper- fica—ficai
ative

Pers. Inf.	fumar, fumares, fumar; fumarmos, fumardes, fumarem
Pres. *Ind.*	fumo, fumas, fuma; fumamos, fumais, fumam

to smoke

Imp. *Ind.*	fumava, fumavas, fumava; fumávamos, fumáveis, fumavam
Pret. *Ind.*	fumei, fumaste, fumou; fumámos, fumastes, fumaram
Plup. *Ind.*	fumara, fumaras, fumara; fumáramos, fumáreis, fumaram
Fut. Ind.	fumarei, fumarás, fumará; fumaremos, fumareis, fumarão
Pres. *Perf.* *Ind.*	tenho fumado, tens fumado, tem fumado; temos fumado, tendes fumado, têm fumado
Plup. *Ind.*	tinha fumado, tinhas fumado, tinha fumado; tínhamos fumado, tínheis fumado, tinham fumado
Fut. *Perf.* *Ind.*	terei fumado, terás fumado, terá fumado; teremos fumado, tereis fumado, terão fumado
Pres. *Subj.*	fume, fumes, fume; fumemos, fumeis, fumem
Imp. *Subj.*	fumasse, fumasses, fumasse; fumássemos, fumásseis, fumassem
Fut. *Subj.*	fumar, fumares, fumar; fumarmos, fumardes, fumarem
Pres. *Perf.* *Subj.*	tenha fumado, tenhas fumado, tenha fumado; tenhamos fumado, tenhais fumado, tenham fumado
Past *Perf.* *Subj.*	tivesse fumado, tivesses fumado, tivesse fumado; tivéssemos fumado, tivésseis fumado, tivessem fumado
Fut. *Perf.* *Subj.*	tiver fumado, tiveres fumado, tiver fumado; tivermos fumado, tiverdes fumado, tiverem fumado
Condi- *tional*	fumaria, fumarias, fumaria; fumaríamos, fumaríeis, fumariam
Cond. *Perf.*	teria fumado, terias fumado, teria fumado; teríamos fumado, teríeis fumado, teriam fumado
Imper- *ative*	fuma—fumai

Pers. Inf.	ganhar, ganhares, ganhar; ganharmos, ganhardes, ganharem	
Pres. *Ind.*	ganho, ganhas, ganha; ganhamos, ganhais, ganham	*to win;* *to earn*
Imp. *Ind.*	ganhava, ganhavas, ganhava; ganhávamos, ganháveis, ganhavam	
Pret. *Ind.*	ganhei, ganhaste, ganhou; ganhámos, ganhastes, ganharam	
Plup. *Ind.*	ganhara, ganharas, ganhara; ganháramos, ganháreis, ganharam	
Fut. Ind.	ganharei, ganharás, ganhará; ganharemos, ganhareis, ganharão	
Pres. *Perf.* *Ind.*	tenho ganhado, tens ganhado, tem ganhado; temos ganhado, tendes ganhado, têm ganhado	
Plup. *Ind.*	tinha ganhado, tinhas ganhado, tinha ganhado; tínhamos ganhado, tínheis ganhado, tinham ganhado	
Fut. *Perf.* *Ind.*	terei ganhado, terás ganhado, terá ganhado; teremos ganhado, tereis ganhado, terão ganhado	
Pres. *Subj.*	ganhe, ganhes, ganhe; ganhemos, ganheis, ganhem	
Imp. *Subj.*	ganhasse, ganhasses, ganhasse; ganhássemos, ganhásseis, ganhassem	
Fut. *Subj.*	ganhar, ganhares, ganhar; ganharmos, ganhardes, ganharem	
Pres. *Perf.* *Subj.*	tenha ganhado, tenhas ganhado, tenha ganhado; tenhamos ganhado, tenhais ganhado, tenham ganhado	
Past *Perf.* *Subj.*	tivesse ganhado, tivesses ganhado, tivesse ganhado; tivéssemos ganhado, tivésseis ganhado, tivessem ganhado	
Fut. *Perf.* *Subj.*	tiver ganhado, tiveres ganhado, tiver ganhado; tivermos ganhado, tiverdes ganhado, tiverem ganhado	
Condi- *tional*	ganharia, ganharias, ganharia; ganharíamos, ganharíeis, ganhariam	
Cond. *Perf.*	teria ganhado, terias ganhado, teria ganhado; teríamos ganhado, teríeis ganhado, teriam ganhado	
Imper- *ative*	ganha—ganhai	

* Irregular form has almost replaced regular altogether.

Pers. Inf.	gastar, gastares, gastar; gastarmos, gastardes, gastarem
Pres. *Ind.*	gasto, gastas, gasta; gastamos, gastais, gastam
Imp. *Ind.*	gastava, gastavas, gastava; gastávamos, gastáveis, gastavam
Pret. *Ind.*	gastei, gastaste, gastou; gastámos, gastastes, gastaram
Plup. *Ind.*	gastara, gastaras, gastara; gastáramos, gastáreis, gastaram
Fut. Ind.	gastarei, gastarás, gastará; gastaremos, gastareis, gastarão
Pres. *Perf.* *Ind.*	tenho gastado, tens gastado, tem gastado; temos gastado, tendes gastado, têm gastado
Plup. *Ind.*	tinha gastado, tinhas gastado, tinha gastado; tínhamos gastado, tínheis gastado, tinham gastado
Fut. *Perf.* *Ind.*	terei gastado, terás gastado, terá gastado; teremos gastado, tereis gastado, terão gastado
Pres. *Subj.*	gaste, gastes, gaste; gastemos, gasteis, gastem
Imp. *Subj.*	gastasse, gastasses, gastasse; gastássemos, gastásseis, gastassem
Fut. *Subj.*	gastar, gastares, gastar; gastarmos, gastardes, gastarem
Pres. *Perf.* *Subj.*	tenha gastado, tenhas gastado, tenha gastado; tenhamos gastado, tenhais gastado, tenham gastado
Past *Perf.* *Subj.*	tivesse gastado, tivesses gastado, tivesse gastado; tivéssemos gastado, tivésseis gastado, tivessem gastado
Fut. *Perf.* *Subj.*	tiver gastado, tiveres gastado, tiver gastado; tivermos gastado, tiverdes gastado, tiverem gastado
Condi- *tional*	gastaria, gastarias, gastaria; gastaríamos, gastaríeis, gastariam
Cond. *Perf.*	teria gastado, terias gastado, teria gastado; teríamos gastado, teríeis gastado, teriam gastado
Imper- *ative*	gasta—gastai

to spend

* See note page 99.

Pers. Inf.	gostar, gostares, gostar; gostarmos, gostardes, gostarem	
Pres. *Ind.*	*gosto, gostas, gosta;* gostamos, gostais, *gostam**	*to like*
Imp. *Ind.*	gostava, gostavas, gostava; gostávamos, gostáveis, gostavam	
Pret. *Ind.*	gostei, gostaste, gostou; gostámos, gostastes, gostaram	
Plup. *Ind.*	gostara, gostaras, gostara; gostáramos, gostáreis, gostaram	
Fut. Ind.	gostarei, gostarás, gostará; gostaremos, gostareis, gostarão	
Pres. *Perf.* *Ind.*	tenho gostado, tens gostado, tem gostado; temos gostado, tendes gostado, têm gostado	
Plup. *Ind.*	tinha gostado, tinhas gostado, tinha gostado; tínhamos gostado, tínheis gostado, tinham gostado	
Fut. *Perf.* *Ind.*	terei gostado, terás gostado, terá gostado; teremos gostado, tereis gostado, terão gostado	
Pres. *Subj.*	*goste, gostes, goste;* gostemos, gosteis, *gostem**	
Imp. *Subj.*	gostasse, gostasses, gostasse; gostássemos, gostásseis, gostassem	
Fut. *Subj.*	gostar, gostares, gostar; gostarmos, gostardes, gostarem	
Pres. *Perf.* *Subj.*	tenha gostado, tenhas gostado, tenha gostado; tenhamos gostado, tenhais gostado, tenham gostado	
Past *Perf.* *Subj.*	tivesse gostado, tivesses gostado, tivesse gostado; tivéssemos gostado, tivésseis gostado, tivessem gostado	
Fut. *Perf.* *Subj.*	tiver gostado, tiveres gostado, tiver gostado; tivermos gostado, tiverdes gostado, tiverem gostado	
Condi- *tional*	gostaria, gostarias, gostaria; gostaríamos, gostaríeis, gostariam	
Cond. *Perf.*	teria gostado, terias gostado, teria gostado; teríamos gostado, teríeis gostado, teriam gostado	
Imper- *ative*	*gosta**—gostai	

* NOTE: Only the "open" theme vowels of the radical-changing verbs appear in italic type. For further explanation see Preface.

Pers. Inf.	gozar, gozares, gozar; gozarmos, gozardes, gozarem	
Pres. *Ind.*	gozo, gozas, goza; gozamos, gozais, gozam*	*to enjoy*
Imp. *Ind.*	gozava, gozavas, gozava; gozávamos, gozáveis, gozavam	
Pret. *Ind.*	gozei, gozaste, gozou; gozámos, gozastes, gozaram	
Plup. *Ind.*	gozara, gozaras, gozara; gozáramos, gozáreis, gozaram	
Fut. Ind.	gozarei, gozarás, gozará; gozaremos, gozareis, gozarão	
Pres. *Perf.* *Ind.*	tenho gozado, tens gozado, tem gozado; temos gozado, tendes gozado, têm gozado	
Plup. *Ind.*	tinha gozado, tinhas gozado, tinha gozado; tínhamos gozado, tínheis gozado, tinham gozado	
Fut. *Perf.* *Ind.*	terei gozado, terás gozado, terá gozado; teremos gozado, tereis gozado, terão gozado	
Pres. *Subj.*	goze, gozes, goze; gozemos, gozeis, gozem*	
Imp. *Subj.*	gozasse, gozasses, gozasse; gozássemos, gozásseis, gozassem	
Fut. *Subj.*	gozar, gozares, gozar; gozarmos, gozardes, gozarem	
Pres. *Perf.* *Subj.*	tenha gozado, tenhas gozado, tenha gozado; tenhamos gozado, tenhais gozado, tenham gozado	
Past *Perf.* *Subj.*	tivesse gozado, tivesses gozado, tivesse gozado; tivéssemos gozado, tivésseis gozado, tivessem gozado	
Fut. *Perf.* *Subj.*	tiver gozado, tiveres gozado, tiver gozado; tivermos gozado, tiverdes gozado, tiverem gozado	
Condi- *tional*	gozaria, gozarias, gozaria; gozaríamos, gozaríeis, gozariam	
Cond. *Perf.*	teria gozado, terias gozado, teria gozado; teríamos gozado, teríeis gozado, teriam gozado	
Imper- *ative*	goza*—gozai	

* NOTE: Only the "open" theme vowels of the radical-changing verbs appear in italic type. For further explanation see Preface.

Pers. Inf.	gritar, gritares, gritar; gritarmos, gritardes, gritarem

to shout

Pres. *Ind.*	grito, gritas, grita; gritamos, gritais, gritam
Imp. *Ind.*	gritava, gritavas, gritava; gritávamos, gritáveis, gritavam
Pret. *Ind.*	gritei, gritaste, gritou; gritámos, gritastes, gritaram
Plup. *Ind.*	gritara, gritaras, gritara; gritáramos, gritáreis, gritaram
Fut. Ind.	gritarei, gritarás, gritará; gritaremos, gritareis, gritarão
Pres. *Perf.* *Ind.*	tenho gritado, tens gritado, tem gritado; temos gritado, tendes gritado, têm gritado
Plup. *Ind.*	tinha gritado, tinhas gritado, tinha gritado; tínhamos gritado, tínheis gritado, tinham gritado
Fut. *Perf.* *Ind.*	terei gritado, terás gritado, terá gritado; teremos gritado, tereis gritado, terão gritado
Pres. *Subj.*	grite, grites, grite; gritemos, griteis, gritem
Imp. *Subj.*	gritasse, gritasses, gritasse; gritássemos, gritásseis, gritassem
Fut. *Subj.*	gritar, gritares, gritar; gritarmos, gritardes, gritarem
Pres. *Perf.* *Subj.*	tenha gritado, tenhas gritado, tenha gritado; tenhamos gritado, tenhais gritado, tenham gritado
Past *Perf.* *Subj.*	tivesse gritado, tivesses gritado, tivesse gritado; tivéssemos gritado, tivésseis gritado, tivessem gritado
Fut. *Perf.* *Subj.*	tiver gritado, tiveres gritado, tiver gritado; tivermos gritado, tiverdes gritado, tiverem gritado
Condi- *tional*	gritaria, gritarias, gritaria; gritaríamos, gritaríeis, gritariam
Cond. *Perf.*	teria gritado, terias gritado, teria gritado; teríamos gritado, teríeis gritado, teriam gritado
Imper- *ative*	grita—gritai

Pers. Inf.	guardar, guardares, guardar; guardarmos, guardardes, guardarem
Pres. *Ind.*	guardo, guardas, guarda; guardamos, guardais, guardam
Imp. *Ind.*	guardava, guardavas, guardava; guardávamos, guardáveis, guardavam
Pret. *Ind.*	guardei, guardaste, guardou; guardámos, guardastes, guardaram
Plup. *Ind.*	guardara, guardaras, guardara; guardáramos, guardáreis, guardaram
Fut. Ind.	guardarei, guardarás, guardará; guardaremos, guardareis, guardarão
Pres. *Perf.* *Ind.*	tenho guardado, tens guardado, tem guardado; temos guardado, tendes guardado, têm guardado
Plup. *Ind.*	tinha guardado, tinhas guardado, tinha guardado; tínhamos guardado, tínheis guardado, tinham guardado
Fut. *Perf.* *Ind.*	terei guardado, terás guardado, terá guardado; teremos guardado, tereis guardado, terão guardado
Pres. *Subj.*	guarde, guardes, guarde; guardemos, guardeis, guardem
Imp. *Subj.*	guardasse, guardasses, guardasse; guardássemos, guardásseis, guardassem
Fut. *Subj.*	guardar, guardares, guardar; guardarmos, guardardes, guardarem
Pres. *Perf.* *Subj.*	tenha guardado, tenhas guardado, tenha guardado; tenhamos guardado, tenhais guardado, tenham guardado
Past *Perf.* *Subj.*	tivesse guardado, tivesses guardado, tivesse guardado; tivéssemos guardado, tivésseis guardado, tivessem guardado
Fut. *Perf.* *Subj.*	tiver guardado, tiveres guardado, tiver guardado; tivermos guardado, tiverdes guardado, tiverem guardado
Condi- *tional*	guardaria, guardarias, guardaria; guardaríamos, guardaríeis, guardariam
Cond. *Perf.*	teria guardado, terias guardado, teria guardado; teríamos guardado, teríeis guardado, teriam guardado
Imper- *ative*	guarda—guardai

to guard

Pers. Inf.	guiar, guiares, guiar; guiarmos, guiardes, guiarem
Pres. *Ind.*	guio, guias, guia; guiamos, guiais, guiam
Imp. *Ind.*	guiava, guiavas, guiava; guiávamos, guiáveis, guiavam
Pret. *Ind.*	guiei, guiaste, guiou; guiámos, guiastes, guiaram
Plup. *Ind.*	guiara, guiaras, guiara; guiáramos, guiáreis, guiaram
Fut. Ind.	guiarei, guiarás, guiará; guiaremos, guiareis, guiarão
Pres. *Perf.* *Ind.*	tenho guiado, tens guiado, tem guiado; temos guiado, tendes guiado, têm guiado
Plup. *Ind.*	tinha guiado, tinhas guiado, tinha guiado; tínhamos guiado, tínheis guiado, tinham guiado
Fut. *Perf.* *Ind.*	terei guiado, terás guiado, terá guiado; teremos guiado, tereis guiado, terão guiado
Pres. *Subj.*	guie, guies, guie; guiemos, guieis, guiem
Imp. *Subj.*	guiasse, guiasses, guiasse; guiássemos, guiásseis, guiassem
Fut. *Subj.*	guiar, guiares, guiar; guiarmos, guiardes, guiarem
Pres. *Perf.* *Subj.*	tenha guiado, tenhas guiado, tenha guiado; tenhamos guiado, tenhais guiado, tenham guiado
Past *Perf.* *Subj.*	tivesse guiado, tivesses guiado, tivesse guiado; tivéssemos guiado, tivésseis guiado, tivessem guiado
Fut. *Perf.* *Subj.*	tiver guiado, tiveres guiado, tiver guiado; tivermos guiado, tiverdes guiado, tiverem guiado
Condi- *tional*	guiaria, guiarias, guiaria; guiaríamos, guiaríeis, guiariam
Cond. *Perf.*	teria guiado, terias guiado, teria guiado; teríamos guiado, teríeis guiado, teriam guiado
Imper- *ative*	guia—guiai

to guide

105

haver

PRES. PART. *havendo*   PAST PART. *havido*

Pers. Inf.	haver, haveres, haver; havermos, haverdes, haverem
Pres. *Ind.*	hei, hás, há; havemos, haveis, hão
Imp. *Ind.*	havia, havias, havia; havíamos, havíeis, haviam
Pret. *Ind.*	houve, houveste, houve; houvemos, houvestes, houveram
Plup. *Ind.*	houvera, houveras, houvera; houvéramos, houvéreis, houveram
Fut. Ind.	haverei, haverás, haverá; haveremos, havereis, haverão

to have

Pres.
Perf.
Ind.   tem havido (with impersonal meanings—"there has been" and "there have been")

Plup.
Ind.   tinha havido (with impersonal meaning—"there had been")

Fut.
Perf.
Ind.   terá havido (with impersonal meaning—"there will have been")

Pres.
Subj.   haja, hajas, haja;
hajamos, hajais, hajam

Imp.
Subj.   houvesse, houvesses, houvesse;
houvéssemos, houvésseis, houvessem

Fut.
Subj.   houver, houveres, houver;
houvermos, houverdes, houverem

Pres.
Perf.
Subj.   tenha havido (with impersonal meaning—"there may have been")

Past
Perf.
Subj.   tivesse havido (with impersonal meaning—"there might have been")

Fut.
Perf.
Subj.   tiver havido (with impersonal meaning—"there will have been")

Condi-
tional   haveria, haverias, haveria;
haveríamos, haveríeis, haveriam

Cond.
Perf.   teria havido (with impersonal meaning—"there would have been")

Imper-
ative   há—havei

FOR FURTHER COMMENT ON THIS VERB
SEE PORTUGUESE–ENGLISH INDEX

Pers. Inf.	importar, importares, importar; importarmos, importardes, importarem	
Pres. *Ind.*	*importo, importas, importa;* importamos, importais, *importam**	*to matter;* *to import*
Imp. *Ind.*	importava, importavas, importava; importávamos, importáveis, importavam	
Pret. *Ind.*	importei, importaste, importou; importámos, importastes, importaram	
Plup. *Ind.*	importara, importaras, importara; importáramos, importáreis, importaram	
Fut. Ind.	importarei, importarás, importará; importaremos, importareis, importarão	
Pres. *Perf.* *Ind.*	tenho importado, tens importado, tem importado; temos importado, tendes importado, têm importado	
Plup. *Ind.*	tinha importado, tinhas importado, tinha importado; tínhamos importado, tínheis importado, tinham importado	
Fut. *Perf.* *Ind.*	terei importado, terás importado, terá importado; teremos importado, tereis importado, terão importado	
Pres. *Subj.*	*importe, importes, importe;* importemos, importeis, *importem**	
Imp. *Subj.*	importasse, importasses, importasse; importássemos, importásseis, importassem	
Fut. *Subj.*	importar, importares, importar; importarmos, importardes, importarem	
Pres. *Perf.* *Subj.*	tenha importado, tenhas importado, tenha importado; tenhamos importado, tenhais importado, tenham importado	
Past *Perf.* *Subj.*	tivesse importado, tivesses importado, tivesse importado; tivéssemos importado, tivésseis importado, tivessem importado	
Fut. *Perf.* *Subj.*	tiver importado, tiveres importado, tiver importado; tivermos importado, tiverdes importado, tiverem importado	
Condi- *tional*	importaria, importarias, importaria; importaríamos, importaríeis, importariam	
Cond. *Perf.*	teria importado, terias importado, teria importado; teríamos importado, teríeis importado, teriam importado	
Imper- *ative*	*importa**—importai	

* NOTE: Only the "open" theme vowels of the radical-changing verbs appear in italic type. For further explanation see Preface.

Pers. Inf.	insistir, insistires, insistir; insistirmos, insistirdes, insistirem
Pres. *Ind.*	insisto, insistes, insiste; insistimos, insistis, insistem
Imp. *Ind.*	insistia, insistias, insistia; insistíamos, insistíeis, insistiam
Pret. *Ind.*	insisti, insististe, insistiu; insistimos, insististes, insistiram
Plup. *Ind.*	insistira, insistiras, insistira; insistíramos, insistíreis, insistiram
Fut. Ind.	insistirei, insistirás, insistirá; insistiremos, insistireis, insistirão
Pres. *Perf.* *Ind.*	tenho insistido, tens insistido, tem insistido; temos insistido, tendes insistido, têm insistido
Plup. *Ind.*	tinha insistido, tinhas insistido, tinha insistido; tínhamos insistido, tínheis insistido, tinham insistido
Fut. *Perf.* *Ind.*	terei insistido, terás insistido, terá insistido; teremos insistido, tereis insistido, terão insistido
Pres. *Subj.*	insista, insistas, insista; insistamos, insistais, insistam
Imp. *Subj.*	insistisse, insistisses, insistisse; insistíssemos, insistísseis, insistissem
Fut. *Subj.*	insistir, insistires, insistir; insistirmos, insistirdes, insistirem
Pres. *Perf.* *Subj.*	tenha insistido, tenhas insistido, tenha insistido; tenhamos insistido, tenhais insistido, tenham insistido
Past *Perf.* *Subj.*	tivesse insistido, tivesses insistido, tivesse insistido; tivéssemos insistido, tivésseis insistido, tivessem insistido
Fut. *Perf.* *Subj.*	tiver insistido, tiveres insistido, tiver insistido; tivermos insistido, tiverdes, insistido, tiverem insistido
Condi- *tional*	insistiria, insistirias, insistiria; insistiríamos, insistiríeis, insistiriam
Cond. *Perf.*	teria insistido, terias insistido, teria insistido; teríamos insistido, teríeis insistido, teriam insistido
Imper- *ative*	insiste—insisti

to insist

Pers. Inf.	ir, ires, ir; irmos, irdes, irem
Pres. *Ind.*	vou, vais, vai; vamos, ides, vão
Imp. *Ind.*	ia, ias, ia; íamos, íeis, iam
Pret. *Ind.*	fui, fôste, foi; fomos, fôstes, foram
Plup. *Ind.*	fôra, fôras, fôra; fôramos, fôreis, foram
Fut. Ind.	irei, irás, irá; iremos, ireis, irão
Pres. *Perf.* *Ind.*	tenho ido, tens ido, tem ido; temos ido, tendes ido, têm ido
Plup. *Ind.*	tinha ido, tinhas ido, tinha ido; tínhamos ido, tínheis ido, tinham ido
Fut. *Perf.* *Ind.*	terei ido, terás ido, terá ido; teremos ido, tereis ido, terão ido
Pres. *Subj.*	vá, vás, vá; vamos, vades, vão
Imp. *Subj.*	fôsse, fôsses, fôsse; fôssemos, fôsseis, fôssem
Fut. *Subj.*	fôr, fores, fôr; formos, fordes, forem
Pres. *Perf.* *Subj.*	tenha ido, tenhas ido, tenha ido; tenhamos ido, tenhais ido, tenham ido
Past *Perf.* *Subj.*	tivesse ido, tivesses ido, tivesse ido; tivéssemos ido, tivésseis ido, tivessem ido
Fut. *Perf.* *Subj.*	tiver ido, tiveres ido, tiver ido; tivermos ido, tiverdes ido, tiverem ido
Condi- *tional*	iria, irias, iria; iríamos, iríeis, iriam
Cond. *Perf.*	teria ido, terias ido, teria ido; teríamos ido, teríeis ido, teriam ido
Imper- *ative*	vai—ide

to go

Pers. Inf.	jantar, jantares, jantar; jantarmos, jantardes, jantarem	
Pres. *Ind.*	janto, jantas, janta; jantamos, jantais, jantam	*to have* *dinner*
Imp. *Ind.*	jantava, jantavas, jantava; jantávamos, jantáveis, jantavam	
Pret. *Ind.*	jantei, jantaste, jantou; jantámos, jantastes, jantaram	
Plup. *Ind.*	jantara, jantaras, jantara; jantáramos, jantáreis, jantaram	
Fut. Ind.	jantarei, jantarás, jantará; jantaremos, jantareis, jantarão	
Pres. *Perf.* *Ind.*	tenho jantado, tens jantado, tem jantado; temos jantado, tendes jantado, têm jantado	
Plup. *Ind.*	tinha jantado, tinhas jantado, tinha jantado; tínhamos jantado, tínheis jantado, tinham jantado	
Fut. *Perf.* *Ind.*	terei jantado, terás jantado, terá jantado; teremos jantado, tereis jantado, terão jantado	
Pres. *Subj.*	jante, jantes, jante; jantemos, janteis, jantem	
Imp. *Subj.*	jantasse, jantasses, jantasse; jantássemos, jantásseis, jantassem	
Fut. *Subj.*	jantar, jantares, jantar; jantarmos, jantardes, jantarem	
Pres. *Perf.* *Subj.*	tenha jantado, tenhas jantado, tenha jantado; tenhamos jantado, tenhais jantado, tenham jantado	
Past. *Perf.* *Subj.*	tivesse jantado, tivesses jantado, tivesse jantado; tivéssemos jantado, tivésseis jantado, tivessem jantado	
Fut. *Perf.* *Subj.*	tiver jantado, tiveres jantado, tiver jantado; tivermos jantado, tiverdes jantado, tiverem jantado	
Condi- *tional*	jantaria, jantarias, jantaria; jantaríamos, jantaríeis, jantariam	
Cond. *Perf.*	teria jantado, terias jantado, teria jantado; teríamos jantado, teríeis jantado, teriam jantado	
Imper- *ative*	janta—jantai	

Pers. Inf.	jogar, jogares, jogar; jogarmos, jogardes, jogarem	
Pres. *Ind.*	jogo, jogas, joga; jogamos, jogais, jogam*	*to* play
Imp. *Ind.*	jogava, jogavas, jogava; jogávamos, jogáveis, jogavam	
Pret. *Ind.*	joguei, jogaste, jogou; jogámos, jogastes, jogaram	
Plup. *Ind.*	jogara, jogaras, jogara; jogáramos, jogáreis, jogaram	
Fut. Ind.	jogarei, jogarás, jogará; jogaremos, jogareis, jogarão	
Pres. *Perf.* *Ind.*	tenho jogado, tens jogado, tem jogado; temos jogado, tendes jogado, têm jogado	
Plup. *Ind.*	tinha jogado, tinhas jogado, tinha jogado; tínhamos jogado, tínheis jogado, tinham jogado	
Fut. *Perf.* *Ind.*	terei jogado, terás jogado, terá jogado; teremos jogado, tereis jogado, terão jogado	
Pres. *Subj.*	jogue, jogues, jogue; joguemos, jogueis, joguem*	
Imp. *Subj.*	jogasse, jogasses, jogasse; jogássemos, jogásseis, jogassem	
Fut. *Subj.*	jogar, jogares, jogar; jogarmos, jogardes, jogarem	
Pres. *Perf.* *Subj.*	tenha jogado, tenhas jogado, tenha jogado; tenhamos jogado, tenhais jogado, tenham jogado	
Past *Perf.* *Subj.*	tivesse jogado, tivesses jogado, tivesse jogado; tivéssemos jogado, tivésseis jogado, tivessem jogado	
Fut. *Perf.* *Subj.*	tiver jogado, tiveres jogado, tiver jogado; tivermos jogado, tiverdes jogado, tiverem jogado	
Condi- *tional*	jogaria, jogarias, jogaria; jogaríamos, jogaríeis, jogariam	
Cond. *Perf.*	teria jogado, terias jogado, teria jogado; teríamos jogado, teríeis jogado, teriam jogado	
Imper- *ative*	joga*—jogai	

* NOTE: Only the "open" theme vowels of the radical-changing verbs appear in italic type. For further explanation see Preface.

111

Pers. Inf.	juntar, juntares, juntar; juntarmos, juntardes, juntarem
Pres. *Ind.*	junto, juntas, junta; juntamos, juntais, juntam
Imp. *Ind.*	juntava, juntavas, juntava, juntávamos, juntáveis, juntavam
Pret. *Ind.*	juntei, juntaste, juntou; juntámos, juntastes, juntaram
Plup. *Ind.*	juntara, juntaras, juntara; juntáramos, juntáreis, juntaram
Fut. *Ind.*	juntarei, juntarás, juntará; juntaremos, juntareis, juntarão
Pres. *Perf.* *Ind.*	tenho juntado, tens juntado, tem juntado; temos juntado, tendes juntado, têm juntado
Plup. *Ind.*	tinha juntado, tinhas juntado, tinha juntado; tínhamos juntado, tínheis juntado, tinham juntado
Fut. *Perf.* *Ind.*	terei juntado, terás juntado, terá juntado; teremos juntado, tereis juntado, terão juntado
Pres. *Subj.*	junte, juntes, junte; juntemos, junteis, juntem
Imp. *Subj.*	juntasse, juntasses, juntasse; juntássemos, juntásseis, juntassem
Fut. *Subj.*	juntar, juntares, juntar; juntarmos, juntardes, juntarem
Pres. *Perf.* *Subj.*	tenha juntado, tenhas juntado, tenha juntado; tenhamos juntado, tenhais juntado, tenham juntado
Past *Perf.* *Subj.*	tivesse juntado, tivesses juntado, tivesse juntado; tivéssemos juntado, tivésseis juntado, tivessem juntado
Fut. *Perf.* *Subj.*	tiver juntado, tiveres juntado, tiver juntado; tivermos juntado, tiverdes juntado, tiverem juntado
Condi- *tional*	juntaria, juntarias, juntaria; juntaríamos, juntaríeis, juntariam
Cond. *Perf.*	teria juntado, terias juntado, teria juntado; teríamos juntado, teríeis juntado, teriam juntado
Imper- *ative*	junta—juntai

to join

Pers. Inf.	lavar, lavares, lavar; lavarmos, lavardes, lavarem
Pres. *Ind.*	lavo, lavas, lava; lavamos, lavais, lavam

to wash

Imp. *Ind.*	lavava, lavavas, lavava; lavávamos, laváveis, lavavam
Pret. *Ind.*	lavei, lavaste, lavou; lavámos, lavastes, lavaram
Plup. *Ind.*	lavara, lavaras, lavara; laváramos, laváreis, lavaram
Fut. Ind.	lavarei, lavarás, lavará; lavaremos, lavareis, lavarão
Pres. *Perf.* *Ind.*	tenho lavado, tens lavado, tem lavado; temos lavado, tendes lavado, têm lavado
Plup. *Ind.*	tinha lavado, tinhas lavado, tinha lavado; tínhamos lavado, tínheis lavado, tinham lavado
Fut. *Perf.* *Ind.*	terei lavado, terás lavado, terá lavado; teremos lavado, tereis lavado, terão lavado
Pres. *Subj.*	lave, laves, lave; lavemos, laveis, lavem
Imp. *Subj.*	lavasse, lavasses, lavasse; lavássemos, lavásseis, lavassem
Fut. *Subj.*	lavar, lavares, lavar; lavarmos, lavardes, lavarem
Pres. *Perf.* *Subj.*	tenha lavado, tenhas lavado, tenha lavado; tenhamos lavado, tenhais lavado, tenham lavado
Past *Perf.* *Subj.*	tivesse lavado, tivesses lavado, tivesse lavado; tivéssemos lavado, tivésseis lavado, tivessem lavado
Fut. *Perf.* *Subj.*	tiver lavado, tiveres lavado, tiver lavado; tivermos lavado, tiverdes lavado, tiverem lavado
Condi- *tional*	lavaria, lavarias, lavaria; lavaríamos, lavaríeis, lavariam
Cond. *Perf.*	teria lavado, terias lavado, teria lavado; teríamos lavado, teríeis lavado, teriam lavado
Imper- *ative*	lava—lavai

113

lembrar

Pers. Inf.	lembrar, lembrares, lembrar; lembrarmos, lembrardes, lembrarem
Pres. *Ind.*	lembro, lembras, lembra; lembramos, lembrais, lembram
Imp. *Ind.*	lembrava, lembravas, lembrava; lembrávamos, lembráveis lembravam
Pret. *Ind.*	lembrei, lembraste, lembrou; lembrámos, lembrastes, lembraram
Plup. *Ind.*	lembrara, lembraras, lembrara; lembráramos, lembráreis, lembraram
Fut. Ind.	lembrarei, lembrarás, lembrará; lembraremos, lembrareis, lembrarão
Pres. *Perf.* *Ind.*	tenho lembrado, tens lembrado, tem lembrado; temos lembrado, tendes lembrado, têm lembrado
Plup. *Ind.*	tinha lembrado, tinhas lembrado, tinha lembrado; tínhamos lembrado, tínheis lembrado, tinham lembrado
Fut. *Perf.* *Ind.*	terei lembrado, terás lembrado, terá lembrado; teremos lembrado, tereis lembrado, terão lembrado
Pres. *Subj.*	lembre, lembres, lembre; lembremos, lembreis, lembrem
Imp. *Subj.*	lembrasse, lembrasses, lembrasse; lembrássemos, lembrásseis, lembrassem
Fut. *Subj.*	lembrar, lembrares, lembrar; lembrarmos, lembrardes, lembrarem
Pres. *Perf.* *Subj.*	tenha lembrado, tenhas lembrado, tenha lembrado; tenhamos lembrado, tenhais lembrado, tenham lembrado
Past *Perf.* *Subj.*	tivesse lembrado, tivesses lembrado, tivesse lembrado; tivéssemos lembrado, tivésseis lembrado, tivessem lembrado
Fut. *Perf.* *Subj.*	tiver lembrado, tiveres lembrado, tiver lembrado; tivermos lembrado, tiverdes lembrado, tiverem lembrado
Conditional	lembraria, lembrarias, lembraria; lembraríamos, lembraríeis, lembrariam
Cond. *Perf.*	teria lembrado, terias lembrado, teria lembrado; teríamos lembrado, teríeis lembrado, teriam lembrado
Imperative	lembra—lembrai

to remind

ALSO SEE SAMPLE REFLEXIVE CONJUGATION

114

Pers. Inf.	ler, leres, ler; lermos, lerdes, lerem

Pres. leio, lês, lê;
Ind. lemos, ledes, lêem

to read

Imp. lia, lias, lia;
Ind. líamos, líeis, liam

Pret. li, lêste, leu;
Ind. lemos, lêstes, leram

Plup. lera, leras, lera;
Ind. lêramos, lêreis, leram

Fut. Ind. lerei, lerás, lerá;
leremos, lereis, lerão

Pres. tenho lido, tens lido, tem lido;
Perf. temos lido, tendes lido, têm lido
Ind.

Plup. tinha lido, tinhas lido, tinha lido;
Ind. tínhamos lido, tínheis lido, tinham lido

Fut. terei lido, terás lido, terá lido;
Perf. teremos lido, tereis lido, terão lido
Ind.

Pres. leia, leias, leia;
Subj. leiamos, leiais, leiam

Imp. lesse, lesses, lesse;
Subj. lêssemos, lêsseis, lessem

Fut. ler, leres, ler;
Subj. lermos, lerdes, lerem

Pres. tenha lido, tenhas lido, tenha lido;
Perf. tenhamos lido, tenhais lido, tenham lido
Subj.

Past. tivesse lido, tivesses lido, tivesse lido;
Perf. tivéssemos lido, tivésseis lido, tivessem lido
Subj.

Fut. tiver lido, tiveres lido, tiver lido;
Perf. tivermos lido, tiverdes lido, tiverem lido
Subj.

Condi- leria, lerias, leria;
tional leríamos, leríeis, leriam

Cond. teria lido, terias lido, teria lido;
Perf. teríamos lido, teríeis lido, teriam lido

Imper- lê—lede
ative

Pers. Inf.	levantar, levantares, levantar; levantarmos, levantardes, levantarem
Pres. *Ind.*	levanto, levantas, levanta; levantamos, levantais, levantam

to lift up

Imp. *Ind.*	levantava, levantavas, levantava; levantávamos, levantáveis, levantavam
Pret. *Ind.*	levantei, levantaste, levantou; levantámos, levantastes, levantaram
Plup. *Ind.*	levantara, levantaras, levantara; levantáramos, levantáreis, levantaram
Fut. Ind.	levantarei, levantarás, levantará; levantaremos, levantareis, levantarão
Pres. *Perf.* *Ind.*	tenho levantado, tens levantado, tem levantado; temos levantado, tendes levantado, têm levantado
Plup. *Ind.*	tinha levantado, tinhas levantado, tinha levantado; tínhamos levantado, tínheis levantado, tinham levantado
Fut. *Perf.* *Ind.*	terei levantado, terás levantado, terá levantado; teremos levantado, tereis levantado, terão levantado
Pres. *Subj.*	levante, levantes, levante; levantemos, levanteis, levantem
Imp. Subj.	levantasse, levantasses, levantasse; levantássemos, levantásseis, levantassem
Fut. *Subj.*	levantar, levantares, levantar; levantarmos, levantardes, levantarem
Pres. *Perf.* *Subj.*	tenha levantado, tenhas levantado, tenha levantado; tenhamos levantado, tenhais levantado, tenham levantado
Past *Perf.* *Subj.*	tivesse levantado, tivesses levantado, tivesse levantado; tivéssemos levantado, tivésseis levantado, tivessem levantado
Fut. *Perf.* *Subj.*	tiver levantado, tiveres levantado, tiver levantado; tivermos levantado, tiverdes levantado, tiverem levantado
Condi- *tional*	levantaria, levantarias, levantaria; levantaríamos, levantaríeis, levantariam
Cond. *Perf.*	teria levantado, terias levantado, teria levantado; teríamos levantado, teríeis levantado, teriam levantado
Imper- *ative*	levanta—levantai

Pers. Inf. levar, levares, levar;
levarmos, levardes, levarem

Pres. *levo, levas, leva;*
Ind. levamos, levais, *levam**

to take;
to carry

Imp. levava, levavas, levava;
Ind. levávamos, leváveis, levavam

Pret. levei, levaste, levou;
Ind. levámos, levastes, levaram

Plup. levara, levaras, levara;
Ind. leváramos, leváreis, levaram

Fut. Ind. levarei, levarás, levará;
levaremos, levareis, levarão

Pres. tenho levado, tens levado, tem levado;
Perf. temos levado, tendes levado, têm levado
Ind.

Plup. tinha levado, tinhas levado, tinha levado;
Ind. tínhamos levado, tínheis levado, tinham levado

Fut. terei levado, terás levado, terá levado;
Perf. teremos levado, tereis levado, terão levado
Ind.

Pres. *leve, leves, leve;*
Subj. levemos, leveis, *levem**

Imp. levasse, levasses, levasse;
Subj. levássemos, levásseis, levassem

Fut. levar, levares, levar;
Subj. levarmos, levardes, levarem

Pres. tenha levado, tenhas levado, tenha levado;
Perf. tenhamos levado, tenhais levado, tenham levado
Subj.

Past tivesse levado, tivesses levado, tivesse levado;
Perf. tivéssemos levado, tivésseis levado, tivessem levado
Subj.

Fut. tiver levado, tiveres levado, tiver levado;
Perf. tivermos levado, tiverdes levado, tiverem levado
Subj.

Condi- levaria, levarias, levaria;
tional levaríamos, levaríeis, levariam

Cond. teria levado, terias levado, teria levado;
Perf. teríamos levado, teríeis levado, teriam levado

Imper- *leva**—levai
ative

* NOTE: Only the "open" theme vowels of the radical-changing verbs
appear in italic type. For further explanation see Preface.

Pers. Inf.	limpar, limpares, limpar; limparmos, limpardes, limparem

Pres. limpo, limpas, limpa;   *to clean*
Ind. limpamos, limpais, limpam

Imp. limpava, limpavas, limpava;
Ind. limpávamos, limpáveis, limpavam

Pret. limpei, limpaste, limpou;
Ind. limpámos, limpastes, limparam

Plup. limpara, limparas, limpara;
Ind. limpáramos, limpáreis, limparam

Fut. Ind. limparei, limparás, limpará;
limparemos, limpareis, limparão

Pres. tenho limpado, tens limpado, tem limpado;
Perf. temos limpado, tendes limpado, têm limpado
Ind.

Plup. tinha limpado, tinhas limpado, tinha limpado;
Ind. tínhamos limpado, tínheis limpado, tinham limpado

Fut. terei limpado, terás limpado, terá limpado;
Perf. teremos limpado, tereis limpado, terão limpado
Ind.

Pres. limpe, limpes, limpe;
Subj. limpemos, limpeis, limpem

Imp. limpasse, limpasses, limpasse;
Subj. limpássemos, limpásseis, limpassem

Fut. limpar, limpares, limpar;
Subj. limparmos, limpardes, limparem

Pres. tenha limpado, tenhas limpado, tenha limpado;
Perf. tenhamos limpado, tenhais limpado, tenham limpado
Subj.

Past tivesse limpado, tivesses limpado, tivesse limpado;
Perf. tivéssemos limpado, tivésseis limpado, tivessem limpado
Subj.

Fut. tiver limpado, tiveres limpado, tiver limpado;
Perf. tivermos limpado, tiverdes limpado, tiverem limpado
Subj.

Condi- limparia, limparias, limparia;
tional limparíamos, limparíeis, limpariam

Cond. teria limpado, terias limpado, teria limpado;
Perf. teríamos limpado, teríeis limpado, teriam limpado

Imper- limpa—limpai
ative

Pers. Inf.	mandar, mandares, mandar; mandarmos, mandardes, mandarem	
Pres. *Ind.*	mando, mandas, manda; mandamos, mandais, mandam	*to order;* *to send*
Imp. *Ind.*	mandava, mandavas, mandava; mandávamos, mandáveis, mandavam	
Pret. *Ind.*	mandei, mandaste, mandou; mandámos, mandastes, mandaram	
Plup. *Ind.*	mandara, mandaras, mandara; mandáramos, mandáreis, mandaram	
Fut. Ind.	mandarei, mandarás, mandará; mandaremos, mandareis, mandarão	
Pres. *Perf.* *Ind.*	tenho mandado, tens mandado, tem mandado; temos mandado, tendes mandado, têm mandado	
Plup. *Ind.*	tinha mandado, tinhas mandado, tinha mandado; tínhamos mandado, tínheis mandado, tinham mandado	
Fut. *Perf.* *Ind.*	terei mandado, terás mandado, terá mandado; teremos mandado, tereis mandado, terão mandado	
Pres. *Subj.*	mande, mandes, mande; mandemos, mandeis, mandem	
Imp. *Subj.*	mandasse, mandasses, mandasse; mandássemos, mandásseis, mandassem	
Fut. *Subj.*	mandar, mandares, mandar; mandarmos, mandardes, mandarem	
Pres. *Perf.* *Subj.*	tenha mandado, tenhas mandado, tenha mandado; tenhamos mandado, tenhais mandado, tenham mandado	
Past *Perf.* *Subj.*	tivesse mandado, tivesses mandado, tivesse mandado; tivéssemos mandado, tivésseis mandado, tivessem mandado	
Fut. *Perf.* *Subj.*	tiver mandado, tiveres mandado, tiver mandado; tivermos mandado, tiverdes mandado, tiverem mandado	
Condi- *tional*	mandaria, mandarias, mandaria; mandaríamos, mandaríeis, mandariam	
Cond. *Perf.*	teria mandado, terias mandado, teria mandado; teríamos mandado, teríeis mandado, teriam mandado	
Imper- *ative*	manda—mandai	

119

Pers. Inf.	matar, matares, matar; matarmos, matardes, matarem
Pres. *Ind.*	mato, matas, mata; matamos, matais, matam
Imp. *Ind.*	matava, matavas, matava; matávamos, matáveis, matavam
Pret. *Ind.*	matei, mataste, matou; matámos, matastes, mataram
Plup. *Ind.*	matara, mataras, matara; matáramos, matáreis, mataram
Fut. Ind.	matarei, matarás, matará; mataremos, matareis, matarão
Pres. *Perf.* *Ind.*	tenho matado, tens matado, tem matado; temos matado, tendes matado, têm matado
Plup. *Ind.*	tinha matado, tinhas matado, tinha matado; tínhamos matado, tínheis matado, tinham matado
Fut. *Perf.* *Ind.*	terei matado, terás matado, terá matado; teremos matado, tereis matado, terão matado
Pres. *Subj.*	mate, mates, mate; matemos, mateis, matem
Imp. *Subj.*	matasse, matasses, matasse; matássemos, matásseis, matassem
Fut. *Subj.*	matar, matares, matar; matarmos, matardes, matarem
Pres. *Perf.* *Subj.*	tenha matado, tenhas matado, tenha matado; tenhamos matado, tenhais matado, tenham matado
Past *Perf.* *Subj.*	tivesse matado, tivesses matado, tivesse matado; tivéssemos matado, tivésseis matado, tivessem matado
Fut. *Perf.* *Subj.*	tiver matado, tiveres matado, tiver matado; tivermos matado, tiverdes matado, tiverem matado
Condi- *tional*	mataria, matarias, mataria; mataríamos, mataríeis, matariam
Cond. *Perf.*	teria matado, terias matado, teria matado; teríamos matado, teríeis matado, teriam matado
Imper- *ative*	mata—matai

to kill

Pers. Inf.	medir, medires, medir; medirmos, medirdes, medirem

to measure

Pres. *Ind.*	*meço, medes, mede;* medimos, medis, *medem**
Imp. *Ind.*	media, medias, media; medíamos, medíeis, mediam
Pret. *Ind.*	medi, mediste, mediu; medimos, medistes, mediram
Plup. *Ind.*	medira, mediras, medira; medíramos, medíreis, mediram
Fut. Ind.	medirei, medirás, medirá; mediremos, medireis, medirão
Pres. *Perf.* *Ind.*	tenho medido, tens medido, tem medido; temos medido, tendes medido, têm medido
Plup. *Ind.*	tinha medido, tinhas medido, tinha medido; tínhamos medido, tínheis medido, tinham medido
Fut. *Perf.* *Ind.*	terei medido, terás medido, terá medido; teremos medido, tereis medido, terão medido
Pres. *Subj.*	*meça, meças, meça;* meçamos, meçais, *meçam**
Imp. *Subj.*	medisse, medisses, medisse; medíssemos, medísseis, medissem
Fut. *Subj.*	medir, medires, medir; medirmos, medirdes, medirem
Pres. *Perf.* *Subj.*	tenha medido, tenhas medido, tenha medido; tenhamos medido, tenhais medido, tenham medido
Past *Perf.* *Subj.*	tivesse medido, tivesses medido, tivesse medido; tivéssemos medido, tivésseis medido, tivessem medido
Fut. *Perf.* *Subj.*	tiver medido, tiveres medido, tiver medido; tivermos medido, tiverdes medido, tiverem medido
Condi- *tional*	mediria, medirias, mediria; mediríamos, mediríeis, mediriam
Cond. *Perf.*	teria medido, terias medido, teria medido; teríamos medido, teríeis medido, teriam medido
Imper- *ative*	*mede**—medi

* NOTE: Only the "open" theme vowels of the radical-changing verbs appear in italic type. For further explanation see Preface.

Pers. Inf.	mentir, mentires, mentir; mentirmos, mentirdes, mentirem
Pres. *Ind.*	minto, mentes, mente; mentimos, mentis, mentem
Imp. *Ind.*	mentia, mentias, mentia; mentíamos, mentíeis, mentiam
Pret. *Ind.*	menti, mentiste, mentiu; mentimos, mentistes, mentiram
Plup. *Ind.*	mentira, mentiras, mentira; mentíramos, mentíreis, mentiram
Fut. Ind.	mentirei, mentirás, mentirá; mentiremos, mentireis, mentirão
Pres. *Perf.* *Ind.*	tenho mentido, tens mentido, tem mentido; temos mentido, tendes mentido, têm mentido
Plup. *Ind.*	tinha mentido, tinhas mentido, tinha mentido; tínhamos mentido, tínheis mentido, tinham mentido
Fut. *Perf.* *Ind.*	terei mentido, terás mentido, terá mentido; teremos mentido, tereis mentido, terão mentido
Pres. *Subj.*	minta, mintas, minta; mintamos, mintais, mintam
Imp. *Subj.*	mentisse, mentisses, mentisse; mentíssemos, mentísseis, mentissem
Fut. *Subj.*	mentir, mentires, mentir; mentirmos, mentirdes, mentirem
Pres. *Perf.* *Subj.*	tenha mentido, tenhas mentido, tenha mentido; tenhamos mentido, tenhais mentido, tenham mentido
Past *Perf.* *Subj.*	tivesse mentido, tivesses mentido, tivesse mentido; tivéssemos mentido, tivésseis mentido, tivessem mentido
Fut. *Perf.* *Subj.*	tiver mentido, tiveres mentido, tiver mentido; tivermos mentido, tiverdes mentido, tiverem mentido
Condi- *tional*	mentiria, mentirias, mentiria; mentiríamos, mentiríeis, mentiriam
Cond. *Perf.*	teria mentido, terias mentido, teria mentido; teríamos mentido, teríeis mentido, teriam mentido
Imper- *ative*	mente—menti

to lie

Pers. Inf.	meter, meteres, meter; metermos, meterdes, meterem
Pres. *Ind.*	meto, *metes, mete;* metemos, meteis, *metem**
Imp. *Ind.*	metia, metias, metia; metíamos, metíeis, metiam
Pret. *Ind.*	meti, meteste, meteu; metemos, metestes, meteram
Plup. *Ind.*	metera, meteras, metera; metêramos, metêreis, meteram
Fut. *Ind.*	meterei, meterás, meterá; meteremos, metereis, meterão
Pres. *Perf.* *Ind.*	tenho metido, tens metido, tem metido; temos metido, tendes metido, têm metido
Plup. *Ind.*	tinha metido, tinhas metido, tinha metido; tínhamos metido, tínheis metido, tinham metido
Fut. *Perf.* *Ind.*	terei metido, terás metido, terá metido; teremos metido, tereis metido, terão metido
Pres. *Subj.*	meta, metas, meta; metamos, metais, metam
Imp. *Ind.*	metesse, metesses, metesse; metêssemos, metêsseis, metessem
Fut. *Subj.*	meter, meteres, meter; metermos, meterdes, meterem
Pres. *Perf.* *Subj.*	tenha metido, tenhas metido, tenha metido; tenhamos metido, tenhais metido, tenham metido
Past *Perf.* *Subj.*	tivesse metido, tivesses metido, tivesse metido; tivéssemos metido, tivésseis metido, tivessem metido
Fut. *Perf.* *Subj.*	tiver metido, tiveres metido, tiver metido; tivermos metido, tiverdes metido, tiverem metido
Condi- *tional*	meteria, meterias, meteria; meteríamos, meteríeis, meteriam
Cond. *Perf.*	teria metido, terias metido, teria metido; teríamos metido, teríeis metido, teriam metido
Imper- *ative*	*mete**—metei

to put in

* NOTE: Only the "open" theme vowels of the radical-changing verbs appear in italic type. For further explanation see Preface.

Pers. Inf.	morar, morares, morar; morarmos, morardes, morarem
Pres. *Ind.*	moro, moras, mora; moramos, morais, *moram**
Imp. *Ind.*	morava, moravas, morava; morávamos, moráveis, moravam
Pret. *Ind.*	morei, moraste, morou; morámos, morastes, moraram
Plup. *Ind.*	morara, moraras, morara; moráramos, moráreis, moraram
Fut. Ind.	morarei, morarás, morará; moraremos, morareis, morarão
Pres. *Perf.* *Ind.*	tenho morado, tens morado, tem morado; temos morado, tendes morado, têm morado
Plup. *Ind.*	tinha morado, tinhas morado, tinha morado; tínhamos morado, tínheis morado, tinham morado
Fut. *Perf.* *Ind.*	terei morado, terás morado, terá morado; teremos morado, tereis morado, terão morado
Pres. *Subj.*	more, mores, more; moremos, moreis, *morem**
Imp. *Subj.*	morasse, morasses, morasse; morássemos, morásseis, morassem
Fut. *Subj.*	morar, morares, morar; morarmos, morardes, morarem
Pres. *Perf.* *Subj.*	tenha morado, tenhas morado, tenha morado; tenhamos morado, tenhais morado, tenham morado
Past *Perf.* *Subj.*	tivesse morado, tivesses morado, tivesse morado; tivéssemos morado, tivésseis morado, tivessem morado
Fut. *Perf.* *Subj.*	tiver morado, tiveres morado, tiver morado; tivermos morado, tiverdes morado, tiverem morado
Condi- *tional*	moraria, morarias, moraria; moraríamos, moraríeis, morariam
Cond. *Perf.*	teria morado, terias morado, teria morado; teríamos morado, teríeis morado, teriam morado
Imper- *ative*	mora*—morai

to reside

* NOTE: Only the "open" theme vowels of the radical-changing verbs appear in italic type. For further explanation see Preface.

Pers. Inf. morrer, morreres, morrer;
morrermos, morrerdes, morrerem

Pres. morro, *morres, morre;*   *to die*
Ind. morremos, morreis, *morrem**

Imp. morria, morrias, morria;
Ind. morríamos, morríeis, morriam

Pret. morri, morreste, morreu;
Ind. morremos, morrestes, morreram

Plup. morrera, morreras, morrera;
Ind. morrêramos, morrêreis, morreram

Fut. Ind. morrerei, morrerás, morrerá;
morreremos, morrereis, morrerão

Pres. tenho morrido, tens morrido, tem morrido;
Perf. temos morrido, tendes morrido, têm morrido
Ind.

Plup. tinha morrido, tinhas morrido, tinha morrido;
Ind. tínhamos morrido, tínheis morrido, tinham morrido

Fut. terei morrido, terás morrido, terá morrido;
Perf. teremos morrido, tereis morrido, terão morrido
Ind.

Pres. morra, morras, morra;
Subj. morramos, morrais, morram

Imp. morresse, morresses, morresse;
Subj. morrêssemos, morrêsseis, morressem

Fut. morrer, morreres, morrer;
Subj. morrermos, morrerdes, morrerem

Pres. tenha morrido, tenhas morrido, tenha morrido;
Perf. tenhamos morrido, tenhais morrido, tenham morrido
Subj.

Past. tivesse morrido, tivesses morrido, tivesse morrido;
Perf. tivéssemos morrido, tivésseis morrido, tivessem morrido
Subj.

Fut. tiver morrido, tiveres morrido, tiver morrido;
Perf. tivermos morrido, tiverdes morrido, tiverem morrido
Subj.

Condi- morreria, morrerias, morreria;
tional morreríamos, morreríeis, morreriam

Cond. teria morrido, terias morrido, teria morrido;
Perf. teríamos morrido, teríeis morrido, teriam morrido

Imper- *morre**—morrei
ative

Pers. Inf.	mostrar, mostrares, mostrar; mostrarmos, mostrardes, mostrarem
Pres. *Ind.*	mostro, mostras, mostra; mostramos, mostrais, *mostram** *to show*
Imp. *Ind.*	mostrava, mostravas, mostrava; mostrávamos, mostráveis, mostravam
Pret. *Ind.*	mostrei, mostraste, mostrou; mostrámos, mostrastes, mostraram
Plup. *Ind.*	mostrara, mostraras, mostrara; mostráramos, mostráreis, mostraram
Fut. *Ind.*	mostrarei, mostrarás, mostrará; mostraremos, mostrareis, mostrarão
Pres. *Perf.* *Ind.*	tenho mostrado, tens mostrado, tem mostrado; temos mostrado, tendes mostrado, têm mostrado
Plup. *Ind.*	tinha mostrado, tinhas mostrado, tinha mostrado; tínhamos mostrado, tínheis mostrado, tinham mostrado
Fut. *Perf.* *Ind.*	terei mostrado, terás mostrado, terá mostrado; teremos mostrado, tereis mostrado, terão mostrado
Pres. *Subj.*	mostre, mostres, mostre; mostremos, mostreis, *mostrem**
Imp. *Subj.*	mostrasse, mostrasses, mostrasse; mostrássemos, mostrásseis, mostrassem
Fut. *Subj.*	mostrar, mostrares, mostrar; mostrarmos, mostrardes, mostrarem
Pres. *Perf.* *Subj.*	tenha mostrado, tenhas mostrado, tenha mostrado; tenhamos mostrado, tenhais mostrado, tenham mostrado
Past *Perf.* *Subj.*	tivesse mostrado, tivesses mostrado, tivesse mostrado; tivéssemos mostrado, tivésseis mostrado, tivessem mostrado
Fut. *Perf.* *Subj.*	tiver mostrado, tiveres mostrado, tiver mostrado; tivermos mostrado, tiverdes mostrado, tiverem mostrado
Condi- *tional*	mostraria, mostrarias, mostraria; mostraríamos, mostraríeis, mostrariam
Cond. *Perf.*	teria mostrado, terias mostrado, teria mostrado; teríamos mostrado, teríeis mostrado, teriam mostrado
Imper- *ative*	*mostra**—mostrai

     * NOTE: Only the "open" theme vowels of the radical-changing verbs appear in italic type. For further explanation see Preface.

Pers. Inf.	mover, moveres, mover; movermos, moverdes, moverem

to move

Pres. *Ind.*	movo, *moves, move;* movemos, moveis, *movem**
Imp. *Ind.*	movia, movias, movia; movíamos, movíeis, moviam
Pret. *Ind.*	movi, moveste, moveu; movemos, movestes, moveram
Plup. *Ind.*	movera, moveras, movera; movêramos, movêreis, moveram
Fut. Ind.	moverei, moverás, moverá; moveremos, movereis, moverão
Pres. *Perf.* *Ind.*	tenho movido, tens movido, tem movido; temos movido, tendes movido, têm movido
Plup. *Ind.*	tinha movido, tinhas movido, tinha movido; tínhamos movido, tínheis movido, tinham movido
Fut. *Perf.* *Ind.*	terei movido, terás movido, terá movido; teremos movido, tereis movido, terão movido
Pres. *Subj.*	mova, movas, mova; movamos, movais, movam
Imp. *Subj.*	movesse, movesses, movesse; movêssemos, movêsseis, movessem
Fut. *Subj.*	mover, moveres, mover; movermos, moverdes, moverem
Pres. *Perf.* *Subj.*	tenha movido, tenhas movido, tenha movido; tenhamos movido, tenhais movido, tenham movido
Past *Perf.* *Subj.*	tivesse movido, tivesses movido, tivesse movido; tivéssemos movido, tivésseis movido, tivessem movido
Fut. *Perf.* *Subj.*	tiver movido, tiveres movido, tiver movido; tivermos movido, tiverdes movido, tiverem movido
Condi- *tional*	moveria, moverias, moveria; moveríamos, moveríeis, moveriam
Cond. *Perf.*	teria movido, terias movido, teria movido; teríamos movido, teríeis movido, teriam movido
Imper- *ative*	*move**—movei

Pers. Inf.	nascer, nasceres, nascer; nascermos, nascerdes, nascerem
Pres. *Ind.*	nasço, nasces, nasce; nascemos, nasceis, nascem
Imp. *Ind.*	nascia, nascias, nascia; nascíamos, nascíeis, nasciam
Pret. *Ind.*	nasci, nasceste, nasceu; nascemos, nascestes, nasceram
Plup. *Ind.*	nascera, nasceras, nascera; nascêramos, nascêreis, nasceram
Fut. Ind.	nascerei, nascerás, nascerá; nasceremos, nascereis, nascerão
Pres. *Perf.* *Ind.*	tenho nascido, tens nascido, tem nascido; temos nascido, tendes nascido, têm nascido
Plup. *Ind.*	tinha nascido, tinhas nascido, tinha nascido; tínhamos nascido, tínheis nascido, tinham nascido
Fut. *Perf.* *Ind.*	terei nascido, terás nascido, terá nascido; teremos nascido, tereis nascido, terão nascido
Pres. *Subj.*	nasça, nasças, nasça; nasçamos, nasçais, nasçam
Imp. *Subj.*	nascesse, nascesses, nascesse; nascêssemos, nascêsseis, nascessem
Fut. *Subj.*	nascer, nasceres, nascer; nascermos, nascerdes, nascerem
Pres. *Perf.* *Subj.*	tenha nascido, tenhas nascido, tenha nascido; tenhamos nascido, tenhais nascido, tenham nascido
Past *Perf.* *Subj.*	tivesse nascido, tivesses nascido, tivesse nascido; tivéssemos nascido, tivésseis nascido, tivessem nascido
Fut. *Perf.* *Subj.*	tiver nascido, tiveres nascido, tiver nascido; tivermos nascido, tiverdes nascido, tiverem nascido
Condi- *tional*	nasceria, nascerias, nasceria; nasceríamos, nasceríeis, nasceriam
Cond. *Perf.*	teria nascido, terias nascido, teria nascido; teríamos nascido, teríeis nascido, teriam nascido
Imper- *ative*	nasce—nascei

to be born

Pers. Inf.	necessitar, necessitares, necessitar; necessitarmos, necessitardes, necessitarem

Pres. necessito, necessitas, necessita;
Ind. necessitamos, necessitais, necessitam

to need

Imp. necessitava, necessitavas, necessitava;
Ind. necessitávamos, necessitáveis, necessitavam

Pret. necessitei, necessitaste, necessitou;
Ind. necessitámos, necessitastes, necessitaram

Plup. necessitara, necessitaras, necessitara;
Ind. necessitáramos, necessitáreis, necessitaram

Fut. Ind. necessitarei, necessitarás, necessitará;
necessitaremos, necessitareis, necessitarão

Pres. tenho necessitado, tens necessitado, tem necessitado;
Perf. temos necessitado, tendes necessitado, têm necessitado
Ind.

Plup. tinha necessitado, tinhas necessitado, tinha necessitado;
Ind. tínhamos necessitado, tínheis necessitado, tinham necessitado

Fut. terei necessitado, terás necessitado, terá necessitado;
Perf. teremos necessitado, tereis necessitado, terão necessitado
Ind.

Pres. necessite, necessites, necessite;
Subj. necessitemos, necessiteis, necessitem

Imp. necessitasse, necessitasses, necessitasse;
Subj. necessitássemos, necessitásseis, necessitassem

Fut. necessitar, necessitares, necessitar;
Subj. necessitarmos, necessitardes, necessitarem

Pres. tenha necessitado, tenhas necessitado, tenha necessitado;
Perf. tenhamos necessitado, tenhais necessitado, tenham necessitado
Subj.

Past tivesse necessitado, tivesses necessitado, tivesse necessitado;
Perf. tivéssemos necessitado, tivésseis necessitado, tivessem necessitado
Subj.

Fut. tiver necessitado, tiveres necessitado, tiver necessitado;
Perf. tivermos necessitado, tiverdes necessitado, tiverem necessitado
Subj.

Condi- necessitaria, necessitarias, necessitaria;
tional necessitaríamos, necessitaríeis, necessitariam

Cond. teria necessitado, terias necessitado, teria necessitado;
Perf. teríamos necessitado, teríeis necessitado, teriam necessitado

Imper- necessita—necessitai
ative

Pres. Ind.	*neva**
Imp. Ind.	nevava
Pret. Ind.	nevou
Plup. Ind.	nevara
Fut. Ind.	nevará
Pres. Perf. Ind.	tem nevado
Plup. Ind.	tinha nevado
Fut. Perf. Ind.	terá nevado
Pres. Subj.	*neve**
Imp. Subj.	nevasse
Fut. Subj.	nevar
Pres. Perf. Subj.	tenha nevado
Past Perf. Subj.	tivesse nevado
Fut. Perf. Subj.	tiver nevado
Condi-tional	nevaria
Cond. Perf.	teria nevado

to snow

* NOTE: Only the "open" theme vowels of the radical-changing verbs appear in italic type. For further explanation see Preface.

Pers. Inf.	obedecer, obedeceres, obedecer; obedecermos, obedecerdes, obedecerem
Pres. *Ind.*	obedeço, *obedeces, obedece;* obedecemos, obedeceis, *obedecem**
Imp. *Ind.*	obedecia, obedecias, obedecia; obedecíamos, obedecíeis, obedeciam
Pret. *Ind.*	obedeci, obedeceste, obedeceu; obedecemos, obedecestes, obedeceram
Plup. *Ind.*	obedecera, obedeceras, obedecera; obedecêramos, obedecêreis, obedeceram
Fut. Ind.	obedecerei, obedecerás, obedecerá; obedeceremos, obedecereis, obedecerão
Pres. *Perf.* *Ind.*	tenho obedecido, tens obedecido, tem obedecido; temos obedecido, tendes obedecido, têm obedecido
Plup. *Ind.*	tinha obedecido, tinhas obedecido, tinha obedecido; tínhamos obedecido, tínheis obedecido, tinham obedecido
Fut. *Perf.* *Ind.*	terei obedecido, terás obedecido, terá obedecido; teremos obedecido, tereis obedecido, terão obedecido
Pres. *Subj.*	obedeça, obedeças, obedeça; obedeçamos, obedeçais, obedeçam
Imp. *Subj.*	obedecesse, obedecesses, obedecesse; obedecêssemos, obedecêsseis, obedecessem
Fut. *Subj.*	obedecer, obedeceres, obedecer; obedecermos, obedecerdes, obedecerem
Pres. *Perf.* *Subj.*	tenha obedecido, tenhas obedecido, tenha obedecido; tenhamos obedecido, tenhais obedecido, tenham obedecido
Past *Perf.* *Subj.*	tivesse obedecido, tivesses obedecido, tivesse obedecido; tivéssemos obedecido, tivésseis obedecido, tivessem obedecido
Fut. *Perf.* *Subj.*	tiver obedecido, tiveres obedecido, tiver obedecido; tivermos obedecido, tiverdes obedecido, tiverem obedecido
Condi- *tional*	obedeceria, obedecerias, obedeceria; obedeceríamos, obedeceríeis, obedeceriam
Cond. *Perf.*	teria obedecido, terias obedecido, teria obedecido; teríamos obedecido, teríeis obedecido, teriam obedecido
Imper- *ative*	*obedece**—obedecei

to obey

Pers. Inf.	obrigar, obrigares, obrigar; obrigarmos, obrigardes, obrigarem
Pres. *Ind.*	obrigo, obrigas, obriga; obrigamos, obrigais, obrigam
Imp. *Ind.*	obrigava, obrigavas, obrigava; obrigávamos, obrigáveis, obrigavam
Pret. *Ind.*	obriguei, obrigaste, obrigou; obrigámos, obrigastes, obrigaram
Plup. *Ind.*	obrigara, obrigaras, obrigara; obrigáramos, obrigáreis, obrigaram
Fut. Ind.	obrigarei, obrigarás, obrigará; obrigaremos, obrigareis, obrigarão
Pres. *Perf.* *Ind.*	tenho obrigado, tens obrigado, tem obrigado; temos obrigado, tendes obrigado, têm obrigado
Plup. *Ind.*	tinha obrigado, tinhas obrigado, tinha obrigado; tínhamos obrigado, tínheis obrigado, tinham obrigado
Fut. *Perf.* *Ind.*	terei obrigado, terás obrigado, terá obrigado; teremos obrigado, tereis obrigado, terão obrigado
Pres. *Subj.*	obrigue, obrigues, obrigue; obriguemos, obrigueis, obriguem
Imp. *Subj.*	obrigasse, obrigasses, obrigasse; obrigássemos, obrigásseis, obrigassem
Fut. *Subj.*	obrigar, obrigares, obrigar; obrigarmos, obrigardes, obrigarem
Pres. *Perf.* *Subj.*	tenha obrigado, tenhas obrigado, tenha obrigado; tenhamos obrigado, tenhais obrigado, tenham obrigado
Past *Perf.* *Subj.*	tivesse obrigado, tivesses obrigado, tivesse obrigado; tivéssemos obrigado, tivésseis obrigado, tivessem obrigado
Fut. *Perf.* *Subj.*	tiver obrigado, tiveres obrigado, tiver obrigado; tivermos obrigado, tiverdes obrigado, tiverem obrigado
Condi- *tional*	obrigaria, obrigarias, obrigaria; obrigaríamos, obrigaríeis, obrigariam
Cond. *Perf.*	teria obrigado, terias obrigado, teria obrigado; teríamos obrigado, teríeis obrigado, teriam obrigado
Imper- *ative*	obriga—obrigai

to oblige

Pers. Inf.	odiar, odiares, odiar; odiarmos, odiardes, odiarem
Pres. *Ind.*	odeio, odeias, odeia; odiamos, odiais, odeiam
Imp. *Ind.*	odiava, odiavas, odiava; odiávamos, odiáveis, odiavam
Pret. *Ind.*	odiei, odiaste, odiou; odiámos, odiastes, odiaram
Plup. *Ind.*	odiara, odiaras, odiara; odiáramos, odiáreis, odiaram
Fut. Ind.	odiarei, odiarás, odiará; odiaremos, odiareis, odiarão
Pres. *Perf.* *Ind.*	tenho odiado, tens odiado, tem odiado; temos odiado, tendes odiado, têm odiado
Plup. *Ind.*	tinha odiado, tinhas odiado, tinha odiado; tínhamos odiado, tínheis odiado, tinham odiado
Fut. *Perf.* *Ind.*	terei odiado, terás odiado, terá odiado; teremos odiado, tereis odiado, terão odiado
Pres. *Subj.*	odeie, odeies, odeie; odiemos, odieis, odeiem
Imp. *Subj.*	odiasse, odiasses, odiasse; odiássemos, odiásseis, odiassem
Fut. *Subj.*	odiar, odiares, odiar; odiarmos, odiardes, odiarem
Pres. *Perf.* *Subj.*	tenha odiado, tenhas odiado, tenha odiado; tenhamos odiado, tenhais odiado, tenham odiado
Past *Perf.* *Subj.*	tivesse odiado, tivesses odiado, tivesse odiado; tivéssemos odiado, tivésseis odiado, tivessem odiado
Fut. *Perf.* *Subj.*	tiver odiado, tiveres odiado, tiver odiado; tivermos odiado, tiverdes odiado, tiverem odiado
Condi- *tional*	odiaria, odiarias, odiaria; odiaríamos, odiaríeis, odiariam
Cond. *Perf.*	teria odiado, terias odiado, teria odiado; teríamos odiado, teríeis odiado, teriam odiado
Imper- *ative*	odeia—odiai

to hate

133

Pers. Inf.	oferecer, ofereceres, oferecer; oferecermos, oferecerdes, oferecerem

Pres.   ofereço, *ofereces, oferece;*   *to offer*
Ind.   oferecemos, ofereceis, *oferecem**

Imp.   oferecia, oferecias, oferecia;
Ind.   oferecíamos, oferecíeis, ofereciam

Pret.   ofereci, ofereceste, ofereceu;
Ind.   oferecemos, oferecestes, ofereceram

Plup.   oferecera, ofereceras, oferecera;
Ind.   oferecêramos, oferecêreis, ofereceram

Fut. Ind.   oferecerei, oferecerás, oferecerá; ofereceremos, oferecereis, oferecerão

Pres.   tenho oferecido, tens oferecido, tem oferecido;
Perf.   temos oferecido, tendes oferecido, têm oferecido
Ind.

Plup.   tinha oferecido, tinhas oferecido, tinha oferecido;
Ind.   tínhamos oferecido, tínheis oferecido, tinham oferecido

Fut.   terei oferecido, terás oferecido, terá oferecido;
Perf.   teremos oferecido, tereis oferecido, terão oferecido
Ind.

Pres.   ofereça, ofereças, ofereça;
Subj.   ofereçamos, ofereçais, ofereçam

Imp.   oferecesse, oferecesses, oferecesse;
Subj.   oferecêssemos, oferecêsseis, oferecessem

Fut.   oferecer, ofereceres, oferecer;
Subj.   oferecermos, oferecerdes, oferecerem

Pres.   tenha oferecido, tenhas oferecido, tenha oferecido;
Perf.   tenhamos oferecido, tenhais oferecido, tenham oferecido
Subj.

Past   tivesse oferecido, tivesses oferecido, tivesse oferecido;
Perf.   tivéssemos oferecido, tivésseis oferecido, tivessem oferecido
Subj.

Fut.   tiver oferecido, tiveres oferecido, tiver oferecido;
Perf.   tivermos oferecido, tiverdes oferecido, tiverem oferecido
Subj.

Condi-   ofereceria, oferecerias, ofereceria;
tional   ofereceríamos, ofereceríeis, ofereceriam

Cond.   teria oferecido, terias oferecido, teria oferecido;
Perf.   teríamos oferecido, teríeis oferecido, teriam oferecido

Imper-   *oferece**—oferecei
ative

     * NOTE: Only the "open" theme vowels of the radical-changing verbs appear in italic type. For further explanation see Preface.

Pers. Inf.	olhar, olhares, olhar; olharmos, olhardes, olharem

Pres. *olho, olhas, olha;* **to look at**
Ind. olhamos, olhais, *olham**

Imp. olhava, olhavas, olhava;
Ind. olhávamos, olháveis, olhavam

Pret. olhei, olhaste, olhou;
Ind. olhámos, olhastes, olharam

Plup. olhara, olharas, olhara;
Ind. olháramos, olháreis, olharam

Fut. Ind. olharei, olharás, olhará;
olharemos, olhareis, olharão

Pres. tenho olhado, tens olhado, tem olhado;
Perf. temos olhado, tendes olhado, têm olhado
Ind.

Plup. tinha olhado, tinhas olhado, tinha olhado;
Ind. tínhamos olhado, tínheis olhado, tinham olhado

Fut. terei olhado, terás olhado, terá olhado;
Perf. teremos olhado, tereis olhado, terão olhado
Ind.

Pres. *olhe, olhes, olhe;*
Subj. olhemos, olheis, *olhem**

Imp. olhasse, olhasses, olhasse;
Subj. olhássemos, olhásseis, olhassem

Fut. olhar, olhares, olhar;
Subj. olharmos, olhardes, olharem

Pres. tenha olhado, tenhas olhado, tenha olhado;
Perf. tenhamos olhado, tenhais olhado, tenham olhado
Subj.

Past tivesse olhado, tivesses olhado, tivesse olhado;
Perf. tivéssemos olhado, tivésseis olhado, tivessem olhado
Subj.

Fut. tiver olhado, tiveres olhado, tiver olhado;
Perf. tivermos olhado, tiverdes olhado, tiverem olhado
Subj.

Condi- olharia, olharias, olharia;
tional olharíamos, olharíeis, olhariam

Cond. teria olhado, terias olhado, teria olhado,
Perf. teríamos olhado, teríeis olhado, teriam olhado

Imper- *olha**—olhai
ative

Pers. Inf.	ouvir, ouvires, ouvir; ouvirmos, ouvirdes, ouvirem

                    to hear

Pres. *Ind.*	ouço (oiço), ouves, ouve; ouvimos, ouvis, ouvem
Imp. *Ind.*	ouvia, ouvias, ouvia; ouvíamos, ouvíeis, ouviam
Pret. *Ind.*	ouvi, ouviste, ouviu; ouvimos, ouvistes, ouviram
Plup. *Ind.*	ouvira, ouviras, ouvira; ouvíramos, ouvíreis, ouviram
Fut. Ind.	ouvirei, ouvirás, ouvirá; ouviremos, ouvireis, ouvirão
Pres. *Perf.* *Ind.*	tenho ouvido, tens ouvido, tem ouvido; temos ouvido, tendes ouvido, têm ouvido
Plup. *Ind.*	tinha ouvido, tinhas ouvido, tinha ouvido; tínhamos ouvido, tínheis ouvido, tinham ouvido
Fut. *Perf.* *Ind.*	terei ouvido, terás ouvido, terá ouvido; teremos ouvido, tereis ouvido, terão ouvido
Pres. *Subj.*	ouça (oiça), ouças (oiças), ouça (oiça); ouçamos (oiçamos), ouçais (oiçais), ouçam (oiçam)
Imp. *Subj.*	ouvisse, ouvisses, ouvisse; ouvíssemos, ouvísseis, ouvissem
Fut. *Subj.*	ouvir, ouvires, ouvir; ouvirmos, ouvirdes, ouvirem
Pres. *Perf.* *Subj.*	tenha ouvido, tenhas ouvido, tenha ouvido; tenhamos ouvido, tenhais ouvido, tenham ouvido
Past *Perf.* *Subj.*	tivesse ouvido, tivesses ouvido, tivesse ouvido; tivéssemos ouvido, tivésseis ouvido, tivessem ouvido
Fut. *Perf.* *Subj.*	tiver ouvido, tiveres ouvido, tiver ouvido; tivermos ouvido, tiverdes ouvido, tiverem ouvido
Condi- *tional*	ouviria, ouvirias, ouviria; ouviríamos, ouviríeis, ouviriam
Cond. *Perf.*	teria ouvido, terias ouvido, teria ouvido; teríamos ouvido, teríeis ouvido, teriam ouvido
Imper- *ative*	ouve—ouvi

136

Pers. Inf. pagar, pagares, pagar;
pagarmos, pagardes, pagarem

to pay

Pres. pago, pagas, paga;
Ind. pagamos, pagais, pagam

Imp. pagava, pagavas, pagava;
Ind. pagávamos, pagáveis, pagavam

Pret. paguei, pagaste, pagou;
Ind. pagámos, pagastes, pagaram

Plup. pagara, pagaras, pagara;
Ind. pagáramos, pagáreis, pagaram

Fut. Ind. pagarei, pagarás, pagará;
pagaremos, pagareis, pagarão

Pres. tenho pagado, tens pagado, tem pagado;
Perf. temos pagado, tendes pagado, têm pagado
Ind.

Plup. tinha pagado, tinhas pagado, tinha pagado;
Ind. tínhamos pagado, tínheis pagado, tinham pagado

Fut. terei pagado, terás pagado, terá pagado;
Perf. teremos pagado, tereis pagado, terão pagado
Ind.

Pres. pague, pagues, pague;
Subj. paguemos, pagueis, paguem

Imp. pagasse, pagasses, pagasse;
Subj. pagássemos, pagásseis, pagassem

Fut. pagar, pagares, pagar;
Subj. pagarmos, pagardes, pagarem

Pres. tenha pagado, tenhas pagado, tenha pagado;
Perf. tenhamos pagado, tenhais pagado, tenham pagado
Subj.

Past tivesse pagado, tivesses pagado, tivesse pagado;
Perf. tivéssemos pagado, tivésseis pagado, tivessem pagado
Subj.

Fut. tiver pagado, tiveres pagado, tiver pagado;
Perf. tivermos pagado, tiverdes pagado, tiverem pagado
Subj.

Condi- pagaria, pagarias, pagaria;
tional pagaríamos, pagaríeis, pagariam

Cond. teria pagado, terias pagado, teria pagado;
Perf. teríamos pagado, teríeis pagado, teriam pagado

Imper- paga—pagai
ative

* See note page 99.

Pers. Inf.	parecer, pareceres, parecer; parecermos, parecerdes, parecerem
Pres. *Ind.*	pareço, *pareces, parece;* parecemos, pareceis, *parecem**
Imp. *Ind.*	parecia, parecias, parecia; parecíamos, parecíeis, pareciam
Pret. *Ind.*	pareci, pareceste, pareceu; parecemos, parecestes, pareceram
Plup. *Ind.*	parecera, pareceras, parecera; parecêramos, parecêreis, pareceram
Fut. Ind.	parecerei, parecerás, parecerá; pareceremos, parecereis, parecerão
Pres. *Perf.* *Ind.*	tenho parecido, tens parecido, tem parecido; temos parecido, tendes parecido, têm parecido
Plup. *Ind.*	tinha parecido, tinhas parecido, tinha parecido; tínhamos parecido, tínheis parecido, tinham parecido
Fut. *Perf.* *Ind.*	terei parecido, terás parecido, terá parecido; teremos parecido, tereis parecido, terão parecido
Pres. *Subj.*	pareça, pareças, pareça; pareçamos, pareçais, pareçam
Imp. *Subj.*	parecesse, parecesses, parecesse; parecêssemos, parecêsseis, parecessem
Fut. *Subj.*	parecer, pareceres, parecer; parecermos, parecerdes, parecerem
Pres. *Perf.* *Subj.*	tenha parecido, tenhas parecido, tenha parecido; tenhamos parecido, tenhais parecido, tenham parecido
Past *Perf.* *Subj.*	tivesse parecido, tivesses parecido, tivesse parecido; tivéssemos parecido, tivésseis parecido, tivessem parecido
Fut. *Perf.* *Subj.*	tiver parecido, tiveres parecido, tiver parecido; tivermos parecido, tiverdes parecido, tiverem parecido
Condi- *tional*	pareceria, parecerias, pareceria; pareceríamos, pareceríeis, pareceriam
Cond. *Perf.*	teria parecido, terias parecido, teria parecido; teríamos parecido, teríeis parecido, teriam parecido
Imper- *ative*	*parece**—parecei

to seem

* NOTE: Only the "open" theme vowels of the radical-changing verbs appear in italic type. For further explanation see Preface.

Pers. Inf.	passar, passares, passar; passarmos, passardes, passarem
Pres. *Ind.*	passo, passas, passa; passamos, passais, passam
Imp. *Ind.*	passava, passavas, passava; passávamos, passáveis, passavam
Pret. *Ind.*	passei, passaste, passou; passámos, passastes, passaram
Plup. *Ind.*	passara, passaras, passara; passáramos, passáreis, passaram
Fut. Ind.	passarei, passarás, passará; passaremos, passareis, passarão
Pres. *Perf.* *Ind.*	tenho passado, tens passado, tem passado; temos passado, tendes passado, têm passado
Plup. *Ind.*	tinha passado, tinhas passado, tinha passado; tínhamos passado, tínheis passado, tinham passado
Fut. *Perf.* *Ind.*	terei passado, terás passado, terá passado; teremos passado, tereis passado, terão passado
Pres. *Subj.*	passe, passes, passe; passemos, passeis, passem
Imp. *Subj.*	passasse, passasses, passasse; passássemos, passásseis, passassem
Fut. *Subj.*	passar, passares, passar; passarmos, passardes, passarem
Pres. *Perf.* *Subj.*	tenha passado, tenhas passado, tenha passado; tenhamos passado, tenhais passado, tenham passado
Past *Perf.* *Subj.*	tivesse passado, tivesses passado, tivesse passado; tivéssemos passado, tivésseis passado, tivessem passado
Fut. *Perf.* *Subj.*	tiver passado, tiveres passado, tiver passado; tivermos passado, tiverdes passado, tiverem passado
Condi- *tional*	passaria, passarias, passaria; passaríamos, passaríeis, passariam
Cond. *Perf.*	teria passado, terias passado, teria passado; teríamos passado, teríeis passado, teriam passado
Imper- *ative*	passa—passai

to pass

Pers. Inf.	passear, passeares, passear; passearmos, passeardes, passearem

Pres.   passeio, passeias, passeia;   *to take*
Ind.   passeamos, passeais, passeiam   *a walk*

Imp.   passeava, passeavas, passeava;
Ind.   passeávamos, passeáveis, passeavam

Pret.   passeei, passeaste, passeou;
Ind.   passeámos, passeastes, passearam

Plup.   passeara, passearas, passeara;
Ind.   passeáramos, passeáreis, passearam

Fut. Ind.   passearei, passearás, passeará;
             passearemos, passeareis, passearão

Pres.   tenho passeado, tens passeado, tem passeado;
Perf.   temos passeado, tendes passeado, têm passeado
Ind.

Plup.   tinha passeado, tinhas passeado, tinha passeado;
Ind.   tínhamos passeado, tínheis passeado, tinham passeado

Fut.   terei passeado, terás passeado, terá passeado;
Perf.   teremos passeado, tereis passeado, terão passeado
Ind.

Pres.   passeie, passeies, passeie;
Subj.   passeemos, passeeis, passeiem

Imp.   passeasse, passeasses, passeasse;
Subj.   passeássemos, passeásseis, passeassem

Fut.   passear, passeares, passear;
Subj.   passearmos, passeardes, passearem

Pres.   tenha passeado, tenhas passeado, tenha passeado;
Perf.   tenhamos passeado, tenhais passeado, tenham passeado
Subj.

Past   tivesse passeado, tivesses passeado, tivesse passeado;
Perf.   tivéssemos passeado, tivésseis passeado, tivessem passeado
Subj.

Fut.   tiver passeado, tiveres passeado, tiver passeado;
Perf.   tivermos passeado, tiverdes passeado, tiverem passeado
Subj.

Condi-   passearia, passearias, passearia;
tional   passearíamos, passearíeis, passeariam

Cond.   teria passeado, terias passeado, teria passeado;
Perf.   teríamos passeado, teríeis passeado, teriam passeado

Imper-   passeia—passeai
ative

Pers. Inf.	pedir, pedires, pedir; pedirmos, pedirdes, pedirem
Pres. *Ind.*	*peço, pedes, pede;* pedimos, pedis, *pedem**
Imp. *Ind.*	pedia, pedias, pedia; pedíamos, pedíeis, pediam
Pret. *Ind.*	pedi, pediste, pediu; pedimos, pedistes, pediram
Plup. *Ind.*	pedira, pediras, pedira; pedíramos, pedíreis, pediram
Fut. Ind.	pedirei, pedirás, pedirá; pediremos, pedireis, pedirão
Pres. *Perf.* *Ind.*	tenho pedido, tens pedido, tem pedido; temos pedido, tendes pedido, têm pedido
Plup. *Ind.*	tinha pedido, tinhas pedido, tinha pedido; tínhamos pedido, tínheis pedido, tinham pedido
Fut. *Perf.* *Ind.*	terei pedido, terás pedido, terá pedido; teremos pedido, tereis pedido, terão pedido
Pres. *Subj.*	*peça, peças, peça;* peçamos, peçais, *peçam**
Imp. *Subj.*	pedisse, pedisses, pedisse; pedíssemos, pedísseis, pedissem
Fut. *Subj.*	pedir, pedires, pedir; pedirmos, pedirdes, pedirem
Pres. *Perf.* *Subj.*	tenha pedido, tenhas pedido, tenha pedido; tenhamos pedido, tenhais pedido, tenham pedido
Past *Perf.* *Subj.*	tivesse pedido, tivesses pedido, tivesse pedido; tivéssemos pedido, tivésseis pedido, tivessem pedido
Fut. *Perf.* *Subj.*	tiver pedido, tiveres pedido, tiver pedido; tivermos pedido, tiverdes pedido, tiverem pedido
Condi- *tional*	pediria, pedirias, pediria; pediríamos, pediríeis, pediriam
Cond. *Perf.*	teria pedido, terias pedido, teria pedido; teríamos pedido, teríeis pedido, teriam pedido
Imper- *ative*	*pede**—pedi

to ask for

* NOTE: Only the "open" theme vowels of the radical-changing verbs appear in italic type. For further explanation see Preface.

141

Pers. Inf.	pendurar, pendurares, pendurar; pendurarmos, pendurardes, pendurarem
Pres. *Ind.*	penduro, penduras, pendura; penduramos, pendurais, penduram

to hang up

Imp. *Ind.*	pendurava, penduravas, pendurava; pendurávamos, penduráveis, penduravam
Pret. *Ind.*	pendurei, penduraste, pendurou; pendurámos, pendurastes, penduraram
Plup. *Ind.*	pendurara, penduraras, pendurara; penduráramos, penduráreis, penduraram
Fut. Ind.	pendurarei, pendurarás, pendurará; penduraremos, pendurareis, pendurarão
Pres. *Perf.* *Ind.*	tenho pendurado, tens pendurado, tem pendurado; temos pendurado, tendes pendurado, têm pendurado
Plup. *Ind.*	tinha pendurado, tinhas pendurado, tinha pendurado; tínhamos pendurado, tínheis pendurado, tinham pendurado
Fut. *Perf.* *Ind.*	terei pendurado, terás pendurado, terá pendurado; teremos pendurado, tereis pendurado, terão pendurado
Pres. *Subj.*	pendure, pendures, pendure; penduremos, pendureis, pendurem
Imp. *Subj.*	pendurasse, pendurasses, pendurasse; pendurássemos, pendurásseis, pendurassem
Fut. *Subj.*	pendurar, pendurares, pendurar; pendurarmos, pendurardes, pendurarem
Pres. *Perf.* *Subj.*	tenha pendurado, tenhas pendurado, tenha pendurado; tenhamos pendurado, tenhais pendurado, tenham pendurado
Past *Perf.* *Subj.*	tivesse pendurado, tivesses pendurado, tivesse pendurado; tivéssemos pendurado, tivésseis pendurado, tivessem pendurado
Fut. *Perf.* *Subj.*	tiver pendurado, tiveres pendurado, tiver pendurado; tivermos pendurado, tiverdes pendurado, tiverem pendurado
Condi- *tional*	penduraria, pendurarias, penduraria; penduraríamos, penduraríeis, pendurariam
Cond. *Perf.*	teria pendurado, terias pendurado, teria pendurado; teríamos pendurado, teríeis pendurado, teriam pendurado
Imper- *ative*	pendura—pendurai

Pers. Inf.	pensar, pensares, pensar; pensarmos, pensardes, pensarem
Pres. *Ind.*	penso, pensas, pensa; pensamos, pensais, pensam
Imp. *Ind.*	pensava, pensavas, pensava; pensávamos, pensáveis, pensavam
Pret. *Ind.*	pensei, pensaste, pensou; pensámos, pensastes, pensaram
Plup. *Ind.*	pensara, pensaras, pensara; pensáramos, pensáreis, pensaram
Fut. Ind.	pensarei, pensarás, pensará; pensaremos, pensareis, pensarão
Pres. *Perf.* *Ind.*	tenho pensado, tens pensado, tem pensado; temos pensado, tendes pensado, têm pensado
Plup. *Ind.*	tinha pensado, tinhas pensado, tinha pensado; tínhamos pensado, tínheis pensado, tinham pensado
Fut. *Perf.* *Ind.*	terei pensado, terás pensado, terá pensado; teremos pensado, tereis pensado, terão pensado
Pres. *Subj.*	pense, penses, pense; pensemos, penseis, pensem
Imp. *Subj.*	pensasse, pensasses, pensasse; pensássemos, pensásseis, pensassem
Fut. *Subj.*	pensar, pensares, pensar; pensarmos, pensardes, pensarem
Pres. *Perf.* *Subj.*	tenha pensado, tenhas pensado, tenha pensado; tenhamos pensado, tenhais pensado, tenham pensado
Past *Perf.* *Subj.*	tivesse pensado, tivesses pensado, tivesse pensado; tivéssemos pensado, tivésseis pensado, tivessem pensado
Fut. *Perf.* *Subj.*	tiver pensado, tiveres pensado, tiver pensado; tivermos pensado, tiverdes pensado, tiverem pensado
Condi- *tional*	pensaria, pensarias, pensaria; pensaríamos, pensaríeis, pensariam
Cond. *Perf.*	teria pensado, terias pensado, teria pensado; teríamos pensado, teríeis pensado. teriam pensado
Imper- *ative*	pensa—pensai

to think

143

Pers. Inf.	perder, perderes, perder; perdermos, perderdes, perderem

Pres. perco, perdes, perde;   *to lose*
Ind. perdemos, perdeis, *perdem**

Imp. perdia, perdias, perdia;
Ind. perdíamos, perdíeis, perdiam

Pret. perdi, perdeste, perdeu;
Ind. perdemos, perdestes, perderam

Plup. perdera, perderas, perdera;
Ind. perdêramos, perdêreis, perderam

Fut. Ind. perderei, perderás, perderá;
perderemos, perdereis, perderão

Pres. tenho perdido, tens perdido, tem perdido;
Perf. temos perdido, tendes perdido, têm perdido
Ind.

Plup. tinha perdido, tinhas perdido, tinha perdido;
Ind. tínhamos, perdido, tínheis perdido, tinham perdido

Fut. terei perdido, terás perdido, terá perdido;
Perf. teremos perdido, tereis perdido, terão perdido
Ind.

Pres. perca, percas, perca;
Subj. percamos, percais, *percam**

Imp. perdesse, perdesses, perdesse;
Subj. perdêssemos, perdêsseis, perdessem

Fut. perder, perderes, perder;
Subj. perdermos, perderdes, perderem

Pres. tenha perdido, tenhas perdido, tenha perdido;
Perf. tenhamos perdido, tenhais perdido, tenham perdido
Subj.

Past tivesse perdido, tivesses perdido, tivesse perdido;
Perf. tivéssemos perdido, tivésseis perdido, tivessem perdido
Subj.

Fut. tiver perdido, tiveres perdido, tiver perdido;
Perf. tivermos perdido, tiverdes perdido, tiverem perdido
Subj.

Condi- perderia, perderias, perderia;
tional perderíamos, perderíeis, perderiam

Cond. teria perdido, terias perdido, teria perdido;
Perf. teríamos perdido, teríeis perdido, teriam perdido

Imper- perde*—perdei
ative

* NOTE: Only the "open" theme vowels of the radical-changing verbs appear in italic type. For further explanation see Preface.

Pers. Inf.	perdoar, perdoares, perdoar; perdoarmos, perdoardes, perdoarem

Pres. *Ind.*	perdôo, perdoas, perdoa; perdoamos, perdoais, perdoam	*to forgive*

Imp. *Ind.*	perdoava, perdoavas, perdoava; perdoávamos, perdoáveis, perdoavam
Pret. *Ind.*	perdoei, perdoaste, perdoou; perdoámos, perdoastes, perdoaram
Plup. *Ind.*	perdoara, perdoaras, perdoara; perdoáramos, perdoáreis, perdoaram
Fut. Ind.	perdoarei, perdoarás, perdoará; perdoaremos, perdoareis, perdoarão
Pres. *Perf.* *Ind.*	tenho perdoado, tens perdoado, tem perdoado; temos perdoado, tendes perdoado, têm perdoado
Plup. *Ind.*	tinha perdoado, tinhas perdoado, tinha perdoado; tínhamos perdoado, tínheis perdoado, tinham perdoado
Fut. *Perf.* *Ind.*	terei perdoado, terás perdoado, terá perdoado; teremos perdoado, tereis perdoado, terão perdoado
Pres. *Subj.*	perdoe, perdoes, perdoe; perdoemos, perdoeis, perdoem
Imp. *Subj.*	perdoasse, perdoasses, perdoasse; perdoássemos, perdoásseis, perdoassem
Fut. *Subj.*	perdoar, perdoares, perdoar; perdoarmos, perdoardes, perdoarem
Pres. *Perf.* *Subj.*	tenha perdoado, tenhas perdoado, tenha perdoado; tenhamos perdoado, tenhais perdoado, tenham perdoado
Past *Perf.* *Subj.*	tivesse perdoado, tivesses perdoado, tivesse perdoado; tivéssemos perdoado, tivésseis perdoado, tivessem perdoado
Fut. *Perf.* *Subj.*	tiver perdoado, tiveres perdoado, tiver perdoado; tivermos perdoado, tiverdes perdoado, tiverem perdoado
Condi- *tional*	perdoaria, perdoarias, perdoaria; perdoaríamos, perdoaríeis, perdoariam
Cond. *Perf.*	teria perdoado, terias perdoado, teria perdoado; teríamos perdoado, teríeis perdoado, teriam perdoado
Imper- *ative*	perdoa—perdoai

Pers. Inf.	perguntar, perguntares, perguntar; perguntarmos, perguntardes, perguntarem
Pres. *Ind.*	pergunto, perguntas, pergunta; perguntamos, perguntais, perguntam

to ask a question

Imp. *Ind.*	perguntava, perguntavas, perguntava; perguntávamos, perguntáveis, perguntavam
Pret. *Ind.*	perguntei, perguntaste, perguntou; perguntámos, perguntastes, perguntaram
Plup. *Ind.*	perguntara, perguntaras, perguntara; perguntáramos, perguntáreis, perguntaram
Fut. Ind.	perguntarei, perguntarás, perguntará; perguntaremos, perguntareis, perguntarão
Pres. *Perf.* *Ind.*	tenho perguntado, tens perguntado, tem perguntado; temos perguntado, tendes perguntado, têm perguntado
Plup. *Ind.*	tinha perguntado, tinhas perguntado, tinha perguntado; tínhamos perguntado, tínheis perguntado, tinham perguntado
Fut. *Perf.* *Ind.*	terei perguntado, terás perguntado, terá perguntado; teremos perguntado, tereis perguntado, terão perguntado
Pres. *Subj.*	pergunte, perguntes, pergunte; perguntemos, pergunteis, perguntem
Imp. *Subj.*	perguntasse, perguntasses, perguntasse; perguntássemos, perguntásseis, perguntassem
Fut. *Subj.*	perguntar, perguntares, perguntar; perguntarmos, perguntardes, perguntarem
Pres. *Perf.* *Subj.*	tenha perguntado, tenhas perguntado, tenha perguntado; tenhamos perguntado, tenhais perguntado, tenham perguntado
Past *Perf.* *Subj.*	tivesse perguntado, tivesses perguntado, tivesse perguntado; tivéssemos perguntado, tivésseis perguntado, tivessem perguntado
Fut. *Perf.* *Subj.*	tiver perguntado, tiveres perguntado, tiver perguntado; tivermos perguntado, tiverdes perguntado, tiverem perguntado
Condi- *tional*	perguntaria, perguntarias, perguntaria; perguntaríamos, perguntaríeis, perguntariam
Cond. *Perf.*	teria perguntado, terias perguntado, teria perguntado; teríamos perguntado, teríeis perguntado, teriam perguntado
Imper- *ative*	pergunta—perguntai

Pers. Inf.	pertencer, pertenceres, pertencer; pertencermos, pertencerdes, pertencerem
Pres. *Ind.*	pertenço, pertences, pertence; pertencemos, pertenceis, pertencem

to belong

Imp. *Ind.*	pertencia, pertencias, pertencia; pertencíamos, pertencíeis, pertenciam
Pret. *Ind.*	pertenci, pertenceste, pertenceu; pertencemos, pertencestes, pertenceram
Plup. *Ind.*	pertencera, pertenceras, pertencera; pertencêramos, pertencêreis, pertenceram
Fut. Ind.	pertencerei, pertencerás, pertencerá; pertenceremos, pertencereis, pertencerão
Pres. *Perf.* *Ind.*	tenho pertencido, tens pertencido, tem pertencido; temos pertencido, tendes pertencido, têm pertencido
Plup. *Ind.*	tinha pertencido, tinhas pertencido, tinha pertencido; tínhamos pertencido, tínheis pertencido, tinham pertencido
Fut. *Perf.* *Ind.*	terei pertencido, terás pertencido, terá pertencido teremos pertencido, tereis pertencido, terão pertencido
Pres. *Subj.*	pertença, pertenças, pertença; pertençamos, pertençais, pertençam
Imp. *Subj.*	pertencesse, pertencesses, pertencesse; pertencêssemos, pertencêsseis, pertencessem
Fut. *Subj.*	pertencer, pertenceres, pertencer; pertencermos, pertencerdes, pertencerem
Pres. *Perf.* *Subj.*	tenha pertencido, tenhas pertencido, tenha pertencido; tenhamos pertencido, tenhais pertencido, tenham pertencido
Past *Perf.* *Subj.*	tivesse pertencido, tivesses pertencido, tivesse pertencido; tivéssemos pertencido, tivésseis pertencido, tivessem pertencido
Fut. *Perf.* *Subj.*	tiver pertencido, tiveres pertencido, tiver pertencido; tivermos pertencido, tiverdes pertencido, tiverem pertencido
Condi- *tional*	pertenceria, pertencerias, pertenceria; pertenceríamos, pertenceríeis, pertenceriam
Cond. *Perf.*	teria pertencido, terias pertencido, teria pertencido; teríamos pertencido, teríeis pertencido, teriam pertencido
Imper- *ative*	pertence—pertencei

Pers. Inf.	poder, poderes, poder; podermos, poderdes, poderem

to be able

Pres. *Ind.*	posso, podes, pode; podemos, podeis, podem*
Imp. *Ind.*	podia, podias, podia; podíamos, podíeis, podiam
Pret. *Ind.*	pude, pudeste, pôde; pudemos, pudestes, puderam
Plup. *Ind.*	pudera, puderas, pudera; pudéramos, pudéreis, puderam
Fut. Ind.	poderei, poderás, poderá; poderemos, podereis, poderão
Pres. *Perf.* *Ind.*	tenho podido, tens podido, tem podido; temos podido, tendes podido, têm podido
Plup. *Ind.*	tinha podido, tinhas podido, tinha podido; tínhamos podido, tínheis podido, tinham podido
Fut. *Perf.* *Ind.*	terei podido, terás podido, terá podido; teremos podido, tereis podido, terão podido
Pres. *Subj.*	possa, possas, possa; possamos, possais, possam*
Imp. *Subj.*	pudesse, pudesses, pudesse; pudéssemos, pudésseis pudessem
Fut. *Subj*	puder, puderes, puder; pudermos, puderdes, puderem
Pres. *Perf.* *Subj.*	tenha podido, tenhas podido, tenha podido; tenhamos podido, tenhais podido, tenham podido
Past *Perf.* *Subj.*	tivesse podido, tivesses podido, tivesse podido; tivéssemos podido, tivésseis podido, tivessem podido
Fut. *Perf.* *Subj.*	tiver podido, tiveres podido, tiver podido; tivermos podido, tiverdes podido, tiverem podido
Condi- *tional*	poderia, poderias, poderia; poderíamos poderíeis, poderiam
Cond. *Perf.*	teria podido, terias podido, teria podido; teríamos podido, teríeis podido, teriam podido
Imper- *ative*	pode*—podei

* NOTE: Only the "open" theme vowels of the radical-changing verbs appear in italic type. For further explanation see Preface.

Pers. Inf.	pôr, pores, pôr; pormos, pordes, porem
Pres. *Ind.*	ponho, pões, põe; pomos, pondes, põem
Imp. *Ind.*	punha, punhas, punha; púnhamos, púnheis, punham
Pret. *Ind.*	pus, puseste, pôs; pusemos, pusestes, puseram
Plup. *Ind.*	pusera, puseras, pusera; puséramos, puséreis, puseram
Fut. Ind.	porei, porás, porá; poremos, poreis, porão

to put, place

Pres. *Perf.* *Ind.*	tenho pôsto, tens pôsto, tem pôsto; temos pôsto, tendes pôsto, têm pôsto
Plup. *Ind.*	tinha pôsto, tinhas pôsto, tinha pôsto; tínhamos pôsto, tínheis pôsto, tinham pôsto
Fut. *Perf.* *Ind.*	terei pôsto, terás pôsto, terá pôsto; teremos pôsto, tereis pôsto, terão pôsto
Pres. *Subj.*	ponha, ponhas, ponha; ponhamos, ponhais, ponham
Imp. *Subj.*	pusesse, pusesses, pusesse; puséssemos, pusésseis, pusessem
Fut. *Subj.*	puser, puseres, puser; pusermos, puserdes, puserem
Pres. *Perf.* *Subj.*	tenha pôsto, tenhas pôsto, tenha pôsto; tenhamos pôsto, tenhais pôsto, tenham pôsto
Past *Perf.* *Subj.*	tivesse pôsto, tivesses pôsto, tivesse pôsto; tivéssemos pôsto, tivésseis pôsto, tivessem pôsto
Fut. *Perf.* *Subj.*	tiver pôsto, tiveres pôsto, tiver pôsto; tivermos pôsto, tiverdes pôsto, tiverem pôsto
Condi- *tional*	poria, porias, poria; poríamos, poríeis, poriam
Cond. *Perf.*	teria pôsto, terias pôsto, teria pôsto; teríamos pôsto, teríeis pôsto, teriam pôsto
Imper- *ative*	põe—ponde

Pers. Inf.	possuir, possuíres, possuir; possuirmos, possuirdes, possuírem

Pres. possuo, possuis, possui;   *to own*
Ind. possuímos, possuís, possuem

Imp. possuia, possuias, possuia;
Ind. possuíamos, possuíeis, possuiam

Pret. possuí, possuíste, possuiu,
Ind. possuímos, possuístes, possuíram

Plup. possuíra, possuíras, possuíra;
Ind. possuíramos, possuíreis, possuíram

Fut. Ind. possuirei, possuirás, possuirá;
possuiremos, possuireis, possuirão

Pres. tenho possuído, tens possuído, tem possuído;
Perf. temos possuído, tendes possuído, têm possuído
Ind.

Plup. tinha possuído, tinhas possuído, tinha possuído;
Ind. tínhamos possuído, tínheis possuído, tinham possuído

Fut. terei possuído, terás possuído, terá possuído;
Perf. teremos possuído, tereis possuído, terão possuído
Ind.

Pres. possua, possuas, possua;
Subj. possuamos, possuais, possuam

Imp. possuísse, possuísses, possuísse;
Subj. possuíssemos, possuísseis, possuíssem

Fut. possuir, possuíres, possuir;
Subj. possuirmos, possuirdes, possuírem

Pres. tenha possuído, tenhas possuído, tenha possuído;
Perf. tenhamos possuído, tenhais possuído, tenham possuído
Subj.

Past tivesse, possuído, tivesses possuído, tivesse possuído;
Perf. tivéssemos possuído, tivésseis possuído, tivessem possuído
Subj.

Fut. tiver possuído, tiveres possuído, tiver possuído;
Perf. tivermos possuído, tiverdes possuído, tiverem possuído
Subj.

Condi- possuiria, possuirias, possuiria;
tional possuiríamos, possuiríeis, possuiriam

Cond. teria possuído, terias possuído, teria possuído;
Perf. teríamos possuído, teríeis possuído, teriam possuído

Imper- possui—possuí
ative

Pers. Inf.	preferir, preferires, preferir; preferirmos, preferirdes, preferirem

to prefer

Pres. prefiro, *preferes, prefere;*
Ind. preferimos, preferis, *preferem**

Imp. preferia, preferias, preferia;
Ind. preferíamos, preferíeis, preferiam

Pret. preferi, preferiste, preferiu;
Ind. preferimos, preferistes, preferiram

Plup. preferira, preferiras, preferira;
Ind. preferíramos, preferíreis, preferiram

Fut. Ind. preferirei, preferirás, preferirá;
preferiremos, preferireis, preferirão

Pres. tenho preferido, tens preferido, tem preferido;
Perf. temos preferido, tendes preferido, têm preferido
Ind.

Plup. tinha preferido, tinhas preferido, tinha preferido;
Ind. tínhamos preferido, tínheis preferido, tinham preferido

Fut. terei preferido, terás preferido, terá preferido;
Perf. teremos preferido, tereis preferido, terão preferido
Ind.

Pres. prefira, prefiras, prefira;
Subj. prefiramos, prefirais, prefiram

Imp. preferisse, preferisses, preferisse;
Subj. preferíssemos, preferísseis, preferissem

Fut. preferir, preferires, preferir;
Subj. preferirmos, preferirdes, preferirem

Pres. tenha preferido, tenhas preferido, tenha preferido;
Perf. tenhamos preferido, tenhais preferido, tenham preferido
Subj.

Past tivesse preferido, tivesses preferido, tivesse preferido;
Perf. tivéssemos preferido, tivésseis preferido, tivessem preferido
Subj.

Fut. tiver preferido, tiveres preferido, tiver preferido;
Perf. tivermos preferido, tiverdes preferido, tiverem preferido
Subj.

Condi- preferiria, preferirias, preferiria;
tional preferiríamos, preferiríeis, prefeririam

Cond. teria preferido, terias preferido, teria preferido;
Perf. teríamos preferido, teríeis preferido, teriam preferido

Imper- *prefere**—preferi
ative

* NOTE: Only the "open" theme vowels of the radical-changing verbs appear in italic type. For further explanation see Preface.

Pers. Inf.	procurar, procurares, procurar; procurarmos, procurardes, procurarem
Pres. *Ind.*	procuro, procuras, procura; procuramos, procurais, procuram
Imp. *Ind.*	procurava, procuravas, procurava; procurávamos, procuráveis, procuravam
Pret. *Ind.*	procurei, procuraste, procurou; procurámos, procurastes, procuraram
Plup. *Ind.*	procurara, procuraras, procurara; procuráramos, procuráreis, procuraram
Fut. Ind.	procurarei, procurarás, procurará; procuraremos, procurareis, procurarão
Pres. *Perf.* *Ind.*	tenho procurado, tens procurado, tem procurado; temos procurado, tendes procurado, têm procurado
Plup. *Ind.*	tinha procurado, tinhas procurado, tinha procurado; tínhamos procurado, tínheis procurado, tinham procurado
Fut. *Perf.* *Ind.*	terei procurado, terás procurado, terá procurado; teremos procurado, tereis procurado, terão procurado
Pres. *Subj.*	procure, procures, procure; procuremos, procureis, procurem
Imp. *Subj.*	procurasse, procurasses, procurasse; procurássemos, procurásseis, procurassem
Fut. *Subj.*	procurar, procurares, procurar; procurarmos, procurardes, procurarem
Pres. *Perf.* *Subj.*	tenha procurado, tenhas procurado, tenha procurado; tenhamos procurado, tenhais procurado, tenham procurado
Past *Perf.* *Subj.*	tivesse procurado, tivesses procurado, tivesse procurado; tivéssemos procurado, tivésseis procurado, tivessem procurado
Fut. *Perf.* *Subj.*	tiver procurado, tiveres procurado, tiver procurado; tivermos procurado, tiverdes procurado, tiverem procurado
Condi- *tional*	procuraria, procurarias, procuraria; procuraríamos, procuraríeis, procurariam
Cond. *Perf.*	teria procurado, terias procurado, teria procurado; teríamos procurado, teríeis procurado, teriam procurado
Imper- *ative*	procura—procurai

to look for

Pers. Inf. produzir, produzires, produzir;
produzirmos, produzirdes, produzirem

to produce

Pres. produzo, produzes, produz;
Ind. produzimos, produzis, produzem

Imp. produzia, produzias, produzia;
Ind. produzíamos, produzíeis, produziam

Pret. produzi, produziste, produziu;
Ind. produzimos, produzistes, produziram

Plup. produzira, produziras, produzira;
Ind. produzíramos, produzíreis, produziram

Fut. Ind. produzirei, produzirás, produzirá;
produziremos, produzireis, produzirão

Pres. tenho produzido, tens produzido, tem produzido;
Perf. temos produzido, tendes produzido, têm produzido
Ind.

Plup. tinha produzido, tinhas produzido, tinha produzido;
Ind. tínhamos produzido, tínheis produzido, tinham produzido

Fut. terei produzido, terás produzido, terá produzido;
Perf. teremos produzido, tereis produzido, terão produzido
Ind.

Pres. produza, produzas, produza;
Subj. produzamos, produzais, produzam

Imp. produzisse, produzisses, produzisse;
Subj. produzíssemos, produzísseis, produzissem

Fut. produzir, produzires, produzir;
Subj. produzirmos, produzirdes, produzirem

Pres. tenha produzido, tenhas produzido, tenha produzido;
Perf. tenhamos produzido, tenhais produzido, tenham produzido
Subj.

Past tivesse produzido, tivesses produzido, tivesse produzido;
Perf. tivéssemos produzido, tivésseis produzido, tivessem produzido
Subj.

Fut. tiver produzido, tiveres produzido, tiver produzido;
Perf. tivermos produzido, tiverdes produzido, tiverem produzido
Subj.

Condi- produziria, produzirias, produziria;
tional produziríamos, produziríeis, produziriam

Cond. teria produzido, terias produzido, teria produzido;
Perf. teríamos produzido, teríeis produzido, teriam produzido

Imper- produz—produzi
ative

Like *produzir* are *aduzir, conduzir, deduzir, induzir, introduzir, reconduzir, reduzir, retraduzir, seduzir* and *traduzir*

153

Pers. Inf.	provar, provares, provar; provarmos, provardes, provarem	
Pres. *Ind.*	*provo, provas, provà;* provamos, provais, *provam**	*to prove;* *to sample*
Imp. *Ind.*	provava, provavas, provava; provávamos, prováveis, provavam	
Pret. *Ind.*	provei, provaste, provou; provámos, provastes, provaram	
Plup. *Ind.*	provara, provaras, provara; prováramos, prováreis, provaram	
Fut. Ind.	provarei, provarás, provará; provaremos, provareis, provarão	
Pres. *Perf.* *Ind.*	tenho provado, tens provado, tem provado; temos provado, tendes provado, têm provado	
Plup. *Ind.*	tinha provado, tinhas provado, tinha provado; tínhamos provado, tínheis provado, tinham provado	
Fut. *Perf.* *Ind.*	terei provado, terás provado, terá provado; teremos provado, tereis provado, terão provado	
Pres. *Subj.*	*prove, proves, prove;* provemos, proveis, *provem**	
Imp. *Subj.*	provasse, provasses, provasse; provássemos, provásseis, provassem	
Fut. *Subj.*	provar, provares, provar; provarmos, provardes, provarem	
Pres. *Perf.* *Subj.*	tenha provado, tenhas provado, tenha provado; tenhamos provado, tenhais provado, tenham provado	
Past *Perf.* *Subj.*	tivesse provado, tivesses provado, tivesse provado; tivéssemos provado, tivésseis provado, tivessem provado	
Fut. *Perf.* *Subj.*	tiver provado, tiveres provado, tiver provado; tivermos provado, tiverdes provado, tiverem provado	
Condi- *tional*	provaria, provarias, provaria; provaríamos, provaríeis, provariam	
Cond. *Perf.*	teria provado, terias provado, teria provado; teríamos provado, teríeis provado, teriam provado	
Imper- *ative*	*prova**—provai	

* NOTE: Only the "open" theme vowels of the radical-changing verbs appear in italic type. For further explanation see Preface.

Pers. Inf.	puxar, puxares, puxar; puxarmos, puxardes, puxarem

to pull

Pres. *Ind.*	puxo, puxas, puxa; puxamos, puxais, puxam
Imp. *Ind.*	puxava, puxavas, puxava; puxávamos, puxáveis, puxavam
Pret. *Ind.*	puxei, puxaste, puxou; puxámos, puxastes, puxaram
Plup. *Ind.*	puxara, puxaras, puxara; puxáramos, puxáreis, puxaram
Fut. Ind.	puxarei, puxarás, puxará; puxaremos, puxareis, puxarão
Pres. *Perf.* *Ind.*	tenho puxado, tens puxado, tem puxado; temos puxado, tendes puxado, têm puxado
Plup. *Ind.*	tinha puxado, tinhas puxado, tinha puxado; tínhamos puxado, tínheis puxado, tinham puxado
Fut. *Perf.* *Ind.*	terei puxado, terás puxado, terá puxado; teremos puxado, tereis puxado, terão puxado
Pres. *Subj.*	puxe, puxes, puxe; puxemos, puxeis, puxem
Imp. *Subj.*	puxasse, puxasses, puxasse; puxássemos, puxásseis, puxassem
Fut. *Subj.*	puxar, puxares, puxar; puxarmos, puxardes, puxarem
Pres. *Perf.* *Subj.*	tenha puxado, tenhas puxado, tenha puxado; tenhamos puxado, tenhais puxado, tenham puxado
Past *Perf.* *Subj.*	tivesse puxado, tivesses puxado, tivesse puxado; tivéssemos puxado, tivésseis puxado, tivessem puxado
Fut. *Perf.* *Subj.*	tiver puxado, tiveres puxado, tiver puxado; tivermos puxado, tiverdes puxado, tiverem puxado
Condi- *tional*	puxaria, puxarias, puxaria; puxaríamos, puxaríeis, puxariam
Cond. *Perf.*	teria puxado, terias puxado, teria puxado; teríamos puxado, teríeis puxado, teriam puxado
Imper- *ative*	puxa—puxai

Pers. Inf.	queimar, queimares, queimar; queimarmos, queimardes, queimarem
Pres. *Ind.*	queimo, queimas, queima; queimamos, queimais, queimam
Imp. *Ind.*	queimava, queimavas, queimava; queimávamos, queimáveis, queimavam
Pret. *Ind.*	queimei, queimaste, queimou; queimámos, queimastes, queimaram
Plup. *Ind.*	queimara, queimaras, queimara; queimáramos, queimáreis, queimaram
Fut. Ind.	queimarei, queimarás, queimará; queimaremos, queimareis, queimarão
Pres. *Perf.* *Ind.*	tenho queimado, tens queimado, tem queimado; temos queimado, tendes queimado, têm queimado
Plup. *Ind.*	tinha queimado, tinhas queimado, tinha queimado; tínhamos queimado, tínheis queimado, tinham queimado
Fut. *Perf.* *Ind.*	terei queimado, terás queimado, terá queimado; teremos queimado, tereis queimado, terão queimado
Pres. *Subj.*	queime, queimes, queime; queimemos, queimeis, queimem
Imp. *Subj.*	queimasse, queimasses, queimasse; queimássemos, queimásseis, queimassem
Fut. *Subj.*	queimar, queimares, queimar; queimarmos, queimardes, queimarem
Pres. *Perf.* *Subj.*	tenha queimado, tenhas queimado, tenha queimado; tenhamos queimado, tenhais queimado, tenham queimado
Past *Perf.* *Subj.*	tivesse queimado, tivesses queimado, tivesse queimado; tivéssemos queimado, tivésseis queimado, tivessem queimado
Fut. *Perf.* *Subj.*	tiver queimado, tiveres queimado, tiver queimado; tivermos queimado, tiverdes queimado, tiverem queimado
Condi- *tional*	queimaria, queimarias, queimaria; queimaríamos, queimaríeis, queimariam
Cond. *Perf.*	teria queimado, terias queimado, teria queimado; teríamos queimado, teríeis queimado, teriam queimado
Imper- *ative*	queima—queimai

to burn

Pers. Inf. queixar-me, queixares-te, queixar-se;
queixarmo-nos, queixardes-vos, queixarem-se

Pres. queixo-me, queixas-te, queixa-se;   *to complain*
Ind. queixamo-nos, queixais-vos, queixam-se

Imp. queixava-me, queixavas-te, queixava-se;
Ind. queixávamo-nos, queixáveis-vos, queixavam-se

Pret. queixei-me, queixaste-te, queixou-se;
Ind. queixámo-nos, queixastes-vos, queixaram-se

Plup. queixara-me, queixaras-te, queixara-se;
Ind. queixáramo-nos, queixáreis-vos, queixaram-se

Fut. Ind. queixar-me-ei, queixar-te-ás, queixar-se-á;
queixar-nos-emos, queixar-vos-eis, queixar-se-ão

Pres. tenho-me queixado, tens-te queixado, tem-se queixado;
Perf. temo-nos queixado, tendes-vos queixado, têm-se queixado
Ind.

Plup. tinha-me queixado, tinhas-te queixado, tinha-se queixado;
Ind. tínhamo-nos queixado, tínheis-vos queixado, tinham-se queixado

Fut. ter-me-ei queixado, ter-te-ás queixado, ter-se-á queixado;
Perf. ter-nos-emos queixado, ter-vos-eis queixado, ter-se-ão queixado
Ind.

Pres. queixe-me, queixes-te, queixe-se;
Subj. queixemo-nos, queixeis-vos, queixem-se

Imp. queixasse-me, queixasses-te, queixasse-se;
Subj. queixássemo-nos, queixásseis-vos, queixassem-se

Fut. me queixar, te queixares, se queixar;
Subj. nos queixarmos, vos queixardes, se queixarem

Pres. tenha-me queixado, tenhas-te queixado, tenha-se queixado;
Perf. tenhamo-nos queixado, tenhais-vos queixado, tenham-se queixado
Subj.

Past tivesse-me queixado, tivesses-te queixado, tivesse-se queixado;
Perf. tivéssemo-nos queixado, tivésseis-vos queixado, tivessem-se queixado
Subj.

Fut. me tiver queixado, te tiveres queixado, se tiver queixado;
Perf. nos tivermos queixado, vos tiverdes queixado, se tiverem queixado
Subj.

Condi- queixar-me-ia, queixar-te-ias, queixar-se-ia;
tional queixar-nos-íamos, queixar-vos-íeis, queixar-se-iam

Cond. ter-me-ia queixado, ter-te-ias queixado, ter-se-ia queixado;
Perf. ter-nos-íamos queixado, ter-vos-íeis queixado, ter-se-iam queixado

Imper- queixa-te—queixai-vos
ative

157

Pers. Inf.	querer, quereres, querer;	
	querermos, quererdes, quererem	
Pres.	quero, queres, quer (quere);	***to want***
Ind.	queremos, quereis, *querem**	
Imp.	queria, querias, queria;	
Ind.	queríamos, queríeis, queriam	
Pret.	quis, quiseste, quis;	
Ind.	quisemos, quisestes, quiseram	
Plup.	quisera, quiseras, quisera;	
Ind.	quiséramos, quiséreis, quiseram	
Fut. Ind.	quererei, quererás, quererá;	
	quereremos, querereis, quererão	
Pres.	tenho querido, tens querido, tem querido;	
Perf.	temos querido, tendes querido, têm querido	
Ind.		
Plup.	tinha querido, tinhas querido, tinha querido;	
Ind.	tínhamos querido, tínheis querido, tinham querido	
Fut.	terei querido, terás querido, terá querido;	
Perf.	teremos querido, tereis querido, terão querido	
Ind.		
Pres.	queira, queiras, queira;	
Subj.	queiramos, queirais, queiram	
Imp.	quisesse, quisesses, quisesse;	
Subj.	quiséssemos, quisésseis, quisessem	
Fut.	quiser, quiseres, quiser;	
Subj.	quisermos, quiserdes, quiserem	
Pres.	tenha querido, tenhas querido, tenha querido;	
Perf.	tenhamos querido, tenhais querido, tenham querido	
Subj.		
Past	tivesse querido, tivesses querido, tivesse querido;	
Perf.	tivéssemos querido, tivésseis querido, tivessem querido	
Subj.		
Fut.	tiver querido, tiveres querido, tiver querido;	
Perf.	tivermos querido, tiverdes querido, tiverem querido	
Subj.		
Condi-	quereria, quererias, quereria;	
tional	quereríamos, quereríeis, quereriam	
Cond.	teria querido, terias querido, teria querido;	
Perf.	teríamos querido, teríeis querido, teriam querido	
Imper-	quer (quere)*—querei	
ative		

Querer in the Preterit Indicative means *sought to, tried to* or *attempted to.*

Eu quis salvá-lo mas não pude.   I tried to save him but I was unable to.

    In the negative it implies *refusal* or *denial.*

Os meus amigos não quiseram ajudar-me.   My friends refused to help me.

Pers. Inf.   recear, receares, recear;
recearmos, receardes, recearem

Pres.   receio, receias, receia;   *to fear*
Ind.   receamos, receais, receiam

Imp.   receava, receavas, receava;
Ind.   receávamos, receáveis, receavam

Pret.   receei, receaste, receou;
Ind.   receámos, receastes, recearam

Plup.   receara, recearas, receara;
Ind.   receáramos, receáreis, recearam

Fut.   recearei, recearás, receará;
Ind.   recearemos, receareis, recearão

Pres.   tenho receado, tens receado, tem receado;
Perf.   temos receado, tendes receado, têm receado
Ind.

Plup.   tinha receado, tinhas receado, tinha receado;
Ind.   tínhamos receado, tínheis receado, tinham receado

Fut.   terei receado, terás receado, terá receado;
Perf.   teremos receado, tereis receado, terão receado
Ind.

Pres.   receie, receies, receie;
Subj.   receemos, receeis, receiem

Imp.   receasse, receasses, receasse;
Subj.   receássemos, receásseis, receassem

Fut.   recear, receares, recear;
Subj.   recearmos, receardes, recearem

Pres.   tenha receado, tenhas receado, tenha receado;
Perf.   tenhamos receado, tenhais receado, tenham receado
Subj.

Past   tivesse receado, tivesses receado, tivesse receado;
Perf.   tivéssemos receado, tivésseis receado, tivessem receado
Subj.

Fut.   tiver receado, tiveres receado, tiver receado;
Perf.   tivermos receado, tiverdes receado, tiverem receado
Subj.

Condi-   recearia, recearias, recearia;
tional   recearíamos, recearíeis, receariam

Cond.   teria receado, terias receado, teria receado;
Perf.   teríamos receado, teríeis receado, teriam receado

Imper-   receia—receai
ative

Pers. Inf.	receber, receberes, receber; recebermos, receberdes, receberem

Pres. *Ind.*	recebo, *recebes, recebe;* recebemos, recebeis, *recebem**	*to receive*

Imp. *Ind.*	recebia, recebias, recebia; recebíamos, recebíeis, recebiam
Pret. *Ind.*	recebi, recebeste, recebeu; recebemos, recebestes, receberam
Plup. *Ind.*	recebera, receberas, recebera; recebêramos, recebêreis, receberam
Fut. Ind.	receberei, receberás, receberá; receberemos, recebereis, receberão
Pres. *Perf.* *Ind.*	tenho recebido, tens recebido, tem recebido; temos recebido, tendes recebido, têm recebido
Plup. *Ind.*	tinha recebido, tinhas recebido, tinha recebido; tínhamos recebido, tínheis recebido, tinham recebido
Fut. *Perf.* *Ind.*	terei recebido, terás recebido, terá recebido; teremos recebido, tereis recebido, terão recebido
Pres. *Subj.*	receba, recebas, receba; recebamos, recebais, recebam
Imp. *Subj.*	recebesse, recebesses, recebesse; recebêssemos, recebêsseis, recebessem
Fut. *Subj.*	receber, receberes, receber; recebermos, receberdes, receberem
Pres. *Perf.* *Subj.*	tenha recebido, tenhas recebido, tenha recebido; tenhamos recebido, tenhais recebido, tenham recebido
Past *Perf.* *Subj.*	tivesse recebido, tivesses recebido, tivesse recebido; tivéssemos recebido, tivésseis recebido, tivessem recebido
Fut. *Perf.* *Subj.*	tiver recebido, tiveres recebido, tiver recebido; tivermos recebido, tiverdes recebido, tiverem recebido
Condi- *tional*	receberia, receberias, receberia; receberíamos, receberíeis, receberiam
Cond. *Perf.*	teria recebido, terias recebido, teria recebido; teríamos recebido, teríeis recebido, teriam recebido
Imper- *ative*	*recebe**—recebei

* NOTE: Only the "open" theme vowels of the radical-changing verbs appear in italic type. For further explanation see Preface.

Like *receber* are *aperceber, conceber, desaperceber, desperceber, perceber* and *preconceber*

Pers. Inf.	repetir, repetires, repetir; repetirmos, repetirdes, repetirem

Pres.   repito, *repetes, repete;*   *to repeat*
Ind.   repetimos, repetis, *repetem**

Imp.   repetia, repetias, repetia;
Ind.   repetíamos, repetíeis, repetiam

Pret.   repeti, repetiste, repetiu;
Ind.   repetimos, repetistes, repetiram

Plup.   repetira, repetiras, repetira;
Ind.   repetíramos, repetíreis, repetiram

Fut. Ind. repetirei, repetirás, repetirá;
repetiremos, repetireis, repetirão

Pres.   tenho repetido, tens repetido, tem repetido;
Perf.   temos repetido, tendes repetido, têm repetido
Ind.

Plup.   tinha repetido, tinhas repetido, tinha repetido;
Ind.   tínhamos repetido, tínheis repetido, tinham repetido

Fut.   terei repetido, terás repetido, terá repetido;
Perf.   teremos repetido, tereis repetido, terão repetido
Ind.

Pres.   repita, repitas, repita;
Subj.   repitamos, repitais, repitam

Imp.   repetisse, repetisses, repetisse;
Subj.   repetíssemos, repetísseis, repetissem

Fut.   repetir, repetires, repetir;
Subj.   repetirmos, repetirdes, repetirem

Pres.   tenha repetido, tenhas repetido, tenha repetido;
Perf.   tenhamos repetido, tenhais repetido, tenham repetido
Subj.

Past   tivesse repetido, tivesses repetido, tivesse repetido;
Perf.   tivéssemos repetido, tivésseis repetido, tivessem repetido
Subj.

Fut.   tiver repetido, tiveres repetido, tiver repetido;
Perf.   tivermos repetido, tiverdes repetido, tiverem repetido
Subj.

Condi- repetiria, repetirias, repetiria;
tional repetiríamos, repetiríeis, repetiriam

Cond.   teria repetido, terias repetido, teria repetido;
Perf.   teríamos repetido, teríeis repetido, teriam repetido

Imper- *repete**—repeti
ative

Like *repetir* is *competir*

161

Pers. Inf.	respirar, respirares, respirar; respirarmos, respirardes, respirarem

Pres. respiro, respiras, respira;   *to breathe*
Ind. respiramos, respirais, respiram

Imp. respirava, respiravas, respirava;
Ind. respirávamos, respiráveis, respiravam

Pret. respirei, respiraste, respirou;
Ind. respirámos, respirastes, respiraram

Plup. respirara, respiraras, respirara;
Ind. respiráramos, respiráreis, respiraram

Fut. Ind. respirarei, respirarás, respirará;
respiraremos, respirareis, respirarão

Pres. tenho respirado, tens respirado, tem respirado;
Perf. temos respirado, tendes respirado, têm respirado
Ind.

Plup. tinha respirado, tinhas respirado, tinha respirado;
Ind. tínhamos respirado, tínheis respirado, tinham respirado

Fut. terei respirado, terás respirado, terá respirado;
Perf. teremos respirado, tereis respirado, terão respirado
Ind.

Pres. respire, respires, respire;
Subj. respiremos, respireis, respirem

Imp. respirasse, respirasses, respirasse;
Subj. respirássemos, respirásseis, respirassem

Fut. respirar, respirares, respirar;
Subj. respirarmos, respirardes, respirarem

Pres. tenha respirado, tenhas respirado, tenha respirado;
Perf. tenhamos respirado, tenhais respirado, tenham respirado
Subj.

Past tivesse respirado, tivesses respirado, tivesse respirado;
Perf. tivéssemos respirado, tivésseis respirado, tivessem respirado
Subj.

Fut. tiver respirado, tiveres respirado, tiver respirado;
Perf. tivermos respirado, tiverdes respirado, tiverem respirado
Subj.

Condi- respiraria, respirarias, respiraria;
tional respiraríamos, respiraríeis, respirariam

Cond. teria respirado, terias respirado, teria respirado;
Perf. teríamos respirado, teríeis respirado, teriam respirado

Imper- respira—respirai
ative

Like *respirar* are *aspirar, conspirar, expirar, inspirar, perspirar* and
transpirar

Pers. Inf.	responder, responderes, responder; respondermos, responderdes, responderem
Pres. Ind.	respondo, respondes, responde; respondemos, respondeis, respondem
Imp. Ind.	respondia, respondias, respondia; respondíamos, respondíeis, respondiam
Pret. Ind.	respondi, respondeste, respondeu; respondemos, respondestes, responderam
Plup. Ind.	respondera, responderas, respondera; respondêramos, respondêreis, responderam
Fut. Ind.	responderei, responderás, responderá; responderemos, respondereis, responderão
Pres. Perf. Ind.	tenho respondido, tens respondido, tem respondido; temos respondido, tendes respondido, têm respondido
Plup. Ind.	tinha respondido, tinhas respondido, tinha respondido; tínhamos respondido, tínheis respondido, tinham respondido
Fut. Perf. Ind.	terei respondido, terás respondido, terá respondido; teremos respondido, tereis respondido, terão respondido
Pres. Subj.	responda, respondas, responda; respondamos, respondais, respondam
Imp. Subj.	respondesse, respondesses, respondesse; respondêssemos, respondêsseis, respondessem
Fut. Subj.	responder, responderes, responder; respondermos, responderdes, responderem
Pres. Perf. Subj.	tenha respondido, tenhas respondido, tenha respondido; tenhamos respondido, tenhais respondido, tenham respondido
Past Perf. Subj.	tivesse respondido, tivesses respondido, tivesse respondido; tivéssemos respondido, tivésseis respondido, tivessem respondido
Fut. Perf. Subj.	tiver respondido, tiveres respondido, tiver respondido; tivermos respondido, tiverdes respondido, tiverem respondido
Conditional	responderia, responderias, responderia; responderíamos, responderíeis, responderiam
Cond. Perf.	teria respondido, terias respondido, teria respondido; teríamos respondido, teríeis respondido, teriam respondido
Imperative	responde—respondei

to answer

Pers. Inf.	rezar, rezares, rezar; rezarmos, rezardes, rezarem

Pres.   *rezo, rezas, reza;*   *to pray*
Ind.   rezamos, rezais, *rezam**

Imp.   rezava, rezavas, rezava;
Ind.   rezávamos, rezáveis, rezavam

Pret.   rezei, rezaste, rezou;
Ind.   rezámos, rezastes, rezaram

Plup.   rezara, rezaras, rezara;
Ind.   rezáramos, rezáreis, rezaram

Fut. Ind.   rezarei, rezarás, rezará;
        rezaremos, rezareis, rezarão

Pres.   tenho rezado, tens rezado, tem rezado;
Perf.   temos rezado, tendes rezado, têm rezado
Ind.

Plup.   tinha rezado, tinhas rezado, tinha rezado;
Ind.   tínhamos rezado, tínheis rezado, tinham rezado

Fut.   terei rezado, terás rezado, terá rezado;
Perf.   teremos rezado, tereis rezado, terão rezado
Ind.

Pres.   *reze, rezes, reze;*
Subj.   rezemos, rezeis, *rezem**

Imp.   rezasse, rezasses, rezasse;
Ind.   rezássemos, rezásseis, rezassem

Fut.   rezar, rezares, rezar;
Subj.   rezarmos, rezardes, rezarem

Pres.   tenha rezado, tenhas rezado, tenha rezado;
Perf.   tenhamos rezado, tenhais rezado, tenham rezado
Subj.

Past   tivesse rezado, tivesses rezado, tivesse rezado;
Perf.   tivéssemos rezado, tivésseis rezado, tivessem rezado
Subj.

Fut.   tiver rezado, tiveres rezado, tiver rezado;
Perf.   tivermos rezado, tiverdes rezado, tiverem rezado
Subj.

Condi-   rezaria, rezarias, rezaria;
tional   rezaríamos, rezaríeis, rezariam

Cond.   teria rezado, terias rezado, teria rezado;
Perf.   teríamos rezado, teríeis rezado, teriam rezado

Imper-   *reza**—rezai
ative

* NOTE: Only the "open" theme vowels of the radical-changing verbs appear in italic type. For further explanation see Preface.

Pers. Inf.	rir, rires, rir; rirmos, rirdes, rirem

to laugh

Pres. *Ind.*	rio, ris, ri; rimos, rides, riem
Imp. *Ind.*	ria, rias, ria; ríamos, ríeis, riam
Pret. *Ind.*	ri, riste, riu; rimos, ristes, riram
Plup. *Ind.*	rira, riras, rira; ríramos, ríreis, riram
Fut. Ind.	rirei, rirás, rirá; riremos, rireis, rirão
Pres. *Perf.* *Ind.*	tenho rido, tens rido, tem rido; temos rido, tendes rido, têm rido
Plup. *Ind.*	tinha rido, tinhas rido, tinha rido; tínhamos rido, tínheis rido, tinham rido
Fut. *Perf.* *Ind.*	terei rido, terás rido, terá rido; teremos rido, tereis rido, terão rido
Pres. *Subj.*	ria, rias, ria; riamos, riais, riam
Imp. *Subj.*	risse, risses, risse; ríssemos, rísseis, rissem
Fut. *Subj.*	rir, rires, rir; rirmos, rirdes, rirem
Pres. *Perf.* *Subj.*	tenha rido, tenhas rido, tenha rido; tenhamos rido, tenhais rido, tenham rido
Past *Perf.* *Subj.*	tivesse rido, tivesses rido, tivesse rido; tivéssemos rido, tivésseis rido, tivessem rido
Fut. *Perf.* *Subj.*	tiver rido, tiveres rido, tiver rido; tivermos rido, tiverdes rido, tiverem rido
Condi- *tional*	riria, ririas, riria; riríamos, riríeis, ririam
Cond. *Perf.*	teria rido, terias rido, teria rido; teríamos rido, teríeis rido, teriam rido
Imper- *ative*	ri—ride

Pers. Inf.	romper, romperes, romper; rompermos, romperdes, romperem
Pres. *Ind.*	rompo, rompes, rompe; rompemos, rompeis, rompem
Imp. *Ind.*	rompia, rompias, rompia; rompíamos, rompíeis, rompiam
Pret. *Ind.*	rompi, rompeste, rompeu; rompemos, rompestes, romperam
Plup. *Ind.*	rompera, romperas, rompera; rompêramos, rompêreis, romperam
Fut. Ind.	romperei, romperás, romperá; romperemos, rompereis, romperão
Pres. *Perf.* *Ind.*	tenho rompido, tens rompido, tem rompido; temos rompido, tendes rompido, têm rompido
Plup. *Ind.*	tinha rompido, tinhas rompido, tinha rompido; tínhamos rompido, tínheis rompido, tinham rompido
Fut. *Perf.* *Ind.*	terei rompido, terás rompido, terá rompido; teremos rompido, tereis rompido, terão rompido
Pres. *Subj.*	rompa, rompas, rompa; rompamos, rompais, rompam
Imp. *Subj.*	rompesse, rompesses, rompesse; rompêssemos, rompêsseis, rompessem
Fut. *Subj.*	romper, romperes, romper; rompermos, romperdes, romperem
Pres. *Perf.* *Subj.*	tenha rompido, tenhas rompido, tenha rompido; tenhamos rompido, tenhais rompido, tenham rompido
Past *Perf.* *Subj.*	tivesse rompido, tivesses rompido, tivesse rompido; tivéssemos rompido, tivésseis rompido, tivessem rompido
Fut. *Perf.* *Subj.*	tiver rompido, tiveres rompido, tiver rompido; tivermos rompido, tiverdes rompido, tiverem rompido
Condi- *tional*	romperia, romperias, romperia; romperíamos, romperíeis, romperiam
Cond. *Perf.*	teria rompido, terias rompido, teria rompido; teríamos rompido, teríeis rompido, teriam rompido
Imper- *ative*	rompe—rompei

to rip, break

Pers. Inf.	roubar, roubares, roubar; roubarmos, roubardes, roubarem
Pres. *Ind.*	roubo, roubas, rouba; roubamos, roubais, roubam

to steal

Imp. *Ind.*	roubava, roubavas, roubava; roubávamos, roubáveis, roubavam
Pret. *Ind.*	roubei, roubaste, roubou; roubámos, roubastes, roubaram
Plup. *Ind.*	roubara, roubaras, roubara; roubáramos, roubáreis, roubaram
Fut. Ind.	roubarei, roubarás, roubará; roubaremos, roubareis, roubarão
Pres. *Perf.* *Ind.*	tenho roubado, tens roubado, tem roubado; temos roubado, tendes roubado, têm roubado
Plup. *Ind.*	tinha roubado, tinhas roubado, tinha roubado; tínhamos roubado, tínheis roubado, tinham roubado
Fut. *Perf.* *Ind.*	terei roubado, terás roubado, terá roubado; teremos roubado, tereis roubado, terão roubado
Pres. *Subj.*	roube, roubes, roube; roubemos, roubeis, roubem
Imp. *Subj.*	roubasse, roubasses, roubasse; roubássemos, roubásseis, roubassem
Fut. *Subj.*	roubar, roubares, roubar; roubarmos, roubardes, roubarem
Pres. *Perf.* *Subj.*	tenha roubado, tenhas roubado, tenha roubado; tenhamos roubado, tenhais roubado, tenham roubado
Past *Perf.* *Subj.*	tivesse roubado, tivesses roubado, tivesse roubado; tivéssemos roubado, tivésseis roubado, tivessem roubado
Fut. *Perf.* *Subj.*	tiver roubado, tiveres roubado, tiver roubado; tivermos roubado, tiverdes roubado, tiverem roubado
Condi- *tional*	roubaria, roubarias, roubaria; roubaríamos, roubaríeis, roubariam
Cond. *Perf.*	teria roubado, terias roubado, teria roubado; teríamos roubado, teríeis roubado, teriam roubado
Imper- *ative*	rouba—roubai

Pers. Inf.	saber, saberes, saber; sabermos, saberdes, saberem

Pres.   sei, sabes, sabe;   *to know*
Ind.   sabemos, sabeis, sabem

Imp.   sabia, sabias, sabia;
Ind.   sabíamos, sabíeis, sabiam

Pret.   soube, soubeste, soube;
Ind.   soubemos, soubestes, souberam

Plup.   soubera, souberas, soubera;
Ind.   soubéramos, soubéreis, souberam

Fut. Ind.   saberei, saberás, saberá;
saberemos, sabereis, saberão

Pres.   tenho sabido, tens sabido, tem sabido;
Perf.   temos sabido, tendes sabido, têm sabido
Ind.

Plup.   tinha sabido, tinhas sabido, tinha sabido;
Ind.   tínhamos sabido, tínheis sabido, tinham sabido

Fut.   terei sabido, terás sabido, terá sabido;
Perf.   teremos sabido, tereis sabido, terão sabido
Ind.

Pres.   saiba, saibas, saiba;
Subj.   saibamos, saibais, saibam

Imp.   soubesse, soubesses, soubesse;
Subj.   soubéssemos, soubésseis, soubessem

Fut.   souber, souberes, souber;
Subj.   soubermos, souberdes, souberem

Pres.   tenha sabido, tenhas sabido, tenha sabido;
Perf.   tenhamos sabido, tenhais sabido, tenham sabido
Subj.

Past   tivesse sabido, tivesses sabido, tivesse sabido;
Perf.   tivéssemos sabido, tivésseis sabido, tivessem sabido
Subj.

Fut.   tiver sabido, tiveres sabido, tiver sabido;
Perf.   tivermos sabido, tiverdes sabido, tiverem sabido
Subj.

Condi-   saberia, saberias, saberia;
tional   saberíamos, saberíeis, saberiam

Cond.   teria sabido, terias sabido, teria sabido;
Perf.   teríamos sabido, teríeis sabido, teriam sabido

Imper-   sabe—sabei
ative

Saber in the Preterit Indicative means *found out, discovered,* or *learned.*

> *Como soubeste que te comprei um presente?*
> How did you find out that I bought you a present?

Pers. Inf. sair, saíres, sair;
saírmos, saírdes, saírem

to leave from

Pres. saio, sais, sai;
Ind. saímos, saís, saem

Imp. saía, saías, saía;
Ind. saíamos, saíeis, saíam

Pret. saí, saíste, saiu;
Ind. saímos, saístes, saíram

Plup. saíra, saíras, saíra;
Ind. saíramos, saíreis, saíram

Fut. Ind. sairei, sairás, sairá;
sairemos, saireis, sairão

Pres. tenho saído, tens saído, tem saído;
Perf. temos saído, tendes saído, têm saído
Ind.

Plup. tinha saído, tinhas saído, tinha saído
Ind. tínhamos saído, tínheis saído, tinham saído

Fut. terei saído, terás saído, terá saído;
Perf. teremos saído, tereis saído, terão saído
Ind.

Pres. saia, saias, saia;
Subj. saiamos, saiais, saiam

Imp. saísse, saísses, saísse;
Subj. saíssemos, saísseis, saíssem

Fut. sair, saíres, sair;
Subj. saírmos, saírdes, saírem

Pres. tenha saído, tenhas saído, tenha saído;
Perf. tenhamos saído, tenhais saído, tenham saído
Subj.

Past tivesse saído, tivesses saído, tivesse saído;
Perf. tivéssemos saído, tivésseis saído, tivessem saído
Subj.

Fut. tiver saído, tiveres saído, tiver saído;
Perf. tivermos saído, tiverdes saído, tiverem saído
Subj.

Condi- sairia, sairias, sairia;
tional sairíamos, sairíeis, sairiam

Cond. teria saído, terias saído, teria saído;
Perf. teríamos saído, teríeis saído, teriam saído

Imper- sai—saí
ative

Pers. Inf.   seguir, seguires, seguir;
           seguirmos, seguirdes, seguirem

Pres.   sigo, *segues, segue;*   *to follow*
Ind.   seguimos, seguis, *seguem**

Imp.   seguia, seguias, seguia;
Ind.   seguíamos, seguíeis, seguiam

Pret.   segui, seguiste, seguiu;
Ind.   seguimos, seguistes, seguiram

Plup.   seguira, seguiras, seguira;
Ind.   seguíramos, seguíreis, seguiram

Fut Ind.   seguirei, seguirás, seguirá;
          seguiremos, seguireis, seguirão

Pres.   tenho seguido, tens seguido, tem seguido;
Perf.   temos seguido, tendes seguido, têm seguido
Ind.

Plup.   tinha seguido, tinhas seguido, tinha seguido;
Ind.   tínhamos seguido, tínheis seguido, tinham seguido

Fut.   terei seguido, terás seguido, terá seguido;
Perf.   teremos seguido, tereis seguido, terão seguido
Ind.

Pres.   siga, sigas, siga;
Subj.   sigamos, sigais, sigam

Imp.   seguisse, seguisses, seguisse;
Subj.   seguíssemos, seguísseis, seguissem

Fut.   seguir, seguires, seguir;
Subj.   seguirmos, seguirdes, seguirem

Pres.   tenha seguido, tenhas seguido, tenha seguido;
Perf.   tenhamos seguido, tenhais seguido, tenham seguido
Subj.

Past   tivesse seguido, tivesses seguido, tivesse seguido;
Perf.   tivéssemos seguido, tivésseis seguido, tivessem seguido
Subj.

Fut.   tiver seguido, tiveres seguido, tiver seguido;
Perf.   tivermos seguido, tiverdes seguido, tiverem seguido
Subj.

Condi-   seguiria, seguirias, seguiria;
tional   seguiríamos, seguiríeis, seguiriam

Cond.   teria seguido, terias seguido, teria seguido;
Perf.   teríamos seguido, teríeis seguido, teriam seguido

Imper-   *segue**—segui
ative

       * NOTE: Only the "open" theme vowels of the radical-changing verbs
appear in italic type. For further explanation see Preface.

Pers. Inf. sentar-me, sentares-te, sentar-se;
sentarmo-nos, sentardes-vos, sentarem-se

Pres. sento-me, sentas-te, senta-se;   *to sit down*
Ind. sentamo-nos, sentais-vos, sentam-se

Imp. sentava-me, sentavas-te, sentava-se;
Ind. sentávamo-nos, sentáveis-vos, sentavam-se

Pret. sentei-me, sentaste-te, sentou-se;
Ind. sentámo-nos, sentastes-vos, sentaram-se

Plup. sentara-me, sentaras-te, sentara-se;
Ind. sentáramo-nos, sentáreis-vos, sentaram-se

Fut. Ind. sentar-me-ei, sentar-te-ás, sentar-se-á;
sentar-nos-emos, sentar-vos-eis, sentar-se-ão

Pres. tenho-me sentado, tens-te sentado, tem-se sentado;
Perf. temo-nos sentado, tendes-vos sentado, têm-se sentado
Ind.

Plup. tinha-me sentado, tinhas-te sentado, tinha-se sentado;
Ind. tínhamo-nos sentado, tínheis-vos sentado, tinham-se sentado

Fut. ter-me-ei sentado, ter-te-ás sentado, ter-se-á sentado;
Perf. ter-nos-emos sentado, ter-vos-eis sentado, ter-se-ão sentado
Ind.

Pres. sente-me, sentes-te, sente-se;
Subj. sentemo-nos, senteis-vos, sentem-se

Imp. sentasse-me, sentasses-te, sentasse-se;
Subj. sentássemo-nos, sentásseis-vos, sentassem-se

Fut. me sentar, te sentares, se sentar;
Subj. nos sentarmos, vos sentardes, se sentarem

Pres. tenha-me sentado, tenhas-te sentado, tenha-se sentado;
Perf. tenhamo-nos sentado, tenhais-vos sentado, tenham-se sentado
Subj.

Past tivesse-me sentado, tivesses-te sentado, tivesse-se sentado;
Perf. tivéssemo-nos sentado, tivésseis-vos sentado, tivessem-se sentado
Subj.

Fut. me tiver sentado, te tiveres sentado, se tiver sentado;
Perf. nos tivermos sentado, vos tiverdes sentado, se tiverem sentado
Subj.

Condi- sentar-me-ia, sentar-te-ias, sentar-se-ia;
tional sentar-nos-íamos, sentar-vos-íeis, sentar-se-iam

Cond. ter-me-ia sentado, ter-te-ias sentado, ter-se-ia sentado;
Perf. ter-nos-íamos sentado, ter-vos-íeis sentado, ter-se-iam sentado

Imper- senta-te—sentai-vos
ative

sentir

Pers. Inf. sentir, sentires, sentir;
sentirmos, sentirdes, sentirem

Pres. sinto, sentes, sente;
Ind. sentimos, sentis, sentem

to feel;
to be sorry

Imp. sentia, sentias, sentia;
Ind. sentíamos, sentíeis, sentiam

Pret. senti, sentiste, sentiu;
Ind. sentimos, sentistes, sentiram

Plup. sentira, sentiras, sentira;
Ind. sentíramos, sentíreis, sentiram

Fut. sentirei, sentirás, sentirá;
Ind. sentiremos, sentireis, sentirão

Pres. tenho sentido, tens sentido, tem sentido;
Perf. temos sentido, tendes sentido, têm sentido
Ind.

Plup. tinha sentido, tinhas sentido, tinha sentido;
Ind. tínhamos sentido, tínheis sentido, tinham sentido

Fut. terei sentido, terás sentido, terá sentido;
Perf. teremos sentido, tereis sentido, terão sentido
Ind.

Pres. sinta, sintas, sinta;
Subj. sintamos, sintais, sintam

Imp. sentisse, sentisses, sentisse;
Subj. sentíssemos, sentísseis, sentissem

Fut. sentir, sentires, sentir;
Subj. sentirmos, sentirdes, sentirem

Pres. tenha sentido, tenhas sentido, tenha sentido;
Perf. tenhamos sentido, tenhais sentido, tenham sentido
Subj.

Past tivesse sentido, tivesses sentido, tivesse sentido;
Perf. tivéssemos sentido, tivésseis sentido, tivessem sentido
Subj.

Fut. tiver sentido, tiveres sentido, tiver sentido;
Perf. tivermos sentido, tiverdes sentido, tiverem sentido
Subj.

Condi- sentiria, sentirias, sentiria;
tional sentiríamos, sentiríeis, sentiriam

Cond. teria sentido, terias sentido, teria sentido;
Perf. teríamos sentido, teríeis sentido, teriam sentido

Imper- sente—senti
ative

Pers. Inf.	ser, seres, ser; sermos, serdes, serem
Pres. *Ind.*	sou, és, é; somos, sois, são
Imp. *Ind.*	era, eras, era; éramos, éreis, eram
Pret. *Ind.*	fui, fôste, foi; fomos, fôstes, foram
Plup. *Ind.*	fôra, foras, fôra; fôramos, fôreis, foram
Fut. Ind.	serei, serás, será; seremos, sereis, serão
Pres. *Perf.* *Ind.*	tenho sido, tens sido, tem sido; temos sido, tendes sido, têm sido
Plup. *Ind.*	tinha sido, tinhas sido, tinha sido; tínhamos sido, tínheis sido, tinham sido
Fut. *Perf.* *Ind.*	terei sido, terás sido, terá sido; teremos sido, tereis sido, terão sido
Pres. *Subj.*	seja, sejas, seja; sejamos, sejais, sejam
Imp. *Subj.*	fôsse, fôsses, fôsse; fôssemos, fôsseis, fôssem
Fut. *Subj.*	fôr, fores, fôr; formos, fordes, forem
Pres. *Perf.* *Subj.*	tenha sido, tenhas sido, tenha sido; tenhamos sido, tenhais sido, tenham sido
Past *Perf.* *Subj.*	tivesse sido, tivesses sido, tivesse sido; tivéssemos sido, tivésseis sido, tivessem sido
Fut. *Perf.* *Subj.*	tiver sido, tiveres sido, tiver sido; tivermos sido, tiverdes sido, tiverem sido
Condi- *tional*	seria, serias, seria; seríamos, seríeis, seriam
Cond. *Perf.*	teria sido, terias sido, teria sido; teríamos sido, teríeis sido, teriam sido
Imper- *ative*	sê—sêde

to be

servir

Pers. Inf.	servir, servires, servir; servirmos, servirdes, servirem
Pres. *Ind.*	sirvo, *serves, serve;* servimos, servis, *servem**
Imp. *Ind.*	servia, servias, servia; servíamos, servíeis, serviam
Pret. *Ind.*	servi, serviste, serviu; servimos, servistes, serviram
Plup. *Ind.*	servira, serviras, servira; servíramos, servíreis, serviram
Fut. Ind.	servirei, servirás, servirá; serviremos, servireis, servirão
Pres. *Perf.* *Ind.*	tenho servido, tens servido, tem servido; temos servido, tendes servido, têm servido
Plup. *Ind.*	tinha servido, tinhas servido, tinha servido; tínhamos servido, tínheis servido, tinham servido
Fut. *Perf.* *Ind.*	terei servido, terás servido, terá servido; teremos servido, tereis servido, terão servido
Pres. *Subj.*	sirva, sirvas, sirva; sirvamos, sirvais, sirvam
Imp. *Subj.*	servisse, servisses, servisse; servíssemos, servísseis, servissem
Fut. *Subj.*	servir, servires, servir; servirmos, servirdes, servirem
Pres. *Perf.* *Subj.*	tenha servido, tenhas servido, tenha servido; tenhamos servido, tenhais servido, tenham servido
Past *Perf.* *Subj.*	tivesse servido, tivesses servido, tivesse servido; tivéssemos servido, tivésseis servido, tivessem servido
Fut. *Perf.* *Subj.*	tiver servido, tiveres servido, tiver servido; tivermos servido, tiverdes servido, tiverem servido
Condi- *tional*	serviria, servirias, serviria; serviríamos, serviríeis, serviriam
Cond. *Perf.*	teria servido, terias servido, teria servido; teríamos servido, teríeis servido, teriam servido
Imper- *ative*	*serve**—servi

to serve

* NOTE: Only the "open" theme vowels of the radical-changing verbs appear in italic type. For further explanation see Preface.

Pers. Inf.	soar, soares, soar; soarmos, soardes, soarem

Pres. sôo, soas, soa;   *to sound*
Ind.   soamos, soais, soam

Imp.   soava, soavas, soava;
Ind.   soávamos, soáveis, soavam

Pret. soei, soaste, soou;
Ind.   soámos, soastes, soaram

Plup. soara, soaras, soara;
Ind.   soáramos, soáreis, soaram

Fut. Ind. soarei, soarás, soará;
soaremos, soareis, soarão

Pres. tenho soado, tens soado, tem soado;
Perf. temos soado, tendes soado, têm soado
Ind.

Plup. tinha soado, tinhas soado, tinha soado;
Ind.   tínhamos soado, tínheis soado, tinham soado

Fut.   terei soado, terás soado, terá soado;
Perf. teremos soado, tereis soado, terão soado
Ind.

Pres. soe, soes, soe;
Subj. soemos, soeis, soem

Imp.   soasse, soasses, soasse;
Subj. soássemos, soásseis, soassem

Fut.   soar, soares, soar;
Subj. soarmos, soardes, soarem

Pres. tenha soado, tenhas soado, tenha soado;
Perf. tenhamos soado, tenhais soado, tenham soado
Subj.

Past   tivesse soado, tivesses soado, tivesse soado;
Perf. tivéssemos soado, tivésseis soado, tivessem soado
Subj.

Fut.   tiver soado, tiveres soado, tiver soado;
Perf. tivermos soado, tiverdes soado, tiverem soado
Subj.

Condi- soaria, soarias, soaria;
tional soaríamos, soaríeis, soariam

Cond. teria soado, terias soado, teria soado;
Perf. teríamos soado, teríeis soado, teriam soado

Imper- soa—soai
ative

Pers. Inf.	soltar, soltares, soltar; soltarmos, soltardes, soltarem

Pres. solto, soltas, solta;   *to let loose*
Ind. soltamos, soltais, *soltam**

Imp. soltava, soltavas, soltava;
Ind. soltávamos, soltáveis, soltavam

Pret. soltei, soltaste, soltou;
Ind. soltámos, soltastes, soltaram

Plup. soltara, soltaras, soltara;
Ind. soltáramos, soltáreis, soltaram

Fut. Ind. soltarei, soltarás, soltará;
soltaremos, soltareis, soltarão

Pres. tenho soltado, tens soltado, tem soltado;
Perf. temos soltado, tendes soltado, têm soltado
Ind.

Plup. tinha soltado, tinhas soltado, tinha soltado;
Ind. tínhamos soltado, tínheis soltado, tinham soltado

Fut. terei soltado, terás soltado, terá soltado;
Perf. teremos soltado, tereis soltado, terão soltado
Ind.

Pres. solte, soltes, solte;
Subj. soltemos, solteis, *soltem**

Imp. soltasse, soltasses, soltasse;
Subj. soltássemos, soltásseis, soltassem

Fut. soltar, soltares, soltar;
Subj. soltarmos, soltardes, soltarem

Pres. tenha soltado, tenhas soltado, tenha soltado;
Perf. tenhamos soltado, tenhais soltado, tenham soltado
Subj.

Past tivesse soltado, tivesses soltado, tivesse soltado;
Perf. tivéssemos soltado, tivésseis soltado, tivessem soltado
Subj.

Fut. tiver soltado, tiveres soltado, tiver soltado;
Perf. tivermos soltado, tiverdes soltado, tiverem soltado
Subj.

Condi- soltaria, soltarias, soltaria;
tional soltaríamos, soltaríeis, soltariam

Cond. teria soltado, terias soltado, teria soltado;
Perf. teríamos soltado, teríeis soltado, teriam soltado

Imper- solta*—soltai
ative

* NOTE: Only the "open" theme vowels of the radical-changing verbs
appear in italic type. For further explanation see Preface.

Pers. Inf.	somar, somares, somar; somarmos, somardes, somarem
Pres. *Ind.*	somo, somas, soma; somamos, somais, *somam**

to sum

Imp. *Ind.*	somava, somavas, somava; somávamos, somáveis, somavam
Pret. *Ind.*	somei, somaste, somou; somámos, somastes, somaram
Plup. *Ind.*	somara, somaras, somara; somáramos, somáreis, somaram
Fut. Ind.	somarei, somarás, somará; somaremos, somareis, somarão
Pres. *Perf.* *Ind.*	tenho somado, tens somado, tem somado; temos somado, tendes somado, têm somado
Plup. *Ind.*	tinha somado, tinhas somado, tinha somado; tínhamos somado, tínheis somado, tinham somado
Fut. *Perf.* *Ind.*	terei somado, terás somado, terá somado; teremos somado, tereis somado, terão somado
Pres. *Subj.*	some, somes, some; somemos, someis, *somem**
Imp. *Subj.*	somasse, somasses, somasse; somássemos, somásseis, somassem
Fut. *Subj.*	somar, somares, somar; somarmos, somardes, somarem
Pres. *Perf.* *Subj.*	tenha somado, tenhas somado, tenha somado; tenhamos somado, tenhais somado, tenham somado
Past *Perf.* *Subj.*	tivesse somado, tivesses somado, tivesse somado; tivéssemos somado, tivésseis somado, tivessem somado
Fut. *Perf.* *Subj.*	tiver somado, tiveres somado, tiver somado; tivermos somado, tiverdes somado, tiverem somado
Condi- *tional*	somaria, somarias, somaria; somaríamos, somaríeis, somariam
Cond. *Perf.*	teria somado, terias somado, teria somado; teríamos somado, teríeis somado, teriam somado
Imper- *ative*	soma*—somai

* NOTE: Although this verb is radical-changing in Portugal, most Brazilian speakers do not open the accented theme vowels.

Pers. Inf.	sonhar, sonhares, sonhar; sonharmos, sonhardes, sonharem
Pres. *Ind.*	sonho, sonhas, sonha; sonhamos, sonhais, sonham
Imp. *Ind.*	sonhava, sonhavas, sonhava; sonhávamos, sonháveis, sonhavam
Pret. *Ind.*	sonhei, sonhaste, sonhou; sonhámos, sonhastes, sonharam
Plup. *Ind.*	sonhara, sonharas, sonhara; sonháramos, sonháreis, sonharam
Fut. Ind.	sonharei, sonharás, sonhará; sonharemos, sonhareis, sonharão
Pres. *Perf.* *Ind.*	tenho sonhado, tens sonhado, tem sonhado; temos sonhado, tendes sonhado, têm sonhado
Plup. *Ind.*	tinha sonhado, tinhas sonhado, tinha sonhado; tínhamos sonhado, tínheis sonhado, tinham sonhado
Fut. *Perf.* *Ind.*	terei sonhado, terás sonhado, terá sonhado; teremos sonhado, tereis sonhado, terão sonhado
Pres. *Subj.*	sonhe, sonhes, sonhe; sonhemos, sonheis, sonhem
Imp. *Subj.*	sonhasse, sonhasses, sonhasse; sonhássemos, sonhásseis, sonhassem
Fut. *Subj.*	sonhar, sonhares, sonhar; sonharmos, sonhardes, sonharem
Pres. *Perf.* *Subj.*	tenha sonhado, tenhas sonhado, tenha sonhado; tenhamos sonhado, tenhais sonhado, tenham sonhado
Past *Perf.* *Ind.*	tivesse sonhado, tivesses sonhado, tivesse sonhado; tivéssemos sonhado, tivésseis sonhado, tivessem sonhado
Fut. *Perf.* *Subj.*	tiver sonhado, tiveres sonhado, tiver sonhado; tivermos sonhado, tiverdes sonhado, tiverem sonhado
Condi- *tional*	sonharia, sonharias, sonharia; sonharíamos, sonharíeis, sonhariam
Cond. *Perf.*	teria sonhado, terias sonhado, teria sonhado; teríamos sonhado, teríeis sonhado, teriam sonhado
Imper- *ative*	sonha—sonhai

to dream

Pers. Inf.	subir, subires, subir; subirmos, subirdes, subirem

to go up,
climb up

Pres. *Ind.*	subo, *sobes, sobe;* subimos, subis, *sobem**
Imp. *Ind.*	subia, subias, subia; subíamos, subíeis, subiam
Pret. *Ind.*	subi, subiste, subiu; subimos, subistes, subiram
Plup. *Ind.*	subira, subiras, subira; subíramos, subíreis, subiram
Fut. Ind.	subirei, subirás, subirá; subiremos, subireis, subirão
Pres. *Perf.* *Ind.*	tenho subido, tens subido, tem subido; temos subido, tendes subido, têm subido
Plup. *Ind.*	tinha subido, tinhas subido, tinha subido; tínhamos subido, tínheis subido, tinham subido
Fut. *Perf.* *Ind.*	terei subido, terás subido, terá subido; teremos subido, tereis subido, terão subido
Pres. *Subj.*	suba, subas, suba; subamos, subais, subam
Imp. *Subj.*	subisse, subisses, subisse; subíssemos, subísseis, subissem
Fut. *Subj.*	subir, subires, subir; subirmos, subirdes, subirem
Pres. *Perf.* *Subj.*	tenha subido, tenhas subido, tenha subido; tenhamos subido, tenhais subido, tenham subido
Past *Perf.* *Subj.*	tivesse subido, tivesses subido, tivesse subido; tivéssemos subido, tivésseis subido, tivessem subido
Fut. *Perf.* *Subj.*	tiver subido, tiveres subido, tiver subido; tivermos subido, tiverdes subido, tiverem subido
Condi- *tional*	subiria, subirias, subiria; subiríamos, subiríeis, subiriam
Cond. *Perf.*	teria subido, terias subido, teria subido; teríamos subido, teríeis subido, teriam subido
Imper- *ative*	sobe*—subi

* NOTE: Only the "open" theme vowels of the radical-changing verbs appear in italic type. For further explanation see Preface.

179

Pers. Inf.   surpreender, surpreenderes, surpreender;
surpreendermos, surpreenderdes, surpreenderem

Pres.   surpreendo, surpreendes, surpreende;   *to surprise*
Ind.   surpreendemos, surpreendeis, surpreendem

Imp.   surpreendia, surpreendias, surpreendia;
Ind.   surpreendíamos, surpreendíeis, surpreendiam

Pret.   surpreendi, surpreendeste, surpreendeu;
Ind.   surpreendemos, surpreendestes, surpreenderam

Plup.   surpreendera, surpreenderas, surpreendera;
Ind.   surpreendêramos, surpreendêreis, surpreenderam

Fut. Ind.   surpreenderei, surpreenderás, surpreenderá;
surpreenderemos, surpreendereis, surpreenderão

Pres.   tenho surpreendido, tens surpreendido, tem surpreendido;
Perf.   temos surpreendido, tendes surpreendido, têm surpreendido
Ind.

Plup.   tinha surpreendido, tinhas surpreendido, tinha surpreendido;
Ind.   tínhamos surpreendido, tínheis surpreendido, tinham surpreendido

Fut.   terei surpreendido, terás surpreendido, terá surpreendido;
Perf.   teremos surpreendido, tereis surpreendido, terão surpreendido
Ind.

Pres.   surpreenda, surpreendas, surpreenda;
Subj.   surpreendamos, surpreendais, surpreendam

Imp.   surpreendesse, surpreendesses, surpreendesse;
Subj.   surpreendêssemos, surpreendêsseis, surpreendessem

Fut.   surpreender, surpreenderes, surpreender;
Subj.   surpreendermos, surpreenderdes, surpreenderem

Pres.   tenha surpreendido, tenhas surpreendido, tenha surpreendido;
Perf.   tenhamos surpreendido, tenhais surpreendido, tenham surpreendido
Subj.

Past   tivesse surpreendido, tivesses surpreendido, tivesse surpreendido;
Perf.   tivéssemos surpreendido, tivésseis surpreendido, tivessem surpreendido
Subj.

Fut.   tiver surpreendido, tiveres surpreendido, tiver surpreendido;
Perf.   tivermos surpreendido, tiverdes surpreendido, tiverem surpreendido
Subj.

Condi-   surpreenderia, surpreenderias, surpreenderia;
tional   surpreenderíamos, surpreenderíeis, surpreenderiam

Cond.   teria surpreendido, terias surpreendido, teria surpreendido;
Perf.   teríamos surpreendido, teríeis surpreendido, teriam surpreendido

Imper-   surpreende—surpreendei
ative

Pers. Inf.	tentar, tentares, tentar; tentarmos, tentardes, tentarem

Pres. Ind. tento, tentas, tenta; tentamos, tentais, tentam

to try to; to tempt

Imp. Ind. tentava, tentavas, tentava; tentávamos, tentáveis, tentavam

Pret. Ind. tentei, tentaste, tentou; tentámos, tentastes, tentaram

Plup. Ind. tentara, tentaras, tentara; tentáramos, tentáreis, tentaram

Fut. Ind. tentarei, tentarás, tentará; tentaremos, tentareis, tentarão

Pres. Perf. Ind. tenho tentado, tens tentado, tem tentado; temos tentado, tendes tentado, têm tentado

Plup. Ind. tinha tentado, tinhas tentado, tinha tentado; tínhamos tentado, tínheis tentado, tinham tentado

Fut. Perf. Ind. terei tentado, terás tentado, terá tentado; teremos tentado, tereis tentado, terão tentado

Pres. Subj. tente, tentes, tente; tentemos, tenteis, tentem

Imp. Subj. tentasse, tentasses, tentasse; tentássemos, tentásseis, tentassem

Fut. Subj. tentar, tentares, tentar; tentarmos, tentardes, tentarem

Pres. Perf. Subj. tenha tentado, tenhas tentado, tenha tentado; tenhamos tentado, tenhais tentado, tenham tentado

Past Perf. Subj. tivesse tentado, tivesses tentado, tivesse tentado; tivéssemos tentado, tivésseis tentado, tivessem tentado

Fut. Perf. Subj. tiver tentado, tiveres tentado, tiver tentado; tivermos tentado, tiverdes tentado, tiverem tentado

Conditional tentaria, tentarias, tentaria; tentaríamos, tentaríeis, tentariam

Cond. Perf. teria tentado, terias tentado, teria tentado; teríamos tentado, teríeis tentado, teriam tentado

Imperative tenta—tentai

Pers. Inf.	ter, teres, ter; termos, terdes, terem
Pres. *Ind.*	tenho, tens, tem; temos, tendes, têm
Imp. *Ind.*	tinha, tinhas, tinha; tínhamos, tínheis, tinham
Pret. *Ind.*	tive, tiveste, teve; tivemos, tivestes, tiveram
Plup. *Ind.*	tivera, tiveras, tivera; tivéramos, tivéreis, tiveram
Fut. Ind.	terei, terás, terá; teremos, tereis, terão
Pres. *Perf.* *Ind.*	tenho tido, tens tido, tem tido; temos tido, tendes tido, têm tido
Plup. *Ind.*	tinha tido, tinhas tido, tinha tido; tínhamos tido, tínheis tido, tinham tido
Fut. *Perf.* *Ind.*	terei tido, terás tido, terá tido; teremos tido, tereis tido, terão tido
Pres. *Subj.*	tenha, tenhas, tenha; tenhamos, tenhais, tenham
Imp. *Subj.*	tivesse, tivesses, tivesse; tivéssemos, tivésseis, tivessem
Fut. *Subj.*	tiver, tiveres, tiver; tivermos, tiverdes, tiverem
Pres. *Perf.* *Subj.*	tenha tido, tenhas tido, tenha tido; tenhamos tido, tenhais tido, tenham tido
Past *Perf.* *Subj.*	tivesse tido, tivesses tido, tivesse tido; tivéssemos tido, tivésseis tido, tivessem tido
Fut. *Perf.* *Subj.*	tiver tido, tiveres tido, tiver tido; tivermos tido, tiverdes tido, tiverem tido
Condi- *tional*	teria, terias, teria; teríamos, teríeis, teriam
Cond. *Perf.*	teria tido, terias tido, teria tido; teríamos tido, teríeis tido, teriam tido
Imper- *ative*	tem—tende

to have

Pers. Inf.   tirar, tirares, tirar;
tirarmos, tirardes, tirarem

Pres.   tiro, tiras, tira;
Ind.   tiramos, tirais, tiram

to take out,
pull out

Imp.   tirava, tiravas, tirava;
Ind.   tirávamos, tiráveis, tiravam

Pret.   tirei, tiraste, tirou;
Ind.   tirámos, tirastes, tiraram

Plup.   tirara, tiraras, tirara;
Ind.   tiráramos, tiráreis, tiraram

Fut. Ind.   tirarei, tirarás, tirará;
tiraremos, tirareis, tirarão

Pres.   tenho tirado, tens tirado, tem tirado;
Perf.   temos tirado, tendes tirado, têm tirado
Ind.

Plup.   tinha tirado, tinhas tirado, tinha tirado;
Ind.   tínhamos tirado, tínheis tirado, tinham tirado

Fut.   terei tirado, terás tirado, terá tirado;
Perf.   teremos tirado, tereis tirado, terão tirado
Ind.

Pres.   tire, tires, tire;
Subj.   tiremos, tireis, tirem

Imp.   tirasse, tirasses, tirasse;
Subj.   tirássemos, tirásseis, tirassem

Fut.   tirar, tirares, tirar;
Subj.   tirarmos, tirardes, tirarem

Pres.   tenha tirado, tenhas tirado, tenha tirado;
Perf.   tenhamos tirado, tenhais tirado, tenham tirado
Subj.

Past   tivesse tirado, tivesses tirado, tivesse tirado;
Perf.   tivéssemos tirado, tivésseis tirado, tivessem tirado
Subj.

Fut.   tiver tirado, tiveres tirado, tiver tirado;
Perf.   tivermos tirado, tiverdes tirado, tiverem tirado
Subj.

Condi-   tiraria, tirarias, tiraria;
tional   tiraríamos, tiraríeis, tirariam

Cond.   teria tirado, terias tirado, teria tirado;
Perf.   teríamos tirado, teríeis tirado, teriam tirado

Imper-   tira—tirai
ative

Pers. Inf.	tocar, tocares, tocar; tocarmos, tocardes, tocarem
Pres. *Ind.*	*toco, tocas, toca;* tocamos, tocais, *tocam**
Imp. *Ind.*	tocava, tocavas, tocava; tocávamos, tocáveis, tocavam
Pret. *Ind.*	toquei, tocaste, tocou; tocámos, tocastes, tocaram
Plup. *Ind.*	tocara, tocaras, tocara; tocáramos, tocáreis, tocaram
Fut. Ind.	tocarei, tocarás, tocará; tocaremos, tocareis, tocarão
Pres. *Perf.* *Ind.*	tenho tocado, tens tocado, tem tocado; temos tocado, tendes tocado, têm tocado
Plup. *Ind.*	tinha tocado, tinhas tocado, tinha tocado; tínhamos tocado, tínheis tocado, tinham tocado
Fut. *Perf.* *Ind.*	terei tocado, terás tocado, terá tocado; teremos tocado, tereis tocado, terão tocado
Pres. *Subj.*	*toque, toques, toque;* toquemos, toqueis, *toquem**
Imp. *Subj.*	tocasse, tocasses, tocasse; tocássemos, tocásseis, tocassem
Fut. *Subj.*	tocar, tocares, tocar; tocarmos, tocardes, tocarem
Pres. *Perf.* *Subj.*	tenha tocado, tenhas tocado, tenha tocado; tenhamos tocado, tenhais tocado, tenham tocado
Past *Perf.* *Subj.*	tivesse tocado, tivesses tocado, tivesse tocado; tivéssemos tocado, tivésseis tocado, tivessem tocado
Fut. *Perf.* *Subj.*	tiver tocado, tiveres tocado, tiver tocado; tivermos tocado, tiverdes tocado, tiverem tocado
Conditional	tocaria, tocarias, tocaria; tocaríamos, tocaríeis, tocariam
Cond. *Perf.*	teria tocado, terias tocado, teria tocado; teríamos tocado, teríeis tocado, teriam tocado
Imperative	*toca**—tocai

to touch

* NOTE: Only the "open" theme vowels of the radical-changing verbs appear in italic type. For further explanation see Preface.

Pers. Inf.	tomar, tomares, tomar, tomarmos, tomardes, tomarem	
Pres. *Ind.*	tomo, tomas, toma; tomamos, tomais, *tomam**	*to take*
Imp. *Ind.*	tomava, tomavas, tomava; tomávamos, tomáveis, tomavam	
Pret. *Ind.*	tomei, tomaste, tomou; tomámos, tomastes, tomaram	
Plup. *Ind.*	tomara, tomaras, tomara; tomáramos, tomáreis, tomaram	
Fut. Ind.	tomarei, tomarás, tomará; tomaremos, tomareis, tomarão	
Pres. *Perf.* *Ind.*	tenho tomado, tens tomado, tem tomado; temos tomado, tendes tomado, têm tomado	
Plup. *Ind.*	tinha tomado, tinhas tomado, tinha tomado; tínhamos tomado, tínheis tomado, tinham tomado	
Fut. *Perf.* *Ind.*	terei tomado, terás tomado, terá tomado; teremos tomado, tereis tomado, terão tomado	
Pres. *Subj.*	tome, tomes, tome; tomemos, tomeis, *tomem**	
Imp. *Subj.*	tomasse, tomasses, tomasse; tomássemos, tomásseis, tomassem	
Fut. *Subj.*	tomar, tomares, tomar; tomarmos, tomardes, tomarem	
Pres. *Perf.* *Subj.*	tenha tomado, tenhas tomado, tenha tomado; tenhamos tomado, tenhais tomado, tenham tomado	
Past *Perf.* *Subj.*	tivesse tomado, tivesses tomado, tivesse tomado; tivéssemos tomado, tivésseis tomado, tivessem tomado	
Fut. *Perf.* *Subj.*	tiver tomado, tiveres tomado, tiver tomado; tivermos tomado, tiverdes tomado, tiverem tomado	
Condi- *tional*	tomaria, tomarias, tomaria; tomaríamos, tomaríeis, tomariam	
Cond. *Perf.*	teria tomado, terias tomado, teria tomado; teríamos tomado, teríeis tomado, teriam tomado	
Imper- *ative*	toma*—tomai	

* See note page 177.

Pers. Inf.	tossir, tossires, tossir; tossirmos, tossirdes, tossirem

Pres. tusso, *tosses, tosse;*   *to cough*
Ind. tossimos, tossis, *tossem* *

Imp. tossia, tossias, tossia;
Ind. tossíamos, tossíeis, tossiam

Pret. tossi, tossiste, tossiu;
Ind. tossimos, tossistes, tossiram

Plup. tossira, tossiras, tossira;
Ind. tossíramos, tossíreis, tossiram

Fut. Ind. tossirei, tossirás, tossirá;
tossiremos, tossireis, tossirão

Pres. tenho tossido, tens tossido, tem tossido;
Perf. temos tossido, tendes tossido, têm tossido
Ind.

Plup. tinha tossido, tinhas tossido, tinha tossido;
Ind. tínhamos tossido, tínheis tossido, tinham tossido

Fut. terei tossido, terás tossido, terá tossido;
Perf. teremos tossido, tereis tossido, terão tossido
Ind.

Pres. tussa, tussas, tussa;
Subj. tussamos, tussais, tussam

Imp. tossisse, tossisses, tossisse;
Subj. tossíssemos, tossísseis, tossissem

Fut. tossir, tossires, tossir;
Subj. tossirmos, tossirdes, tossirem

Pres. tenha tossido, tenhas tossido, tenha tossido;
Perf. tenhamos tossido, tenhais tossido, tenham tossido
Subj.

Past tivesse tossido, tivesses tossido, tivesse tossido;
Perf. tivéssemos tossido, tivésseis tossido, tivessem tossido
Subj.

Fut. tiver tossido, tiveres tossido, tiver tossido;
Perf. tivermos tossido, tiverdes tossido, tiverem tossido
Subj.

Condi- tossiria, tossirias, tossiria;
tional tossiríamos, tossiríeis, tossiriam

Cond. teria tossido, terias tossido, teria tossido;
Perf. teríamos tossido, teríeis tossido, teriam tossido

Imper- *tosse* *—tossi
ative*

* NOTE: Only the "open" theme vowels of the radical-changing verbs
appear in italic type. For further explanation see Preface.

Pers. Inf. trabalhar, trabalhares, trabalhar;
trabalharmos, trabalhardes, trabalharem

Pres. trabalho, trabalhas, trabalha;   *to work*
Ind. trabalhamos, trabalhais, trabalham

Imp. trabalhava, trabalhavas, trabalhava;
Ind. trabalhávamos, trabalháveis, trabalhavam

Pret. trabalhei, trabalhaste, trabalhou;
Ind. trabalhámos, trabalhastes, trabalharam

Plup. trabalhara, trabalharas, trabalhara;
Ind. trabalháramos, trabalháreis, trabalharam

Fut. Ind. trabalharei, trabalharás, trabalhará;
trabalharemos, trabalhareis, trabalharão

Pres. tenho trabalhado, tens trabalhado, tem trabalhado;
Perf. temos trabalhado, tendes trabalhado, têm trabalhado
Ind.

Plup. tinha trabalhado, tinhas trabalhado, tinha trabalhado;
Ind. tínhamos trabalhado, tínheis trabalhado, tinham trabalhado

Fut. terei trabalhado, terás trabalhado, terá trabalhado;
Perf. teremos trabalhado, tereis trabalhado, terão trabalhado
Ind.

Pres. trabalhe, trabalhes, trabalhe;
Subj. trabalhemos, trabalheis, trabalhem

Imp. trabalhasse, trabalhasses, trabalhasse;
Subj. trabalhássemos, trabalhásseis, trabalhassem

Fut. trabalhar, trabalhares, trabalhar;
Subj. trabalharmos, trabalhardes, trabalharem

Pres. tenha trabalhado, tenhas trabalhado, tenha trabalhado;
Perf. tenhamos trabalhado, tenhais trabalhado, tenham trabalhado
Subj.

Past tivesse trabalhado, tivesses trabalhado, tivesse trabalhado;
Perf. tivéssemos trabalhado, tivésseis trabalhado, tivessem trabalhado
Subj.

Fut. tiver trabalhado, tiveres trabalhado, tiver trabalhado;
Perf. tivermos trabalhado, tiverdes trabalhado, tiverem trabalhado
Subj.

Condi- trabalharia, trabalharias, trabalharia;
tional trabalharíamos, trabalharíeis, trabalhariam

Cond. teria trabalhado, terias trabalhado, teria trabalhado;
Perf. teríamos trabalhado, teríeis trabalhado, teriam trabalhado

Imper- trabalha—trabalhai
ative

Pers. Inf.	trazer, trazeres, trazer; trazermos, trazerdes, trazerem

Pres. trago, trazes, traz; **to bring**
Ind. trazemos, trazeis, trazem

Imp. trazia, trazias, trazia;
Ind. trazíamos, trazíeis, traziam

Pret. trouxe, trouxeste, trouxe;
Ind. trouxemos, trouxestes, trouxeram

Plup. trouxera, trouxeras, trouxera;
Ind. trouxéramos, trouxéreis, trouxeram

Fut. Ind. trarei, trarás, trará;
traremos, trareis, trarão

Pres. tenho trazido, tens trazido, tem trazido;
Perf. temos trazido, tendes trazido, têm trazido
Ind.

Plup. tinha trazido, tinhas trazido, tinha trazido;
Ind. tínhamos trazido, tínheis trazido, tinham trazido

Fut. terei trazido, terás trazido, terá trazido;
Perf. teremos trazido, tereis trazido, terão trazido
Ind.

Pres. traga, tragas, traga;
Subj. tragamos, tragais, tragam

Imp. trouxesse, trouxesses, trouxesse;
Subj. trouxéssemos, trouxésseis, trouxessem

Fut. trouxer, trouxeres, trouxer;
Subj. trouxermos, trouxerdes, trouxerem

Pres. tenha trazido, tenhas trazido, tenha trazido;
Perf. tenhamos trazido, tenhais trazido, tenham trazido
Subj.

Past tivesse trazido, tivesses trazido, tivesse trazido;
Perf. tivéssemos trazido, tivésseis trazido, tivessem trazido
Subj.

Fut. tiver trazido, tiveres trazido, tiver trazido;
Perf. tivermos trazido, tiverdes trazido, tiverem trazido
Subj.

Condi- traria, trarias, traria;
tional traríamos, traríeis, trariam

Cond. teria trazido, terias trazido, teria trazido;
Perf. teríamos trazido, teríeis trazido, teriam trazido

Imper- traze—trazei
ative

Pers. Inf.	trocar, trocares, trocar; trocarmos, trocardes, trocarem
Pres. *Ind.*	*troco, trocas, troca;* trocamos, trocais, *trocam**
Imp. *Ind.*	trocava, trocavas, trocava; trocávamos, trocáveis, trocavam
Pret. *Ind.*	troquei, trocaste, trocou; trocámos, trocastes, trocaram
Plup. *Ind.*	trocara, trocaras, trocara; trocáramos, trocáreis, trocaram
Fut. Ind.	trocarei, trocarás, trocará; trocaremos, trocareis, trocarão
Pres. *Perf.* *Ind.*	tenho trocado, tens trocado, tem trocado; temos trocado, tendes trocado, têm trocado
Plup. *Ind.*	tinha trocado, tinhas trocado, tinha trocado; tínhamos trocado, tínheis trocado, tinham trocado
Fut. *Perf.* *Ind.*	terei trocado, terás trocado, terá trocado; teremos trocado, tereis trocado, terão trocado
Pres. *Subj.*	*troque, troques, troque;* troquemos, troqueis, *troquem**
Imp. *Subj.*	trocasse, trocasses, trocasse; trocássemos, trocásseis, trocassem
Fut. *Subj.*	trocar, trocares, trocar; trocarmos, trocardes, trocarem
Pres. *Perf.* *Subj.*	tenha trocado, tenhas trocado, tenha trocado; tenhamos trocado, tenhais trocado, tenham trocado
Past *Perf.* *Subj.*	tivesse trocado, tivesses trocado, tivesse trocado; tivéssemos trocado, tivésseis trocado, tivessem trocado
Fut. *Perf.* *Subj.*	tiver trocado, tiveres trocado, tiver trocado; tivermos trocado, tiverdes trocado, tiverem trocado
Condi- *tional*	trocaria, trocarias, trocaria; trocaríamos, trocaríeis, trocariam
Cond. *Perf.*	teria trocado, terias trocado, teria trocado; teríamos trocado, teríeis trocado, teriam trocado
Imper- *ative*	*troca**—trocai

to change,
exchange

* NOTE: Only the "open" theme vowels of the radical-changing verbs appear in italic type. For further explanation see Preface.

usar

Pers. Inf.	usar, usares, usar; usarmos, usardes, usarem
Pres. Ind.	uso, usas, usa; usamos, usais, usam

to use

Imp. *Ind.*	usava, usavas, usava; usávamos, usáveis, usavam
Pret. *Ind.*	usei, usaste, usou; usámos, usastes, usaram
Plup. *Ind.*	usara, usaras, usara; usáramos, usáreis, usaram
Fut. Ind.	usarei, usarás, usará; usaremos, usareis, usarão
Pres. *Perf.* *Ind.*	tenho usado, tens usado, tem usado; temos usado, tendes usado, têm usado
Plup. *Ind.*	tinha usado, tinhas usado, tinha usado; tínhamos usado, tínheis usado, tinham usado
Fut. *Perf.* *Ind.*	terei usado, terás usado, terá usado; teremos usado, tereis usado, terão usado
Pres. *Subj.*	use, uses, use; usemos, useis, usem
Imp. *Subj.*	usasse, usasses, usasse; usássemos, usásseis, usassem
Fut. *Subj.*	usar, usares, usar; usarmos, usardes, usarem
Pres. *Perf.* *Subj.*	tenha usado, tenhas usado, tenha usado; tenhamos usado, tenhais usado, tenham usado
Past *Perf.* *Subj.*	tivesse usado, tivesses usado, tivesse usado; tivéssemos usado, tivésseis usado, tivessem usado
Fut. *Perf.* *Subj.*	tiver usado, tiveres usado, tiver usado; tivermos usado, tiverdes usado, tiverem usado
Condi- *tional*	usaria, usarias, usaria; usaríamos, usaríeis, usariam
Cond. *Perf.*	teria usado, terias usado, teria usado; teríamos usado, teríeis usado, teriam usado
Imper- *ative*	usa—usai

Pers. Inf.	valer, valeres, valer; valermos, valerdes, valerem

Pres. valho, vales, vale;
Ind. valemos, valeis, valem

to be worth

Imp. valia, valias, valia;
Ind. valíamos, valíeis, valiam

Pret. vali, valeste, valeu;
Ind. valemos, valestes, valeram

Plup. valera, valeras, valera;
Ind. valêramos, valêreis, valeram

Fut. Ind. valerei, valerás, valerá; valeremos, valereis, valerão

Pres. tenho valido, tens valido, tem valido;
Perf. temos valido, tendes valido, têm valido
Ind.

Plup. tinha valido, tinhas valido, tinha valido;
Ind. tínhamos valido, tínheis valido, tinham valido

Fut. terei valido, terás valido, terá valido;
Perf. teremos valido, tereis valido, terão valido
Ind.

Pres. valha, valhas, valha;
Subj. valhamos, valhais, valham

Imp. valesse, valesses, valesse;
Subj. valêssemos, valêsseis, valessem

Fut. valer, valeres, valer;
Subj. valermos, valerdes, valerem

Pres. tenha valido, tenhas valido, tenha valido;
Perf. tenhamos valido, tenhais valido, tenham valido
Subj.

Past tivesse valido, tivesses valido, tivesse valido;
Perf. tivéssemos valido, tivésseis valido, tivessem valido
Subj.

Fut. tiver valido, tiveres valido, tiver valido;
Perf. tivermos valido, tiverdes valido, tiverem valido
Subj.

Condi- valeria, valerias, valeria;
tional valeríamos, valeríeis, valeriam

Cond. teria valido, terias valido, teria valido;
Perf. teríamos valido, teríeis valido, teriam valido

Imper- vale—valei
ative

Pers. Inf.	vencer, venceres, vencer; vencermos, vencerdes, vencerem
Pres. *Ind.*	venço, vences, vence; vencemos, venceis, vencem
Imp. *Ind.*	vencia, vencias, vencia; vencíamos, vencíeis, venciam
Pret. *Ind.*	venci, venceste, venceu; vencemos, vencestes, venceram
Plup. *Ind.*	vencera, venceras, vencera; vencêramos, vencêreis, venceram
Fut. Ind.	vencerei, vencerás, vencerá; venceremos, vencereis, vencerão
Pres. *Perf.* *Ind.*	tenho vencido, tens vencido, tem vencido; temos vencido, tendes vencido, têm vencido
Plup. *Ind.*	tinha vencido, tinhas vencido, tinha vencido; tínhamos vencido, tínheis vencido, tinham vencido
Fut. *Perf.* *Ind.*	terei vencido, terás vencido, terá vencido; teremos vencido, tereis vencido, terão vencido
Pres. *Subj.*	vença, venças, vença; vençamos, vençais, vençam
Imp. *Subj.*	vencesse, vencesses, vencesse; vencêssemos, vencêsseis, vencessem
Fut. *Subj.*	vencer, venceres, vencer; vencermos, vencerdes, vencerem
Pres. *Perf.* *Subj.*	tenha vencido, tenhas vencido, tenha vencido; tenhamos vencido, tenhais vencido, tenham vencido
Past *Perf.* *Subj.*	tivesse vencido, tivesses vencido, tivesse vencido; tivéssemos vencido, tivésseis vencido, tivessem vencido
Fut. *Perf.* *Subj.*	tiver vencido, tiveres vencido, tiver vencido; tivermos vencido, tiverdes vencido, tiverem vencido
Condi- *tional*	venceria, vencerias, venceria; venceríamos, venceríeis, venceriam
Cond. *Perf.*	teria vencido, terias vencido, teria vencido; teríamos vencido, teríeis vencido, teriam vencido
Imper- *ative*	vence—vencei

to defeat

Pers. Inf.	vender, venderes, vender; vendermos, venderdes, venderem

Pres. vendo, vendes, vende;   *to sell*
Ind. vendemos, vendeis, vendem

Imp. vendia, vendias, vendia;
Ind. vendíamos, vendíeis, vendiam

Pret. vendi, vendeste, vendeu;
Ind. vendemos, vendestes, venderam

Plup. vendera, venderas, vendera;
Ind. vendêramos, vendêreis, venderam

Fut. Ind. venderei, venderás, venderá;
venderemos, vendereis, venderão

Pres. tenho vendido, tens vendido, tem vendido;
Perf. temos vendido, tendes vendido, têm vendido
Ind.

Plup. tinha vendido, tinhas vendido, tinha vendido;
Ind. tínhamos vendido, tínheis vendido, tinham vendido

Fut. terei vendido, terás vendido, terá vendido;
Perf. teremos vendido, tereis vendido, terão vendido
Ind.

Pres. venda, vendas, venda;
Subj. vendamos, vendais, vendam

Imp. vendesse, vendesses, vendesse;
Subj. vendêssemos, vendêsseis, vendessem

Fut. vender, venderes, vender;
Subj. vendermos, venderdes, venderem

Pres. tenha vendido, tenhas vendido, tenha vendido;
Perf. tenhamos vendido, tenhais vendido, tenham vendido
Subj.

Past tivesse vendido, tivesses vendido, tivesse vendido;
Perf. tivéssemos vendido, tivésseis vendido, tivessem vendido
Subj.

Fut. tiver vendido, tiveres vendido, tiver vendido;
Perf. tivermos vendido, tiverdes vendido, tiverem vendido
Subj.

Condi- venderia, venderias, venderia;
tional venderíamos, venderíeis, venderiam

Cond. teria vendido, terias vendido, teria vendido;
Perf. teríamos vendido, teríeis vendido, teriam vendido

Imper- vende—vendei
ative

Pers. Inf.	ver, veres, ver; vermos, verdes, verem
Pres. *Ind.*	vejo, vês, vê; vemos, vêdes, vêem
Imp. *Ind.*	via, vias, via; víamos, víeis, viam
Pret. *Ind.*	vi, viste, viu; vimos, vistes, viram
Plup. *Ind.*	vira, viras, vira; víramos, víreis, viram
Fut. Ind.	verei, verás, verá; veremos, vereis, verão
Pres. *Perf.* *Ind.*	tenho visto, tens visto, tem visto; temos visto, tendes visto, têm visto
Plup. *Ind.*	tinha visto, tinhas visto, tinha visto; tínhamos visto, tínheis visto, tinham visto
Fut. *Perf.* *Ind.*	terei visto, terás visto, terá visto; teremos visto, tereis visto, terão visto
Pres. *Subj.*	veja, vejas, veja; vejamos, vejais, vejam
Imp. *Subj.*	visse, visses, visse; víssemos, vísseis, vissem
Fut. *Subj.*	vir, vires, vir; virmos, virdes, virem
Pres. *Perf.* *Subj.*	tenha visto, tenhas visto, tenha visto; tenhamos visto, tenhais visto, tenham visto
Past *Perf.* *Subj.*	tivesse visto, tivesses visto, tivesse visto; tivéssemos visto, tivésseis visto, tivessem visto
Fut. *Perf.* *Subj.*	tiver visto, tiveres visto, tiver visto; tivermos visto, tiverdes visto, tiverem visto
Condi- *tional*	veria, verias, veria; veríamos, veríeis, veriam
Cond. *Perf.*	teria visto, terias visto, teria visto; teríamos visto, teríeis visto, teriam visto
Imper- *ative*	vê—vêde

to see

Pers. Inf.	vestir, vestires, vestir; vestirmos, vestirdes, vestirem

to dress

Pres. *Ind.*	visto, *vestes, veste;* vestimos, vestis, *vestem**
Imp. *Ind.*	vestia, vestias, vestia; vestíamos, vestíeis, vestiam
Pret. *Ind.*	vesti, vestiste, vestiu; vestimos, vestistes, vestiram
Plup. *Ind.*	vestira, vestiras, vestira; vestíramos, vestíreis, vestiram
Fut. Ind.	vestirei, vestirás, vestirá; vestiremos, vestireis, vestirão
Pres. *Perf.* *Ind.*	tenho vestido, tens vestido, tem vestido; temos vestido, tendes vestido, têm vestido
Plup. *Ind.*	tinha vestido, tinhas vestido, tinha vestido; tínhamos vestido, tínheis vestido, tinham vestido
Fut. *Perf.* *Ind.*	terei vestido, terás vestido, terá vestido; teremos vestido, tereis vestido, terão vestido
Pres. *Subj.*	vista, vistas, vista; vistamos, vistais, vistam
Imp. *Subj.*	vestisse, vestisses, vestisse; vestíssemos, vestísseis, vestissem
Fut. *Subj.*	vestir, vestires, vestir; vestirmos, vestirdes, vestirem
Pres. *Perf.* *Subj.*	tenha vestido, tenhas vestido, tenha vestido; tenhamos vestido, tenhais vestido, tenham vestido
Past *Perf.* *Subj.*	tivesse vestido, tivesses vestido, tivesse vestido; tivéssemos vestido, tivésseis vestido, tivessem vestido
Fut. *Perf.* *Subj.*	tiver vestido, tiveres vestido, tiver vestido; tivermos vestido, tiverdes vestido, tiverem vestido
Condi- *tional*	vestiria, vestirias, vestiria; vestiríamos, vestiríeis, vestiriam
Cond. *Perf.*	teria vestido, terias vestido, teria vestido; teríamos vestido, teríeis vestido, teriam vestido
Imper- *ative*	*veste**—vesti

  * NOTE: Only the "open" theme vowels of the radical-changing verbs appear in italic type. For further explanation see Preface.

195

Pers. Inf.	viajar, viajares, viajar; viajarmos, viajardes, viajarem

Pres. viajo, viajas, viaja;   *to travel*
Ind.   viajamos, viajais, viajam

Imp.   viajava, viajavas, viajava;
Ind.   viajávamos, viajáveis, viajavam

Pret. viajei, viajaste, viajou;
Ind.   viajámos, viajastes, viajaram

Plup. viajara, viajaras, viajara;
Ind.   viajáramos, viajáreis, viajaram

Fut. Ind. viajarei, viajarás, viajará;
viajaremos, viajareis, viajarão

Pres. tenho viajado, tens viajado, tem viajado;
Perf. temos viajado, tendes viajado, têm viajado
Ind.

Plup. tinha viajado, tinhas viajado, tinha viajado;
Ind.   tínhamos viajado, tínheis viajado, tinham viajado

Fut.   terei viajado, terás viajado, terá viajado;
Perf. teremos viajado, tereis viajado, terão viajado
Ind.

Pres. viaje, viajes, viaje;
Subj. viajemos, viajeis, viajem

Imp.   viajasse, viajasses, viajasse;
Subj. viajássemos, viajásseis, viajassem

Fut.   viajar, viajares, viajar;
Subj. viajarmos, viajardes, viajarem

Pres. tenha viajado, tenhas viajado, tenha viajado;
Perf. tenhamos viajado, tenhais viajado, tenham viajado
Subj.

Past   tivesse viajado, tivesses viajado, tivesse viajado;
Perf. tivéssemos viajado, tivésseis viajado, tivessem viajado
Subj.

Fut.   tiver viajado, tiveres viajado, tiver viajado;
Perf. tivermos viajado, tiverdes viajado, tiverem viajado
Subj.

Condi- viajaria, viajarias, viajaria;
tional viajaríamos, viajaríeis, viajariam

Cond. teria viajado, terias viajado, teria viajado;
Perf. teríamos viajado, teríeis viajado, teriam viajado

Imper- viaja—viajai
ative

196

Pers. Inf.	vir, vires, vir; virmos, virdes, virem

to come

Pres. *Ind.*	venho, vens, vem; vimos, vindes, vêm
Imp. *Ind.*	vinha, vinhas, vinha; vínhamos, vínheis, vinham
Pret. *Ind.*	vim, vieste, veio; viemos, viestes, vieram
Plup. *Ind.*	viera, vieras, viera; viéramos, viéreis, vieram
Fut. Ind.	virei, virás, virá; viremos, vireis, virão
Pres. *Perf.* *Ind.*	tenho vindo, tens vindo, tem vindo; temos vindo, tendes vindo, têm vindo
Plup. *Ind.*	tinha vindo, tinhas vindo, tinha vindo; tínhamos vindo, tínheis vindo, tinham vindo
Fut. *Perf.* *Ind.*	terei vindo, terás vindo, terá vindo; teremos vindo, tereis vindo, terão vindo
Pres. *Subj.*	venha, venhas, venha; venhamos, venhais, venham
Imp. *Subj.*	viesse, viesses, viesse; viéssemos, viésseis, viessem
Fut. *Subj.*	vier, vieres, vier; viermos, vierdes, vierem
Pres. *Perf.* *Subj.*	tenha vindo, tenhas vindo, tenha vindo; tenhamos vindo, tenhais vindo, tenham vindo
Past *Perf.* *Subj.*	tivesse vindo, tivesses vindo, tivesse vindo; tivéssemos vindo, tivésseis vindo, tivessem vindo
Fut. *Perf.* *Subj.*	tiver vindo, tiveres vindo, tiver vindo; tivermos vindo, tiverdes vindo, tiverem vindo
Condi- *tional*	viria, virias, viria; viríamos, viríeis, viriam
Cond. *Perf.*	teria vindo, terias vindo, teria vindo; teríamos vindo, teríeis vindo, teriam vindo
Imper- *ative*	vem—vinde

Pers. Inf.	viver, viveres, viver; vivermos, viverdes, viverem
Pres. *Ind.*	vivo, vives, vive; vivemos, viveis, vivem
Imp. *Ind.*	vivia, vivias, vivia; vivíamos, vivíeis, viviam
Pret. *Ind.*	vivi, viveste, viveu; vivemos, vivestes, viveram
Plup. *Ind.*	vivera, viveras, vivera; vivêramos, vivêreis, viveram
Fut. Ind.	viverei, viverás, viverá; viveremos, vivereis, viverão
Pres. *Perf.* *Ind.*	tenho vivido, tens vivido, tem vivido; temos vivido, tendes vivido, têm vivido
Plup. *Ind.*	tinha vivido, tinhas vivido, tinha vivido; tínhamos vivido, tínheis vivido, tinham vivido
Fut. *Perf.* *Ind.*	terei vivido, terás vivido, terá vivido; teremos vivido, tereis vivido, terão vivido
Pres. *Subj.*	viva, vivas, viva; vivamos, vivais, vivam
Imp. *Subj.*	vivesse, vivesses, vivesse; vivêssemos, vivêsseis, vivessem
Fut. *Subj.*	viver, viveres, viver; vivermos, viverdes, viverem
Pres. *Perf.* *Subj.*	tenha vivido, tenhas vivido, tenha vivido; tenhamos vivido, tenhais vivido, tenham vivido
Past *Perf.* *Subj.*	tivesse vivido, tivesses vivido, tivesse vivido; tivéssemos vivido, tivésseis vivido, tivessem vivido
Fut. *Perf.* *Subj.*	tiver vivido, tiveres vivido, tiver vivido; tivermos vivido, tiverdes vivido, tiverem vivido
Condi- tional	viveria, viverias, viveria; viveríamos, viveríeis, viveriam
Cond. *Perf.*	teria vivido, terias vivido, teria vivido; teríamos vivido, teríeis vivido, teriam vivido
Imper- ative	vive—vivei

to live

Pers. Inf.	voar, voares, voar; voarmos, voardes, voarem

to fly

Pres. Ind.	vôo, voas, voa; voamos, voais, voam

Imp. Ind.	voava, voavas, voava; voávamos, voáveis, voavam

Pret. Ind.	voei, voaste, voou; voámos, voastes, voaram

Plup. Ind.	voara, voaras, voara; voáramos, voáreis, voaram

Fut. Ind.	voarei, voarás, voará; voaremos, voareis, voarão

Pres. Perf. Ind.	tenho voado, tens voado, tem voado; temos voado, tendes voado, têm voado

Plup. Ind.	tinha voado, tinhas voado, tinha voado; tínhamos voado, tínheis voado, tinham voado

Fut. Perf. Ind.	terei voado, terás voado, terá voado; teremos voado, tereis voado, terão voado

Pres. Subj.	voe, voes, voe; voemos, voeis, voem

Imp. Subj.	voasse, voasses, voasse; voássemos, voásseis, voassem

Fut. Subj.	voar, voares, voar; voarmos, voardes, voarem

Pres. Perf. Subj.	tenha voado, tenhas voado, tenha voado; tenhamos voado, tenhais voado, tenham voado

Past Perf. Subj.	tivesse voado, tivesses voado, tivesse voado; tivéssemos voado, tivésseis voado, tivessem voado

Fut. Perf. Subj.	tiver voado, tiveres voado, tiver voado; tivermos voado, tiverdes voado, tiverem voado

Conditional	voaria, voarias, voaria; voaríamos, voaríeis, voariam

Cond. Perf.	teria voado, terias voado, teria voado; teríamos voado, teríeis voado, teriam voado

Imperative	voa—voai

Pers. Inf.	voltar, voltares, voltar; voltarmos, voltardes, voltarem
Pres. *Ind.*	*volto, voltas, volta;* voltamos, voltais, *voltam**
Imp. *Ind.*	voltava, voltavas, voltava; voltávamos, voltáveis, voltavam
Pret. *Ind.*	voltei, voltaste, voltou; voltámos, voltastes, voltaram
Plup. *Ind.*	voltara, voltaras, voltara; voltáramos, voltáreis, voltaram
Fut. *Ind.*	voltarei, voltarás, voltará; voltaremos, voltareis, voltarão
Pres. *Perf.* *Ind.*	tenho voltado, tens voltado, tem voltado; temos voltado, tendes voltado, têm voltado
Plup. *Ind.*	tinha voltado, tinhas voltado, tinha voltado; tínhamos voltado, tínheis voltado, tinham voltado
Fut. *Perf.* *Ind.*	terei voltado, terás voltado, terá voltado; teremos voltado, tereis voltado, terão voltado
Pres. *Subj.*	*volte, voltes, volte;* voltemos, volteis, *voltem**
Imp. *Subj.*	voltasse, voltasses, voltasse; voltássemos, voltásseis, voltassem
Fut. *Subj.*	voltar, voltares, voltar; voltarmos, voltardes, voltarem
Pres. *Perf.* *Subj.*	tenha voltado, tenhas voltado, tenha voltado; tenhamos voltado, tenhais voltado, tenham voltado
Past *Perf.* *Subj.*	tivesse voltado, tivesses voltado, tivesse voltado; tivéssemos voltado, tivésseis voltado, tivessem voltado
Fut. *Perf.* *Subj.*	tiver voltado, tiveres voltado, tiver voltado; tivermos voltado, tiverdes voltado, tiverem voltado
Condi- *tional*	voltaria, voltarias, voltaria; voltaríamos, voltaríeis, voltariam
Cond. *Perf.*	teria voltado, terias voltado, teria voltado; teríamos voltado, teríeis voltado, teriam voltado
Imper- *ative*	*volta**—voltai

to return

* NOTE: Only the "open" theme vowels of the radical-changing verbs appear in italic type. For further explanation see Preface.

Pers. Inf.	zangar, zangares, zangar; zangarmos, zangardes, zangarem

Pres. zango, zangas, zanga;
Ind. zangamos, zangais, zangam

to anger

Imp. zangava, zangavas, zangava;
Ind. zangávamos, zangáveis, zangavam

Pret. zanguei, zangaste, zangou;
Ind. zangámos, zangastes, zangaram

Plup. zangara, zangaras, zangara;
Ind. zangáramos, zangáreis, zangaram

Fut. Ind. zangarei, zangarás, zangará;
zangaremos, zangareis, zangarão

Pres. tenho zangado, tens zangado, tem zangado;
Perf. temos zangado, tendes zangado, têm zangado
Ind.

Plup. tinha zangado, tinhas zangado, tinha zangado;
Ind. tínhamos zangado, tínheis zangado, tinham zangado

Fut. terei zangado, terás zangado, terá zangado;
Perf. teremos zangado, tereis zangado, terão zangado
Ind.

Pres. zangue, zangues, zangue;
Subj. zanguemos, zangueis, zanguem

Imp. zangasse, zangasses, zangasse;
Subj. zangássemos, zangásseis, zangassem

Fut. zangar, zangares, zangar;
Subj. zangarmos, zangardes, zangarem

Pres. tenha zangado, tenhas zangado, tenha zangado;
Perf. tenhamos zangado, tenhais zangado, tenham zangado
Subj.

Past tivesse zangado, tivesses zangado, tivesse zangado;
Perf. tivéssemos zangado, tivésseis zangado, tivessem zangado
Subj.

Fut. tiver zangado, tiveres zangado, tiver zangado;
Perf. tivermos zangado, tiverdes zangado, tiverem zangado
Subj.

Condi- zangaria, zangarias, zangaria;
tional zangaríamos, zangaríeis, zangariam

Cond. teria zangado, terias zangado, teria zangado;
Perf. teríamos zangado, teríeis zangado, teriam zangado

Imper- zanga—zangai
ative

201

English-Portuguese Index

A

able, to be **poder**
absent **faltar**
abstain from **abster-se de** (like **ter**)
accept **aceitar**, (as to allow) **consentir** (like **sentir**)
accompany **acompanhar** (like **falar**)
accomplish **cumprir**
accustomed to, be **costumar** (like **acostumar**)
ache **doer**
acquainted with, to be **conhecer**
acquainted with slightly, be **entreconhecer** (like **conhecer**)
acquire **obter** (like **ter**)
act (as to behave) **comportar-se** (like **importar**)
add (to) **juntar (a)**
add to in writing **adscrever** (like **escrever**)
add (up) **somar**
adduce **aduzir** (like **produzir**)
admit **admitir** (like **partir**)
admonish **repreender** (like **compreender**)
adorn **enfeitar** (like **aceitar**)
advantage (of), to take **aproveitar-se (de)**
advise **aconselhar**
afraid (of), to be **recear**
agree (with) **concordar (com)** (like **acordar**), **convir** (like **vir**)
aid **ajudar**
allot **repartir** (like **partir**)
allow **deixar**
amass **juntar, ajuntar** (like **juntar**)
amuse oneself **divertir-se, entreter-se** (like **ter**), **distrair-se** (like **cair**)
anger **zangar**
angry, to get **zangar-se**

angry with, to be **estar zangado com**
annoy **chatear** (like **barbear**), **desgostar** (like **gostar**)
answer (as a door or telephone) **atender (a)**
answer (as to respond) **responder**
appear (as to seem) **parecer**
appear (as to show up) **aparecer** (like **parecer**)
appear (or shine) through **transparecer** (like **parecer**)
apprehend **apreender** (like **compreender**)
approach **aproximar-se (de)**
approve **aprovar** (like **provar**)
argue **discutir**
arrange **arranjar**
arrest **prender** (like **aprender**), **parar** (like **falar**), **deter** (like **ter**)
arrive **chegar**
ascend **subir**
ask (a question) **perguntar** (like **falar**)
ask for **pedir**
aspire to **aspirar a (like respirar)**, **pretender a** (like **atender**)
assault **assaltar** (like **falar**), **acometer** (like **meter**)
assemble **juntar, reunir** (like **partir**), **ajuntar** (like **juntar**)
assent **assentir** (like **sentir**)
assist **ajudar (a)**
attack **atacar** (like **ficar**), **acometer** (like **meter**)
attempt **tentar**
attend **assistir (a)**
attract **atrair** (like **cair**)
augment **aumentar** (like **apresentar**), **acrescentar** (like **apresentar**), **acrescer** (like **crescer**)
awaiting, to be **aguardar** (like **guardar**)

B

banish exilar (like falar), deportar (like importar), proscrever (like escrever)

barter trocar

bath, to take a banhar-se

bathe banhar

be estar, ser, ficar, existir (like assistir)

bear (as to endure) suportar (like importar)

beat bater

beat (as to win) ganhar

become tornar-se (like cortar), fazer-se, pôr-se

bed, to go to deitar-se

bed, to put to deitar

befall (impersonal verb) acontecer, advir (like vir)

begin começar

begin anew recomeçar (like começar)

behave portar-se, comportar-se (like importar)

behoove convir (like vir)

believe acreditar (em)

belong (to) pertencer (a)

bend over abaixar-se (like falar)

benefit beneficiar (like guiar), bem-fazer (like fazer)

beyond, to go ultrapassar (like passar)

blame culpar (like falar)

bless abençoar (like perdoar), bendizer or bem-dizer (like dizer)

blow (or wipe) one's nose assoar-se (like soar)

boil ferver (like dever)

born, to be nascer

bother chatear (like barbear)

break partir (for solids), quebrar (more popular in Brazil), romper

break oneself of a habit

desacostumar-se de (like acostumar)

break (or burst) out irromper, prorromper (like romper)

breathe respirar

breathe in aspirar (like respirar)

bring trazer

bring near aconchegar, conchegar (like chegar)

bring up (as to raise, nurture) criar like guiar)

build construir

burn queimar, (as to cause the feeling of burning) arder (like bater)

burst forth irromper (like romper)

butt in intrometer (like meter)

buy comprar

C

call chamar

call (up) (as to phone) telefonar (like somar)

called, to be chamar-se

can (as to be able to) poder

candidate, be a concorrer (like correr)

care (of), to take cuidar (de)

care about (as to be concerned with) importar-se (com)

care for (as to take care of) cuidar (de)

careless, be descuidar (like cuidar)

carry carregar, levar

catch apanhar, prender (like aprender)

catch sight of entrever (like ver)

cease (to) deixar de + infinitive, acabar (com), desistir (de) (like assistir) findar (like falar)

change trocar, mudar (alter)

choose escolher

circumscribe circunscrever (like escrever)

claim **pretender** (like **atender**)

clean **limpar**

climb up **subir**

close **fechar**

coincide (with) **corresponder**
(**com**) (like **responder**)

cojoin **conjuntar** (like **juntar**)

collect (as to gather) **recolher,
colhêr** (like **escolher**), **juntar**

comb **pentear** (like **barbear**)

combat **combater** (like **bater**)

come **vir**

come apart **desfazer-se** (like **fazer**)

come back **voltar, revir** (like **vir**)

come in haste **acorrer** (like **correr**)

come to an understanding (with)
pôr-se de acôrdo (**com**), **avir-se**
(**com**) (like **vir**)

come to one's mind **ocorrer**
(like **correr**)

command **comandar** (like **mandar**)

commence **começar**

commit **cometer** (like **meter**)

compel **obrigar**

compensate **compensar** (like
pensar)

compete **competir** (like **repetir**),
concorrer (like **correr**)

complain **queixar-se** (**de**)

complete **completar** (like
apressar), **acabar, perfazer**
(like **fazer**)

compose **compor**

comprehend **compreender**

compromise **comprometer**
(like **meter**)

conceal **esconder, encobrir**
(like **cobrir**)

concede **conceder** (like **receber**),
deferir (like **preferir**)

conceive **conceber** (like **receber**)

concur **concordar** (like **acordar**),
concorrer (like **correr**)

conduct **guiar, dirigir, conduzir**
(like **produzir**)

conduct oneself **portar-se,
comportar-se** (like **importar**)

confer **conferir** (like **preferir**)

confirm **confirmar** (like **falar**),
comprovar (like **provar**)

conform oneself to **afazer-se a**
(like **fazer**)

connect **ligar** (like **obrigar**), **juntar**

conquer **vencer, conquistar** (like
falar)

consent **consentir, assentir** (like
sentir)

consider **considerar** (like **levar**)

consist (of) **consistir** (**em**)
(like **assistir**)

conspire **conspirar** (like **respirar**)

construct **construir**

consume (as to use or use up)
consumir (like **subir**)

consume (as to destroy) **desgastar**
(like **gastar**), **consumir** (like
subir)

contain **conter** (like **ter**)

contend **contender** (like **atender**)

content (oneself with) **contentar**
(**-se com**) (like **tentar**)

content with, be **contentar-se com**
(like **tentar**)

contest **contender** (like **atender**)

continue **continuar** (like **falar**),
seguir, prosseguir (like **seguir**)

contract (as to shrink) **encolher**
(like **escolher**)

contradict **contradizer, desdizer**
(like **dizer**), **desmentir** (like
mentir)

contravene **contravir** (like **vir**)

control oneself **controlar-se** (like
voltar), **comedir-se** (like **medir**
except not used in 1st pers. sing.
pres. indic. and all of pres. subj.)

convey (as to transport)
transportar (like **importar**)

convince **convencer** (like **vencer**)

cook **cozinhar**

cool (off) **arrefecer** (like
conhecer), **esfriar** (like guiar)
copy **copiar** (like guiar),
reproduzir (like produzir)
correspond **corresponder** (like
responder)
corroborate **comprovar** (like
provar)
corrupt **corromper** (like romper)
cost **custar**
cough **tossir**
count **contar** (like encontar)
counterfeit **falsificar** (like brincar),
contrafazer (like fazer)
countermand (an order)
contramandar (like mandar)
counterproposal, make a
contrapropor (like pôr)
counterprove **contraprovar** (like
provar)
cover **cobrir, encobrir** (like cobrir)
crash (into) **chocar (com)** (like
tocar), **embater** (like bater)
credit **creditar** (like acreditar)
cross (as to traverse) **atravessar**
cry **chorar**
cuddle **aconchegar** (like chegar)
cure **curar** (like falar)
curse **maldizer** (like dizer)
cut **cortar**
cut out **recortar** (like cortar)

D

damn **maldizer** (like dizer)
dampen **molhar** (like chorar)
dance **dançar** (like abraçar)
dash at **arremeter** (like meter)
debate **discutir, debater** (like bater)
decay **decair** (like cair)
decide **decidir** (like partir)
decline **decair** (like cair)
decompose **decompor** (like pôr)
decorate (as to adorn) **enfeitar**
(like aceitar)

decrease **decrescer** (like crescer)
deduce **deduzir** (like produzir)
defeat **vencer, conquistar** (like
falar)
defer **adiar** (like guiar), **diferir**
(like preferir)
delay **demorar** (like morar)
deliver **entregar**
demand **demandar** (like mandar)
demonstrate **demostrar** (like
mostrar)
deny **negar** (like entregar),
desmentir (like mentir)
depend **depender** (like acender)
deport **deportar** (like importar)
depose **depor** (like pôr)
depress **abater** (like bater)
descend **descer**
describe **descrever** (like escrever)
design **desenhar** (like apresentar)
desire **desejar**
desist (from) **desistir (de)** (like
assistir)
despair **desesperar-se** (like esperar)
destroy **destruir** (like construir)
detain **deter** (like ter)
develop **desenvolver** (like correr)
develop (photographs) **revelar**
(like esperar)
die **morrer, falecer** (like
conhecer), **expirar** (like respirar)
differ **diferir** (like preferir)
diminish **diminuir** (like possuir),
decrescer (like crescer)
dinner, to have **jantar**
direct **dirigir**
dirty **sujar** (like falar)
disagree (with) **discordar (com)**,
desconcordar (com), desacordar
(like acordar), **dissentir** (like
sentir)
disallow **desconsentir** (like sentir)
disappear **desaparecer** (like
parecer)
disapprove **desaprovar** (like provar)

disarrange **desarranjar** (like **arranjar**)

disclose **expor** (like **pôr**)

discompose **descompor** (like **pôr**)

disconnect **desligar** (like **obrigar**)

discontent (oneself with) **descontentar** (-se com) (like **tentar**)

discover **descobrir** (like **cobrir**)

discredit **desacreditar** (like **acreditar**)

discuss **discutir**

disenchant **desencantar** (like **cantar**)

disengage **desprender** (like **aprender**)

disillusion **desencantar** (like **cantar**)

disjoint **desconjuntar** (like **juntar**)

dislocate **deslocar** (like **tocar**), **desconjuntar** (like **juntar**)

dismiss **despedir**

disobey **desobedecer** (like **obedecer**)

dispatch **despachar** (like **falar**), **expedir** (like **pedir**)

dispense **dispensar** (like **pensar**)

display **mostrar**

displease **desgostar** (like **gostar**)

dispose **dispor** (like **pôr**)

dispute **disputar** (like **falar**), **contender** (like **atender**), **debater** (like **bater**)

disregard **ignorar** (like **chorar**), **descuidar** (like **cuidar**)

dissatisfy **descontentar** (like **tentar**)

dissent **dissentir** (like **sentir**)

disserve **desajudar** (like **ajudar**)

dissuade **desaconselhar** (like **aconselhar**), **demover** (like **mover**)

distend **distender** (like **atender**)

distribute **distribuir** (like **possuir**), **repartir** (like **partir**)

disturb **chatear** (like **barbear**)

disunite **desunir** (like **partir**),

desconjuntar (like **juntar**)

divide (as to separate) **dividir** (like **partir**), **partir**

divide (as to share) **compartir**, **repartir** (like **partir**)

do **fazer**

doubt **duvidar**

down, to go **descer**

drain (as to run off) **escorrer** (like **correr**)

draw (as to sketch) **desenhar** (like **apresentar**)

draw near (to) **aproximar-se** (de), **achegar** (like **chegar**)

dream **sonhar**

dress **vestir**

dress again **revestir** (like **vestir**)

dressed, to get **vestir-se**

drink **beber**

drive **dirigir, guiar, conduzir** (like **produzir**)

drop (as to let fall) **deixar cair**

drop (as to fall) **cair, descair** (like **cair**)

dry (off) **enxugar** (like **tocar**)

dry (out) **secar** (like **tocar**)

E

earn **ganhar**

eat **comer**

effort, make an **esforçar-se** (like **começar**)

elapse (time) **decorrer, transcorrer** (like **correr**)

embark upon (an enterprise) **empreender** (like **compreender**)

embrace **abraçar**

empty **esvaziar** (like **guiar**), **desencher** (like **encher**)

enchant **encantar** (like **cantar**)

encounter **encontrar**

end **acabar**

endeavor **intentar** (like **tentar**)

endure **suportar** (like **importar**), **aguentar** (like **apresentar**)

enforce **impor** (like **pôr**)

engage (as to bind) **comprometer** (like **meter**)

enjoy **gozar** (**de**)

enjoy oneself **divertir-se**

enrapture **enlevar** (like **levar**)

enroll **inscrever** (like **escrever**)

enter (into) **entrar** (**em**)

entertain **divertir, entreter** (like **ter**), **distrair** (like **cair**)

entrust **encarregar** (like **carregar**)

envelop **envolver** (like **correr**)

enwrap **revestir** (like **vestir**)

erase **apagar**

err **errar**

establish **estabelecer** (like **parecer**)

esteem **apreciar** (like **guiar**)

exceed **exceder** (like **beber**), **ultrapassar** (like **passar**)

exceed the bounds of politeness **descomedir-se** (like **medir**) except not used in 1st pers. sing. pres. indic. and all pres. subj.)

exchange **trocar**

exchange looks **entreolhar-se** (like **olhar**)

excuse from obligation **dispensar** (like **pensar**)

exempt **dispensar** (like **pensar**), **desobrigar** (like **obrigar**)

exert oneself **esforçar-se** (like **começar**)

exhale **expirar** (like **respirar**)

exist **existir** (like **assistir**), **ser**

expand **expandir** (like **partir**), **distender** (like **atender**)

expect **esperar, aguardar** (like **guardar**)

expire **expirar** (like **respirar**), **falecer** (like **conhecer**)

explain again **reexpor** (like **pôr**)

export **exportar** (like **importar**)

expose **expor** (like **pôr**)

extend **estender** (like **atender**), **desencolher** (like **escolher**)

extend (the hand) **tender** (like **atender**)

F

fail (as an examination) **reprovar** (like **aprovar**)

fall (from) **cair** (**de**), **descair** (like **cair**)

fall again **recair** (like **cair**)

fall apart **desfazer-se** (like **fazer**)

fall out (with) **desavir-se** (**com**) (like **vir**)

falsify **falsificar** (like **brincar**)

farewell (to), to bid **despedir-se** (**de**)

fascinated with, be **fascinar-se com** (like **falar**), **enlevar-se com** (like **levar**)

fasten **prender** (like **aprender**), **apertar** (like **apressar**)

fear **recear, ter medo** (**de**)

fed up (with) **fartar-se** (**de**) (like **falar**)

feed **alimentar** (like **apresentar**)

feel **sentir**

feel deeply **persentir** (like **sentir**)

feign ignorance **desentender** (like **atender**)

fight **lutar** (like **falar**), **contender** (like **atender**), **combater** (like **bater**)

fill out (or in) (as forms) **preencher** (like **encher**)

find **achar, encontrar**

finish **acabar**

fish **pescar** (like **tocar**)

fit (in) **caber** (**em**)

fitting, to be **convir** (like **vir**)

fix **arranjar**

flow **escorrer** (like **correr**)

fly **voar**

fly again **revoar** (like **voar**)

fly around **circunvoar** (like **voar**)
fly over **sobrevoar** (like **voar**)
follow **seguir**
follow up **prosseguir** (like **seguir**)
force **forçar** (like **começar**)
foresee **prever, antever** (like **ver**),
pressentir (like **sentir**)
foretaste **antegozar** (like **gozar**)
foretell **antedizer, predizer**
(like **dizer**)
forge (as to counterfeit) **falsificar**
(like **brincar**), **contrafazer** (like
fazer)
forget (about) **esquecer-se** (**de**)
forgive **perdoar, desculpar** (like
falar)
forward (as to remit) **remeter**
(like **meter**), **mandar**
free, to set **soltar, livrar** (like **falar**)
freight **carregar**
frighten **assustar, espantar**
(like **falar**)
frolic **brincar**
fulfill **cumprir**
fun, to have **divertir-se**
furnish **fornecer** (like **conhecer**)

G

gather (as to bring together)
recolher, colhêr (like **escolher**)
get **conseguir** (like **seguir**)
get along with (someone)
dar-se bem, entender-se com
(like **atender**)
get back (as to regain) **reganhar**
(like **ganhar**)
get up **levantar-se** (like **falar**)
give **dar**
give back **devolver** (like **correr**)
give out **repartir** (like **partir**)
give peference to **preferir, antepor**
(like **pôr**)
glide over **perpassar** (like **passar**)

glue **colar** (like **acordar**), **pegar**
(like **entregar**)
go **ir**
go, to let **soltar**
go ahead **prosseguir** (like **seguir**)
go away **ir-se embora**
go back **voltar**
go backwards **retroceder** (like
receber), **retrosseguir** (like **seguir**)
go beyond **ultrapassar** (like **passar**)
go on **seguir**
go out (of) **sair** (**de**)
go up **subir**
goodby (to), to say **despedir-se** (**de**)
grant **conceder** (like **receber**),
outorgar (like **jogar**), **deferir**
(like **preferir**)
greet **cumprimentar**
grow **crescer**
grow again **recrescer** (like **crescer**)
guess **adivinhar**
guide **guiar**

H

hand over **entregar**
hang up **pendurar**
happen **acontecer, passar-se,**
ocorrer (like **correr**)
happen before **antepassar** (like
passar)
happy, to be (or become)
alegrar-se (**com**)
harvest **colhêr, recolher** (like
escolher)
hate **odiar**
have **ter** (also preferred auxiliary
verb in compound tenses)
have just **acabar de** + infinitive
have to **ter que** or **de** + infinitive,
dever + infinitive, **haver de** +
infinitive
heal **curar** (like **falar**)
hear **ouvir**

hear faintly entreouvir (like ouvir)
heat (up) aquecer (like esquecer)
help ajudar
help, not to desajudar (like ajudar)
hide esconder
hold (as to contain) conter
  (like ter)
hold (as to retain) reter (like ter),
  parar (like falar)
hope esperar
hug abraçar
humiliate humilhar (like falar),
  abater (like bater)
hunt caçar (like abraçar)
hurry apressar-se
hurt (as to feel pain, but not as to
  inflict it) doer
hurt (as to inflict pain or suffering)
  magoar (like voar)

I

ignite acender
ignorant of, be desconhecer (like
  conhecer), ignorar (like chorar)
illustrate (as to show) demonstrar
  (like encontrar), demostrar (like
  mostrar), ilustrar (like falar)
imagine imaginar (like falar),
  conceber (like receber)
imbibe embeber (like beber)
imitate imitar (like falar),
  reproduzir (like produzir)
impede impedir (like pedir)
imply inferir (like preferir)
import importar
important, to be importar
impose impor (like pôr)
increase acrescentar (like
  apresentar), aumentar (like
  apresentar), acrescer (like crescer)
incur incorrer (like correr)
indispose indispor (like pôr)
induce induzir (like produzir)
infer inferir (like preferir)

inhale inspirar (like respirar)
injure magoar (like voar), ferir
  (like preferir)
inscribe inscrever (like escrever)
insist (on) insistir (em)
inspire inspirar (like respirar)
instill incutir (like discutir)
interchange transpor (like pôr)
interdict interdizer (like dizer)
interest interessar (like levar)
interpose entremeter (like meter),
  entrepor, interpor (like pôr)
interrupt interromper (like
  romper), entrecortar (like cortar)
intersect entrecortar (like cortar)
intervene intervir (like vir),
  interceder (like receber)
interview with, have an
  entrevistar-se com (like falar),
  entrever-se (like ver)
introduce (as to initiate) introduzir
  (like produzir)
introduce (to) apresentar (a)
intrude intrometer (like meter)
invest investir (like vestir)
invite convidar

J

jerk repuxar (like puxar)
jeopardize comprometer (like
  meter)
join (as to bring together) juntar,
  ligar (like obrigar)
joke brincar
judge julgar (like obrigar)
jump (over) saltar (like falar)
jump (up and down) pular
  (like falar)
juxtapose justapor (like pôr)

K

keep (as to put away) guardar,
  (as to retain) ficar com
keep time (as to keep in step)
  compassar-se (like passar)

kill **matar**

kiss **beijar**

knock (at) **bater (a)** (to knock at the door **bater à porta**)

knock over (as to spill) **entornar** (like **cortar**)

know (as to be acquainted with) **conhecer**

know (a fact) **saber**

know how to **saber** + infinitive

know slightly **entreconhecer** (like **conhecer**)

L

lack **faltar**

lacking, to be **faltar**

laugh **rir**

laugh at **rir-se de**

launch **lançar** (like **abraçar**)

lead **guiar, dirigir, conduzir** (like **produzir**)

learn **aprender**

leave (from) **sair (de), partir (de)**

leave (of), to take **despedir-se (de)**

leave behind **deixar**

leave for **sair para** (generally for a short distance or period), **partir para** (for longer distance or period)

lessen **reduzir** (like **produzir**), **diminuir** (like **possuir**)

let **deixar**

lie (tell an untruth) **mentir**

lie down **deitar-se**

lift (up) **levantar** (like **falar**)

light **acender**

like **gostar (de)**

liking, cease **desquerer** (like **querer**)

liquify **liquefazer** (like **fazer**)

listen **escutar**

live (at) **morar (em)**

live (exist) **viver**

live together **conviver** (like **viver**)

load **carregar**

look (at) **olhar (a, para)**

look at each other **entreolhar-se** (like **olhar**)

look for **procurar**

look like **parecer-se com**

look upon with contempt **sobreolhar** (like **olhar**)

loose, to let **soltar, livrar** (like **falar**)

lose **perder**

lose all hope **desesperar-se** (like **esperar**)

lose self control **descontrolar-se** (like **voltar**), **desmedir-se** (like **medir** except not used in 1st pers. sing. pres. indic. and all pres. subj.)

love **amar** (like **falar**), **gostar de, querer bem**

loving, cease **desquerer** (like **querer**)

lower **baixar** (like **falar**), **abaixar** (like **falar**)

lunch, to have **almoçar**

M

maintain **manter** (like **ter**), **sustentar** (like **tentar**)

make **fazer**

make one's way (to) **encaminhar-se (para)** (like **caminhar**)

married (to) to get **casar-se (com)**

marry (off or officiate at the ceremony) **casar**

match (as to go well with) **condizer** (like **dizer**)

matter **importar**

mean **querer dizer, significar** (like **ficar**)

measure **medir**

meddle **entremeter** (like **meter**)

meditate **meditar** (like **falar**)

meet (as to make the acquaintance of) **conhecer**

meet (as to encounter) **encontrar**

meet again **reencontrar** (like
  encontrar)
melt **derreter** (like **meter**),
  liquefazer (like **fazer**)
memorize **decorar** (like **cortar**)
missing, to be **faltar**
mistaken, to be **errar**
misuse **desaproveitar** (like
  aproveitar)
moderate **moderar** (like **apressar**),
  comedir (like **medir** except not
  used in 1st pers. sing. pres. indic.
  and all pres. subj.)
move **mover** (-se), **mexer** (-se)
  (like **dever**), **locomover-se**
  (like **mover**)
move (as to arouse the feelings of)
  comover (like **mover**)

N

nail **pregar** (like **entregar**)
named, to be **chamar-se** (my name
  is **chamo-me**)
need **necessitar** (**de**), **precisar de**
  (normally used and less emphatic
  than **necessitar**)
neglect **descuidar** (**de**) (like
  cuidar)
notice **reparar** (**em**) (like **falar**)
notice (of), take **reparar** (**em**)
  (like **falar**), **dar-se conta** (**de**)

O

obey **obedecer**
object to **opor-se a** (like **pôr**)
oblige **obrigar**
obtain **obter** (like **ter**), **conseguir**
  (like **seguir**)
occur **ocorrer** (like **correr**)
offer **oferecer**
offer (as to propose) **propor**
  (like **pôr**)
open **abrir**

open partially **entreabrir** (like
  abrir)
opinion that . . ., be of the
  achar que . . ., julgar que . . .
oppose **opor, contrapor** (like **pôr**)
order **mandar**
order (officially) **comandar**
  (like **mandar**)
ought **dever, haver de** + infinitive
overload **sobrecarregar** (like
  carregar)

P

pain **doer**
paint **pintar** (like **falar**)
pardon **perdoar, desculpar** (like
  falar)
part **partir**
participate **participar** (like **falar**)
pass (a pupil) **aprovar** (like
  provar)
pass (by) **passar** (**pôr**), **perpassar**
  (like **passar**), **transcorrer** (like
  correr)
pay **pagar, compensar** (like
  pensar)
pay in advance **antepagar** (like
  pagar)
perceive **perceber, aperceber** (like
  receber)
perfect **aperfeiçoar** (like **voar**),
  perfazer (like **fazer**)
perfume **perfumar** (like **fumar**)
permit **permitir** (like **partir**)
persecute **perseguir** (like **seguir**)
persist **persistir** (like **assistir**)
perspire **suar** (like **falar**),
  transpirar, perspirar (like
  respirar)
pertain **pertencer**
pick up **pegar** (**em**) (like **entregar**)
pity **condoer-se** (like **doer**)
place (as to put) **pôr**
place ahead **antepor** (like **pôr**)

place away **extrapor** (like **pôr**)
place between **interpor, entrepor** (like **pôr**)
place opposite (or against) **contrapor** (like **pôr**)
place outside **extrapor** (like **pôr**)
play (as frolic) **brincar**
play (as games or sports) **jogar (a)**
play (an instrument) **tocar**
pleased (with), to be **gostar (de)**
plug up **entupir** (like **subir**)
ponder **ponderar** (like **levar**), **meditar** (like **falar**), **discorrer** (like **correr**)
possess **possuir**
postpone **adiar** (like **guiar**), **pospor** (like **pôr**), **deferir** (like **preferir**)
praise **elogiar** (like **guiar**), **louvar** like **falar**), **bendizer** or **bem-dizer** like **dizer**)
pray **rezar**
preconceive **preconceber** (like **receber**)
predict **predizer** (like **dizer**), **pressentir** (like **sentir**)
predispose **predispor** (like **pôr**)
pre-exist **preexistir** (like **assistir**)
prefer **preferir**
premonition, have a **pressentir** (like **sentir**)
prepare **preparar** (like **falar**)
prescribe **prescrever** (like **escrever**)
prescribe (as medication) **receitar** (like **aceitar**)
preserve **preservar** (like **levar**), **resguardar** (like **guardar**)
presume (as to suppose) **supor** like **pôr**)
presuppose **presupor** (like **pôr**)
pretend (as to claim) **pretender** (like **atender**)
proceed from (as to descend from) **provir** (like **vir**)
produce **produzir**
produce in cooperation with someone **co-produzir** (like **produzir**)

produce results contrary to those expected **contraproduzir** (like **produzir**)
prohibit **proibir** (like **partir**), **interdizer** (like **dizer**)
promise **prometer** (like **meter**)
promote **promover** (like **mover**)
prop up **sustentar** (like **tentar**)
prophesy **predizer** (like **dizer**)
propose **propor** (like **pôr**)
proscribe **proscrever** (like **escrever**)
protect **proteger** (like **dever** and **dirigir**) **resguardar** (like **guardar**), **abrigar** (like **obrigar**)
prove **provar**
provide **fornecer** (like **conhecer**)
provoke **provocar** (like **tocar**), **agastar** (like **gastar**)
pull **puxar**
pursue **perseguir** (like **seguir**)
push **empurrar**
put (on) **pôr (em, sobre)**
put after **pospor** (like **pôr**)
put away **guardar**
put before **antepor, prepor** (like **pôr**)
put down (as to depose) **depor** (like **pôr**)
put in **meter (em)**
put on (as clothing) **vestir**
put out (as extinguish) **apagar**
put under **subpor** (like **pôr**), **submeter** (like **meter**)
putrefy **putrefazer** (like **fazer**), **apodrecer** (like **parecer**)

Q

quarrel (with) **bulhar (com)** (like **falar**), **desavir-se (com)** (like **vir**)
question, to ask a **perguntar**

R

rain **chover**
raise (as to bring up, nurture) **criar** (like **guiar**)

raise (as to lift) **levantar** (like **falar**)

rare or thin, make **rarefazer** (like **fazer**)

rarefy **rarefazer** (like **fazer**)

reactivate **reacender** (like **acender**)

read **ler**

reappear **reaparecer** (like **parecer**)

reason **raciocinar** (like **falar**), **discorrer** (like **correr**)

rebel against **revoltar** (like **voltar**)

reborn, be **renascer** (like **nascer**)

rebuild **reconstruir** (like **construir**)

rebuke **reprovar** (like **provar**)

recall **recordar** (like **acordar**), **lembrar**

recant **recantar** (like **cantar**)

receive **receber**

receive (as to welcome) **acolher** (like **escolher**), **receber**

receive unkindly **desacolher** (like **escolher**)

recognize **reconhecer** (like **conhecer**)

recollect **recordar** (like **acordar**), **lembrar**

recompense **recompensar** (like **pensar**)

recompose **recompor** (like **pôr**)

reconsider **reconsiderar** (like **levar**), **repensar** (like **pensar**)

reconstruct **reconstruir** (like **construir**)

recourse to, to have **recorrer** (like **correr**)

re-cover **recobrir** (like **cobrir**)

rediscover **redescobrir** (like **cobrir**)

reduce **reduzir** (like **produzir**)

re-enter **reentrar** (like **entrar**)

re-exhibit **reexpor** (like **pôr**)

refer (to) **referir** (-se a), (like **preferir**)

refill **reencher** (like **encher**)

refute **refutar** (like **falar**),

contradizer (like **dizer**)

regain **reganhar** (like **ganhar**)

register **inscrever** (like **escrever**), **registar** (like **falar**)

reimport **reimportar** (like **importar**)

reimpose **reimpor** (like **pôr**)

reinscribe **reinscrever** (like **escrever**)

reject **rejeitar** (like **aceitar**), **desaceitar** (like **aceitar**)

release **soltar, desprender** (like **aprender**), **livrar** (like **falar**)

release from obligation **dispensar** (like **pensar**), **desobrigar** (like **obrigar**)

relight **reacender** (like **acender**)

remain **ficar**

remake **refazer** (like **fazer**)

remember **lembrar-se** (**de**), **recordar** (like **acordar**)

remind **lembrar, relembrar** (like **lembrar**)

remit **remeter** (like **meter**), **mandar**

remove **remover** (like **mover**)

rent **alugar**

reopen **reabrir** (like **abrir**)

repair **arranjar, compor** (like **pôr**)

repay **repor** (like **pôr**)

repeat **repetir**

replace **repor** (like **pôr**)

reprehend **repreender** (like **compreender**)

reprimand **repreender** (like **compreender**)

reproduce **reproduzir** (like **produzir**)

reprove **reprovar** (like **provar**)

repurchase **recomprar** (like **comprar**)

reread **reler** (like **ler**)

rescue **socorrer** (like **correr**), **salvar** (like **falar**)

resemble **parecer-se com**

resent   ressentir (like sentir)
reship   reexpedir (like pedir)
reside (at)   morar (em)
resist   resistir (like assistir)
resound   ressoar (like soar)
respond   responder
rest   descansar (like cansar)
resume   recomeçar (like começar),
  retomar (like tomar)
retain   reter (like ter)
retell   recontar (like encontrar),
  redizer (like dizer)
retire (as to stop working)
  reformar (-se) (like voltar)
retort   contravir (like vir)
retouch   retocar (like tocar)
retrace (as steps)   recorrer (like
  correr)
retranslate   retraduzir (like
  produzir)
return (as to go back)   voltar
return (as to give back)   devolver
  (like correr)
return fire   contrabater (like bater)
reveal   revelar (like esperar)
reverberate   repercutir (like
  discutir), ressoar (like soar)
review   repassar (like passar)
revive   reviver (like viver)
revolt   revoltar (like voltar),
  sublevar (like levar)
rewrite   reescrever (like escrever)
rhyme   rimar (like falar), consoar
  (like soar)
rip   romper, rasgar (like pagar)
rise above   sobrelevar (like levar)
rise up (as to get up)   levantar-se
  (like falar)
rise up (as to revolt)   sublevar
  (levar)
roam   errar
roast   assar (like falar), torreficar
  (like ficar), torrefazer (like fazer)
rob   roubar
rot   apodrecer (like parecer),
  putrefazer-se (like fazer)

run   correr
run for (an office)   concorrer (like
  correr)
run through   percorrer (like correr)
rush   apressar-se
rush violently at   arremeter (like
  meter)

S

sample   provar
satiate   fartar (like falar)
satisfy   satisfazer (like fazer),
  contentar (like tentar)
save (as to amass)   juntar
save (as to keep)   guardar
save (as to rescue)   salvar (like
  falar)
say   dizer
say again   redizer (like dizer)
scare   assustar (like falar), espantar
  (like falar)
scent   cheirar
scold   ralhar (com) (like falar),
  repreender (like compreender)
scorch   requeimar (like queimar)
scrutinize   escrutinar (like falar),
  percorrer (like correr)
seat   sentar, assentar (like sentar)
seduce   seduzir (like produzir)
see   ver
see again   rever (like ver)
seem   parecer
seize   apanhar, apreender (like
  compreender)
sell   vender
send   mandar, enviar (like guiar),
  remeter (like meter)
sense   sentir
serve   servir
serve again   resservir (like servir)
set in order   compor (like pôr)
set out for   encaminhar-se (para)
  (like caminhar)
sew   coser (like correr)
share   compartir (like partir),
  compartilhar (like falar)

shave **barbear (-se)**

shelter **abrigar** (like **obrigar**), **resguardar** (like **guardar**)

shift (as to transfer) **transferir** (like **preferir**)

shine **brilhar** (like **falar**)

ship (as to send) **expedir** (like **pedir**)

shout **gritar**

shove **empurrar**

show **mostrar**

show slightly **entremostrar** (like **mostrar**)

show up (as to appear) **aparecer** (like **parecer**)

shrink **encolher** (like **escolher**)

sick, to become **adoecer**

signify **significar** (like **ficar**)

sing **cantar**

sing again **recantar** (like **cantar**)

sit down **sentar-se**

sketch **desenhar** (like **apresentar**)

slam **bater**

slander **desacreditar** (like **acreditar**)

slash **recortar** (like **cortar**)

sleep **dormir**

smell **cheirar**

smell of or like **cheirar a**

smile **sorrir** (like **rir**)

smoke (tobacco) **fumar**

sneeze **espirrar** (like **falar**)

sniff **cheirar**

snow **nevar**

soak **empapar** (like **falar**), **embeber** (like **beber**)

soil **sujar** (like **falar**)

sorry, to be **sentir**

sound **soar**

spank **bater**

speak **falar**

speak ill of **maldizer** (like **dizer**)

spear **lançar** (like **abraçar**)

spend **gastar**

spill **entornar** (like **cortar**)

spread (as to extend) **estender** (like **atender**)

squander **malgastar** (like **gastar**)

stand (as to tolerate) **suportar** (like **importar**), **aguentar** (like **apresentar**), **tolerar** (like **levar**)

stand for (as to allow) **passar por, tolerar** (like **levar**)

stand out **sobressair** (like **sair**)

stay **ficar**

steal **roubar**

stick (as to glue) **pegar** (like **entregar**), **colar** (like **acordar**)

stir **mexer** (like **dever**), **remover** (like **mover**)

stoop **abaixar-se** (like **falar**)

stop (as to cease) **deixar de +** infinitive, **desistir** (like **insistir**)

stop (as to halt, detain or arrest) **parar** (like **falar**), **deter** (like **ter**)

stop up (as to plug up) **entupir** (like **subir**)

store **guardar**

straighten up (as to tidy up) **arrumar** (like **falar**)

stretch **esticar** (like **brincar**), **estender** (like **atender**), **repuxar** (like **puxar**)

stretch out **estender** (like **atender**), **desencolher** (like **escolher**)

strike again **rebater** (like **bater**)

struggle **lutar** (like **amar**), **combater** (like **bater**)

study **estudar**

stupefy **estupificar** (like **ficar**), **estupefazer** (like **fazer**)

subdue **submeter** (like **meter**)

subject **submeter** (like **meter**), **sujeitar** (like **aceitar**)

submit **submeter** (like **meter**)

subscribe **subscrever** (like **escrever**)

subsist **subsistir** (like **assistir**)

succeed in (doing something) **conseguir** (like **seguir**)

succor **socorrer** (like **correr**)

sue at law   demandar (like mandar)
suit (as to be fitting)   convir (like
  vir)
sum   somar
superimpose   sobrepor (like pôr)
superintend   superintender,
  sobreentender (like atender)
superpose   sobrepor, superpor (like
  pôr)
superscribe   sobrescrever (like
  escrever)
supervene   sobrevir (like vir)
supervise   superintender,
  sobreentender (like atender)
supply   fornecer (like conhecer)
support   suportar (like importar),
  manter (like ter), sustentar (like
  tentar), suster (like ter)
suppose   supor (like pôr)
surpass   sobrepassar, ultrapassar
  (like passar)
surprise   supreender
surrender oneself (to)   entregar-se
  (a)
survive   sobreviver (like viver)
suspend (as to hang)   pendurar,
  dependurar (like pendurar)
sustain   suster (like ter), sustentar
  (like tentar)
sweat   suar (like falar), transpirar
  (like respirar)
sweep   varrer (like bater)
swell   inchar (like falar), excrescer
  (like crescer)

T

take   tomar, levar
take back   retomar (like tomar)
take back (as to reconvey)
  reconduzir (like produzir)
take for granted   pressupor
  (like pôr)
take hold of   prender (like
  aprender)
take out (or off) of   tirar de
take time   demorar (like morar)

talk   falar
talk to oneself   entredizer (like
  dizer)
teach   ensinar
tear   romper, rasgar (like pagar)
telephone   telefonar (like somar)
tell   dizer
tell (as to relate)   contar (like
  encontrar)
tempt   tentar
tend   tender (like atender)
test   provar
testify   testemunhar (like falar),
  depor (like pôr)
think (as to hold an opinion)
  achar que..., julgar que...
  (like obrigar)
think (mental action)   pensar
think over carefully   sobrepensar
  (like pensar)
throw   atirar, lançar (like abraçar)
throw away   deitar fora, botar fora
  (like cortar) (used mostly in
  Brazil)
tidy up   arrumar (like falar)
tie   atar (like falar)
tighten   apertar (like apressar)
tire   cansar
tired (of), to get   cansar-se (de)
toast   torrar (like chorar), torreficar
  (like ficar), torrefazer (like fazer)
tolerate   tolerar (like levar)
touch   tocar
transcribe   transcrever (like
  escrever)
transfer   transferir (like preferir)
translate   traduzir (like produzir)
transmit   transmitir (like partir),
  transferir (like preferir)
transpire   transpirar (like respirar)
transport   transportar (like
  importar)
transpose   transpor (like pôr)
travel   viajar
travel all over   percorrer (like
  correr)

trespass **trespassar, traspassar, transpassar** (like **passar**)

trim **recortar** (like **cortar**)

try (as to sample) **provar**)

try to **tentar**

tug **repuxar** (like **puxar**)

tumefy **inchar** (like **falar**), **excrescer** (like **crescer**)

turn in (as to hand over) **entregar** (**a**)

turn off **apagar, desligar** (like **obrigar**), **fechar**

turn on (a switch) **acender, ligar** (like **obrigar**), **abrir**

U

unaware of, be **desconhecer** (like **conhecer**), **ignorar** (like **chorar**)

uncomfortable, make **desconfortar** (like **cortar**), **desaconchegar** (like **chegar**)

uncover **descobrir, desencobrir** (like **cobrir**)

understand **compreender, entender** (like **atender**), **perceber** (like **receber**)

understand or take as inferred or implied **subentender** (like **atender**)

undertake **empreender** (like **compreender**)

undo **desfazer** (like **fazer**)

undress **despir**

undressed, to get **despir-se**

unfasten **desprender** (like **aprender**)

unfold **desenvolver** (like **correr**), **desencolher** (like **escolher**)

unhang **despendurar** (like **pendurar**)

unite **unir** (like **partir**), **juntar**

unload **descarregar** (like **carregar**)

unmake **desfazer** (like **fazer**)

unplug (as an electric plug) **desligar** (like **obrigar**)

unplug (as a drain) **desentupir** (like **subir**)

unstop (as to unplug) **desentupir** (like **subir**)

unwrap **desembrulhar** (like **falar**)

use **usar**

used to, be **costumar** (like **acostumar**)

used to, to get **acostumar-se** (**a**)

use up **consumir** (like **subir**), **gastar**

V

vanish **desaparecer** (like **aparecer**)

vanquish **vencer**

W

wait for **esperar, aguardar** (like **guardar**)

wake up **acordar**

walk **caminhar**

walk about **passear**

walk, to take a **passear**

wander **errar**

want **querer, desejar**

wanting (of), to be **necessitar** (**de**)

warm (up) **aquecer** (like **esquecer**)

wash **lavar**

wash oneself (wash up) **lavar-se**

waste **desperdiçar** (like **abraçar**), **malgastar** (like **gastar**), **desaproveitar** (like **aproveitar**)

wear (clothing) **vestir**

wear (as to deteriorate) **gastar**

wear out **desgastar** (like **gastar**)

weep **chorar**

welcome **acolher** (like **escolher**), **receber**

wet **molhar** (like **chorar**)

win **ganhar**

wish **desejar**

wish ill to **malquerer** (like **querer**)

wish one well **bem-querer** or **querer bem** (like **querer**) withdraw **retirar** (like **tirar**)

work **trabalhar**

worth, to be **valer**

wound **ferir** (like **preferir**)

wrap (as a package) **embrulhar** (like **falar**)

wrap (as to surround) **envolver**

(like **correr**)

write **escrever**

wrong, do **malfazer** (like **fazer**)

Y

yell **gritar**

Portuguese-English Index

chegar to arrive, reach

cheirar (a) to smell, sniff, scent; to smell of or like (**cheira a gasolina** it smells of gasoline)

chorar to cry, weep

chover to rain

cobrir to cover

começar to begin, commence

comer to eat

comprar to buy

compreender to understand, comprehend

conhecer to know (as to be acquainted with); to meet

construir to build, construct

convidar to invite

correr to run

cortar to cut

cozinhar to cook

crescer to grow

cuidar (de) to take care of, care for; **ter cuidado** to be careful

cumprimentar to greet

cumprir to fulfill, accomplish

custar to cost

D

dar to give

deitar (-se) to put to bed; to go to bed; to lie down; **deitar fora** to throw away

deixar to let, allow; to leave behind; **deixar de** + infinitive to stop, to cease to

descer to go down, descend

desejar to desire, wish

despedir (-se de) to dismiss; to say goodbye (to), bid farewell (to), take leave (of)

despir (-se) to undress; to get undressed

dever to have to, ought, must; to owe

dirigir to direct; to drive

discutir to argue; to discuss; to debate

divertir (-se) to entertain; to have fun, enjoy oneself, amuse oneself

dizer to say, tell

doer to hurt, ache, pain

dormir to sleep

duvidar to doubt

E

empurrar to push, shove

encher to fill

encontrar to meet, join (someone); to find, encounter

ensinar to teach

entregar (-se) to deliver, hand over, turn in; to surrender

entrar (em) to enter (in)

errar to be wrong, be mistaken; to wander, roam

escolher to choose

esconder to hide, conceal

escrever to write

escutar to listen

esperar to hope; to wait for, expect

esquecer-se (de) to forget (about)

estar to be

estudar to study

F

faltar to lack, be lacking; to be missing, be absent

fazer to do, make; **fazer-se** to become

fechar to close; **fechar à chave** to lock

ficar to remain, stay; to be

fumar to smoke (tobacco)

G

ganhar to win; to earn

gastar to spend; to wear (as to deteriorate)

gostar (de) to like, be pleased (with); to love

gozar (de) to enjoy
gritar to shout, yell
guardar to keep, save; to guard; to put away, store
guiar to guide, lead, conduct; to drive (a vehicle)

H

haver to have -auxiliary verb used with past participles to form literary compound tenses; **haver de** + infinitive ought to. Third person singular forms of **haver** express the English forms such as *there is* and *there are* (**há**) in the appropriate tense. Examples: **havia** there was, there were; **haverá** there will be; etc. In popular Brazilian speech **ter** is also used for this impersonal construction.

I

importar to matter, be important; to import; **importar-se (com)** to care about
insistir (em) to insist (on, upon)
ir (-se embora) to go; to go away

J

jantar to have dinner
jogar (a) to play (games or sports)
juntar to join, bring together, unite; to add to; to save (as to amass)

L

lavar (-se) to wash; to wash oneself, wash up
lembrar (-se de) to remind; to remember
ler to read
levantar (-se) to lift up; to get oneself up

levar to take; to carry
limpar to clean

M

mandar to order, command; to send
matar to kill
medir to measure
mentir to lie (as to tell an untruth)
meter (em) to put in
morar (em) to live (at), reside (at)
morrer to die
mostrar to show, display
mover (-se) to move

N

nascer to be born
necessitar (de) to need, be wanting of
nevar to snow

O

obedecer to obey
obrigar to compel, oblige
odiar to hate
oferecer to offer
olhar (a, para) to look (at)
ouvir to hear

P

pagar to pay
parecer (-se com) to seem, appear; to look like, resemble
passar to pass; to pass by; **passar-se** to happen
passear to take a walk, walk about
pedir to ask for
pendurar to hang up, suspend
pensar to think (mental action)
perder to lose
perdoar to pardon, forgive
perguntar to ask a question

pertencer (a) to belong (to), pertain (to)

poder to be able, can

pôr to put, place; **pôr-se** to become

possuir to possess, own

preferir to prefer

procurar to look for

produzir to produce

provar to prove; to test; to sample, try

puxar to pull

Q

queimar to burn

queixar-se (de) to complain (about)

querer to want, wish; to love

R

recear to fear, be afraid of

receber to receive

repetir to repeat

respirar to breathe

responder to answer, respond

rezar to pray

rir (-se de) to laugh; to laugh at

romper to break, rip, tear

roubar to rob, steal

S

saber to know (a fact); **saber + infinitive** to know how to; **saber a** to taste like (of)

sair (de) to go out, leave from; **sair para** leave for (generally for a short distance or period of time)

seguir to follow; to continue

sentar (-se) to seat; to sit down

sentir to feel, sense; to be sorry

ser to be

servir to serve

soar to sound

soltar to release, set free, let loose, let go

somar to sum, add up

sonhar to dream

subir to go up, climb up, ascend

surpreender to surprise

T

tentar to try to, attempt; to tempt

ter to have; (also the preferred spoken form of the auxiliary verb in compound tenses); **ter que** or **de + infinitive** to have to

tirar (de) to take out or off (of), pull out or off (of)

tocar to touch; to play (an instrument)

tomar to take

tossir to cough

trabalhar to work

trazer to bring

trocar to change; exchange, barter

U

usar to use

V

valer to be worth

vencer to defeat, vanquish, conquer

vender to sell

ver to see

vestir (-se) to dress; to get dressed

viajar to travel

vir to come

viver to live (exist)

voar to fly

voltar to return, go back

Z

zangar (-se) to anger; to get angry; **estar zangado com** to be angry with

Language Survival Kits
for Travelers

Anyone planning to go abroad will want to make use of these invaluable "Survival Kits" — *before* and *during* the trip! Each kit includes the following items:

- Paperback "At a Glance" phrase book/dictionary:
  1500 useful expressions arranged by category, bilingual lexicon with over 2000 entries PLUS food and drink guide and valuable tips for the traveler
- 90-minute cassette with eight different voices
  (six native foreign speakers and two in English)
- Complete transcript of cassette
- Travel diary with maps
- Card-size calculator
- Pen

The components are packaged in a sturdy, compact vinyl-covered album designed for easy carrying by the traveler.

FRENCH SURVIVAL KIT	$19.95	ISBN #7302
GERMAN SURVIVAL KIT	$19.95	ISBN #7301
ITALIAN SURVIVAL KIT	$19.95	ISBN #7303
JAPANESE SURVIVAL KIT	$21.95	ISBN #7298
SPANISH SURVIVAL KIT	$19.95	ISBN #7299

BARRON'S

250 Wireless Boulevard, Hauppauge, N.Y. 11788

BARRON'S

THE "INSTANT" FOREIGN LANGUAGE PROGRAM FOR TRAVELERS.

If you're planning a trip abroad, these concise little guides will teach you enough of the language to "get by." In a matter of hours, you'll pick up the most useful expressions for everyday situations like ordering a meal and asking directions. And you'll receive helpful tips on pronunciation and grammar as well.

For that extra touch of finesse, try the set of two cassettes available with each booklet. They feature real-life conversations geared to the books and include timed pauses for your own responses.

Each book $3.95, Book-cassette pack $16.95

GRAMMAR
In Plain English

By Harriet Diamond and Phyllis Dutwin

Includes chapters on:

The Simple Sentence
Agreement in Time and Number
Addition and Correct Use of
    Descriptive Words and Phrases
Correct Use of Pronouns
Correct Sentence Structure
Punctuation and Capitalization
Style and Clarity of Expression
Commonly Misspelled Words and
    Hints and Rules for Correct Spelling
Homonyms and Correct Word Usage

A unique approach to grammar
stressing function and usage, with
no memorization of technical gram-
matical terms necessary. Students
use their own previously acquired
skills and abilities to learn the basic
concepts of grammar in an easy-to-
understand, cumulative manner.

$8.95

Teach Yourself English

Programmed Method for Learning and Reviewing English by William L. Young

Unique, programmed workbook for high school and college students, secretaries, foreigners learning English

100 hints for quick and easy mastery of English

100 practice exercises you can score yourself

Answers to tests keyed to study hints

10 general tests with answers

Verb conjugations

$6.50